AF876874

Hans-Werner Holub

Eine Einführung in die Geschichte des ökonomischen Denkens

EINFÜHRUNGEN
– Wirtschaft –

Band 7

LIT

Hans-Werner Holub

Eine Einführung in die Geschichte des ökonomischen Denkens

Band III:

Physiokraten und Klassiker

LIT

Bibliografische Information der Deutschen Nationalbibliothek
Die Deutsche Nationalbibliothek verzeichnet diese Publikation in der Deutschen Nationalbibliografie; detaillierte bibliografische Daten sind im Internet über http://dnb.d-nb.de abrufbar.

2. Auflage 2010

ISBN 978-3-8258-9230-2

©LIT VERLAG GmbH & Co. KG Wien 2010
Krotenthallergasse 10/8
A-1080 Wien
Tel. +43 (0) 1-409 56 61
Fax +43 (0) 1-409 56 97
e-Mail: wien@lit-verlag.at
http://www.lit-verlag.at

LIT VERLAG Dr. W. Hopf
Berlin 2010
Verlagskontakt:
Fresnostr. 2
D-48159 Münster
Tel. +49 (0) 2 51-620 320
Fax +49 (0) 2 51-922 60 99
e-Mail: lit@lit-verlag.de
http://www.lit-verlag.de

Auslieferung:

Deutschland: LIT Verlag Fresnostr. 2, D-48159 Münster
Tel. +49 (0) 2 51-620 32 22, Fax +49 (0) 2 51-922 60 99, e-Mail: vertrieb@lit-verlag.de

Österreich: Medienlogistik Pichler-ÖBZ GmbH & Co KG
IZ-NÖ, Süd, Straße 1, Objekt 34, A-2355 Wiener Neudorf
Tel. +43 (0) 22 36-63 53 52 90, Fax +43 (0) 22 36-63 53 52 43, e-Mail: mlo@medien-logistik.at

Schweiz: B + M Buch- und Medienvertriebs AG
Hochstr. 357, CH-8200 Schaffhausen
Tel. +41 (0) 52-643 54 30, Fax +41 (0) 52-643 54 35, e-Mail: order@buch-medien.ch

Inhaltsverzeichnis

Kapitel 9: Die Physiokratie und die Klassik 10

9.1 DIE PHYSIOKRATIE 10

Charakteristika der sozialen und philosophischen Gegebenheiten für das Umfeld der Physiokratie 10

9.1.1 VORBEMERKUNGEN: DIE THESEN QUESNAYS IM VERHÄLTNIS ZU DEN RESTLICHEN PHYSIOKRATEN 22

9.1.2 FRANÇOIS QUESNAY (1694-1774) 24

Vita von Quesnay 24

Einige Werke Quesnays (und auch anderer Physiokraten) 29

9.1.3 Die Philosophie der Physiokraten 31

9.1.4 Zur Wissenschaftstheorie der Physiokraten 37

9.1.5 Die Frage des Produktes und der Produktivität bei den Physiokraten 38

9.1.6 Die Steuerlehre der Physiokraten 44

9.1.7 Die Sektoren 46

9.1.8 Das Tableau Économique 49

9.1.9 Die Bevölkerungslehre der Physiokraten 57

9.1.10 Aussagen zu Geld und Zins 59

9.1.11 Die Preislehre der Physiokraten 61

9.1.12 Die Rolle des Staates bei den Physiokraten 63

9.1.13 Die Physiokratie als umfassendes, geschlossenes System 64

9.1.14 Die Abgrenzung der Physiokratie gegen den Merkantilismus 65

9.1.15 War die Physiokratie revolutionär? 68
9.1.16 Die restlichen Physiokraten und die Sympathisanten der Physiokratie in Frankreich 70
9.1.17 Die Rezeption der Physiokraten 71
9.1.17.1 Die Rezeption der Physiokratie durch Adam Smith 71
9.1.17.2 Die Rezeption der Physiokratie durch J.W. Goethe 73
9.1.17.3 Die Rezeption der Physiokratie durch Karl Marx 76
9.1.18 Die Verbreitung der Physiokratie ausserhalb Frankreichs 77
9.1.19 Markgraf Carl Friedrich von Baden-Durlach (1728-1811) 79
9.1.20 Johann August Schlettwein (1731-1802) 81
Auszüge aus der Vita von Schlettwein 81
Werke von Schlettwein 82
Thesen von Schlettwein 82
9.1.21 JOHANN GEORG SCHLOSSER (1739-1799) 85
Auszüge aus der Vita von Schlosser 85
Werke von Schlosser 87
Thesen von Schlosser 88
9.1.22 KONKRETE PHYSIOKRATISCHE VERSUCHE 92
Wesentliche Ökonomische Überlegungen der Physiokratie 94
9.2 ANNE ROBERT JACQUES TURGOT (1727-1781) 98
Vita von Turgot 98
Auswahl von Werken von Turgot 101
Thesen von Turgot 102
9.2.1 Die Werttheorie von Turgot 104
9.2.2 Das Gesetz der nicht-proportionalen Erträge bei Turgot 105

9.2.3 Turgots Auffassungen zum Produit Net 106
9.2.4 Die Zinstheorie von Turgot.. 107
9.2.5 Das Geld bei Turgot 108
9.2.6 Turgot als Geschichtsphilosoph 108
9.2.7 Turgots Stellung im Urteil der Nachwelt............................. 109
9.3 DIE KLASSIK 110
9.3.1 ZUR ZEITLICHEN EINORDNUNG DER KLASSIK 110
Daten zur Orientierung für England in der Epoche der Industriellen Revolution un in der ersten Hälfte des 19. Jahrhunderts............... 112
Charakteristika der sozialen und philosophischen Gegebenheiten für England in der Epoche der industriellen Revolution und in der ersten Hälfte des 19. Jahrhunderts 119
9.3.2 ADAM SMITH (1723-1790)... 122
Vita von Smith... 122
Werke von Smith 127
9.3.2.1 Die bei Smith zugrunde liegende Philosophie und Psychologie 135
9.3.2.2. Die zentrale Rolle der Arbeitsteilung bei Smith............... 141
9.3.2.3 Die Einstellung von Smith zu Markt und Staat................. 143
9.3.2.4 Die Wert- und Preislehre von Adam Smith 147
9.3.2.5 Die Verteilung bei Adam Smith.. 152
9.3.2.6 Entwicklung und Wachstum bei Smith 155
9.3.2.7 Rezeption und Wirkung von Smith 157
9.3.3 DAVID RICARDO (1772-1823).. 164
Vita von Ricardo.. 164
Werke von Ricardo 167

9.3.3.1 Die Werttheorie bei Ricardo 171
9.3.3.2 Die Verteilung bei Ricardo 174
9.3.3.3 Die Haltung Ricardos in der Debatte um die Korngesetze 178
9.3.3.4 Die Geldtheorie bei Ricardo... 180
9.3.3.5 Aussagen zum Aussenhandel von Ricardo 181
9.3.3.6 Die Wirkungen von Ricardo auf die Nachwelt 184
9.3.4 THOMAS ROBERT MALTHUS (1766-1834) 188
Vita von Malthus 188
Werke von Malthus.. 191
Thesen von Malthus... 193
9.3.4.1 Eine Frage des Glaubens (1798): Die unvermeidliche Bevölkerungskrise 193
9.3.4.2 Eine Frage der Moral (1803): Der altbekannte Lösungsmechanismus 197
9.3.4.3 Eine Frage der Politik (1817): Der erweiterte Lösungsmechanismus 200
9.3.4.4 Eine neue Glaubensfrage (1820/36): Die industrielle Krise 201
9.3.4.5 Die Rezeption von Malthus... 203
9.3.5 JEAN-BAPTIST SAY (1767-1832) 210
Vita von Say 210
Werke von Say.. 212
Thesen von Say... 213
9.3.5.1 Das Saysche Gesetz... 214
9.3.5.2 Sonstige Überlegungen von Jean-Baptiste Say 217

9.3.5.3 Einige Wirkungen von Say auf die Nachwelt 220
9.3.6 JOHN STUART MILL (1806-1873) 221
Vita von Mill 221
Werke von Mill... 226
9.3.6.1 Einige Ausführungen zur Philosophischen und politischen Haltung von Mill... 229
9.3.6.2 Die Trennung von Produktion und Verteilung bei Mill..... 231
9.3.6.3 Der stationäre Zustand bei Mill und seine „sozialistischen" Auffassungen... 233
9.3.6.4 Die Rolle des Staates bei Mill.. 236
9.3.6.5 Mills sonstige ökonomischen Auffassungen..................... 237
9.3.6.6 Die Rezeption von John Stuart Mill 244
9.3.7 JOHANN HEINRICH VON THÜNEN (1783-1850)................. 247
Vita von Thünen 247
Werke von Thünen (Auszug) 250
Thesen von Thünen.. 252
9.3.7.1 Die Standortlehre von Thünen 252
9.3.7.2 Die Grenzproduktivitätstheorie.. 256
9.3.7.3 Überlegungen zur Lohnfindung bei Thünen..................... 257
9.3.7.4 Sonstige ökonomische Leistungen von Thünen und methodologische Anmerkungen 259
9.3.7.5 Thünen und die Nachwelt 262
Wesentliche ökonomische Überlegungen der Klassik 265

Kapitel 9:

Die Physiokratie und die Klassik

9.1 Die Physiokratie

Charakteristika der sozialen und philosophischen Gegebenheiten für das Umfeld der Physiokratie

Da der Zeitraum, in dem die Physiokraten vor allem publizierten und wirkten, relativ gut eingegrenzt werden kann, was in der Geschichte der Ökonomik eher selten ist, nämlich grob etwa von 1750 bis 1770, und da dieser Zeitraum bereits durch die Orientierungsabschnitte des 8. Kapitels teilweise abgedeckt wurde, sollen hier nur noch einige spezifische Informationen zum besseren Verständnis der Physiokratie gegeben werden, dabei insbesondere zur Situation der französischen Landwirtschaft um die Mitte des 18. Jahrhunderts und nochmals ein Verweis auf die für die Erklärung der Entstehung der Physiokratie existierenden geistigen Strömungen. Es ist für den Leser empfehlenswert, die bisherigen Informationen zum hier behandelten Zeitraum zu Beginn von Kapitel 8 nochmals durchzulesen, vor allem die Angaben zum Steuersystem in Frankreich. Ohne diese in Kapitel 8 gegebenen nüchternen Zustandsschilderungen der Situation im Frankreich der zweiten Hälfte des 18. Jahrhunderts werden weder die Thesen der Physiokraten, noch die Existenz der vielen Reformvorschläge, und die Revolution von 1789, verständlich. Dabei muss allerdings klar sein, dass bloße Fakten und Zahlen weder das Elend der Besitzlosen auf dem Land und in den Städten, noch die wirkliche geistige Sprengkraft der politischen und philosophischen Ideen adäquat nachzeichnen können. Ich muss hierbei (wie so oft in dieser Einführung!) auf die Vorstellungskraft der Leser vertrauen.

Das 18. Jahrhundert in Frankreich kann, wie bereits in Kapitel 8 ausgeführt, meines Erachtens verkürzt gekennzeichnet werden durch:

(1) EINEN PERMANENTEN FINANZIELLEN NOTSTAND DER REGIERUNG, DES HOFES UND DES KÖNIGS;

(2) EINE GESCHEITERTE, WEIL KONTRAPRODUKTIVE GEWERBEFÖRDERUNGSPOLITIK;

(3) EINE UNZAHL VON REGLEMENTIERUNGEN, DIE WIRTSCHAFTLICHE INITIATIVEN NAHEZU UNMÖGLICH MACHTEN;

(4) EINE STARKE WILLKÜR IM RECHTSSYSTEM, BEI DER VERGABE VON POSTEN UND IN DER ANWENDUNG DER REGLEMENTIERUNGEN;

(5) EIN VERFALL DER FÜHRUNGSSCHICHTEN HINSICHTLICH IHRER REPUTATION;

(6) EINE WEITGEHENDE UNEINSICHTIGKEIT DER FÜHRUNGSSCHICHTEN BEZÜGLICH VERÄNDERUNGEN;

(7) EIN WEITGEHENDER NIEDERGANG DER LANDWIRTSCHAFT;

Der seit der Mitte des 18. Jahrhunderts stattfindende rasche Anstieg der Bevölkerung trieb die Gesellschaften Mittel- und Westeuropas generell an die Grenzen ihrer möglichen Nahrungsmittelproduktion.

Rund 85 % aller Franzosen lebten auf dem Lande, die Landwirtschaft erwirtschaftete rund 80 % des Sozialprodukts, wobei der größte Teil in die Selbstversorgung wanderte und nur ca. 20 % der landwirtschaftlichen Produkte vermarktet werden konnten. Die Struktur der Landwirtschaft war gekennzeichnet durch eine Überzahl kleiner Grundbesitzer, die eine „petit culture" betrieben. Mit dieser „petit culture" war nur eine Selbstversorgung möglich, und sogar diese war mangelhaft, denn bei Missernten litten diese kleinen Landwirte selbst den größten Hunger.

Die Landwirtschaft war aufs Ganze gesehen in einem sehr schlechten Zustand: „Ein Sechstel der Fruchtfläche lag brach, der

Kleingrundbesitz steigt seit 30 Jahren von einem Viertel auf ein Drittel des gesamten Bodens, und die Not der Pächter hatte seit Colberts Regime die Grundbesitzer gezwungen, die Pachten um ein Drittel herabzusetzen“ (Bauer 1890, S. 139).

Betrachtet man – wegen der großen regionalen Unterschiede in den Maßeinheiten – als Ertragsziffer das Verhältnis von Ernte zu verwendetem Saatgut, dann ging diese in Frankreich nur selten über das Verhältnis von 5 : 1 hinaus (nach Gömmel, Klump 1994, S. 19).

Die Bauern mussten zum Nutzen der Allgemeinheit Straßen und Wege bauen, und sie mussten zu diesem Zweck ihre eigene Arbeit liegenlassen und sogar noch den entsprechenden Grund zur Verfügung stellen. In Kriegszeiten wurde die Ernte beschlagnahmt, sowie in Grenznähe Schanzarbeiten und Transportarbeiten gefordert.

Die Bauern waren des Schreibens und Lesens zumeist unkundig. Es gab keine Volksschulen. Die medizinische Versorgung war schlecht. Selbst Arm- und Beinbrüche wurden oft nicht fachmännisch versorgt und führten dann zu einem lebenslangen Siechtum. Die Kindersterblichkeit auf dem Lande war hoch.

Wichtig für das Verständnis des Folgenden ist die Feststellung, dass die Versorgung der französischen Bevölkerung ENTSCHEIDEND vom Getreide abhängig war. Der französische Getreidemarkt war dabei sehr stark reglementiert, so hatte jede Stadt feste Liefergebiete, und es war zeitweise sogar verboten, bei guten Ernten Korn zu exportieren, nicht einmal in andere Provinzen. Diese Exportverbote führten, insgesamt gesehen, zu einem Preisverfall, der die Landwirtschaft schwer traf. Gömmel und Klump (1994) stellen dazu fest, dass die Getreidepreise zwar bis zum Jahre 1600 stark anstiegen und dann nach einem kurzen Rückgang bis 1650 wieder anstiegen, was bedeutete, dass die Landwirte in diesen Jahren ein gutes Auskommen hatten. Dann setzte aber ein drastischer hundert Jahre währender Preisverfall für Getreide ein, der sich lediglich um 1700 für einige Jahre abschwächte.

„Der Preisrückgang von etwa 1650 bis um 1750 wurde von einem beispiellosen Verfall der Pachtzinsen und der Bodenpreise begleitet... Tatsächlich waren die Pachtzinsen seit jener Zeit bis gegen 1740 teilweise um 80 % gesunken. In manchen Gegenden war der Boden fast wertlos geworden“ (Gömmel, Klump 1994, S. 20).

Mit verantwortlich für die verheerende wirtschaftliche Situation der Landwirtschaft waren insbesondere auch die Steuern, deren Anteil am Reinertrag schneller wuchs als die Grundrente sank. Faktisch mussten in Frankreich die Bauern fast die gesamte Steuerlast tragen. Zur Illustration folgende Rechnung: „Demnach hatte ein Kleinbauer in der Region Beauvais Abgaben von insgesamt 52 % des Rohertrages zu leisten, die sich zusammensetzten aus 20 % Steuern, 12 % kirchlichen Abgaben und dem Zehnten sowie 20 % für Zinsen an den Grundherren. Da vom Rohertrag etwa 20 % für die Aussaat und Betriebserhaltung abgingen, blieb der Bauernfamilie nur etwas mehr als ein Viertel des Rohertrages für den eigenen Unterhalt“ (Gömmel, Klump 1994, S. 21).

Gömmel und Klump führen dann weiter aus, dass unter den genannten Umständen und bei Vorherrschen einer Dreifelderwirtschaft für die bescheidene Verköstigung einer sechsköpfigen Familie eine Hofgröße von mindestens 10 Hektar notwendig war. Tatsächlich besaß die Mehrzahl der Bauern in Beauvais aber nicht 10 Hektar Land. Die Folge war konsequenterweise eine lang anhaltende Landflucht.

Nochmals wie bereits festgestellt: Die Landwirtschaft und der Getreidehandel hatten seit Ende des 17. Jahrhunderts die ganze Wucht der Steuerlast tragen müssen, die zur Finanzierung der vielen Kriege notwendig war. Aus diesen Gründen werden die später zu behandelnden Vorschläge Quesnays, nämlich freier Getreidehandel und eine Steuerreform, verständlicher.

Als Ergänzung liste ich im Folgenden noch die acht Hauptursachen für den Niedergang der Landwirtschaft auf, wie sie François Quesnay im (übrigens oft abgeänderten) Anhang zu seinem „Tableau

Économique“ zusammenstellte (wobei sich Quesnay bei seinen Formulierungen teilweise auf das Tableau bezog):

(1) Steuern, welche die Vorschüsse der Landwirtschaft treffen;

(2) Steuerüberlastung aufgrund hoher Erhebungskosten;

(3) Übermaß des äußeren Luxus;

(4) Übermaß der Prozesskosten;

(5) Fehlen des Außenhandels für die Bodenprodukte;

(6) Fehlen der Freiheit im Innenhandel mit Bodenprodukten und in ihrem Anbau;

(7) Persönliche Vexationen der Landbewohner;

(8) Fehlen des Rücklaufs des Produit Net an die Klasse der produktiven Ausgaben (nach Bauer 1890, S. 137).

Gömmel und Klump geben für den geringen Fortschritt in der Bodennutzung im 17. und 18. Jahrhundert zusammenfassend als Gründe an:

- Zu geringe Betriebsmittel und zu hohe Abgaben, dadurch kein Spielraum für technische und wirtschaftliche Neuinvestitionen;

- Zu einschränkende Pachtverträge, die oft bis zur Festsetzung der Anbauflächen reichten;

- Der landwirtschaftliche Handel wurde durch Mauten, Messen und Marktabgaben erheblich erschwert.

Verantwortlich für den genannten Preisverfall des Getreides war insbesondere auch der von Colbert 1664 gesetzte Ausfuhrzoll auf Getreide. Dadurch verblieb ein Großteil der Ernten im Lande, wodurch der Preis im Lauf der Zeit kontinuierlich sank und der Brotpreis niedrig gehalten werden konnte. Dieser niedrige Preis für das wichtigste Nahrungsmittel Brot zog, wie beabsichtigt, eine Verbilligung der Arbeitskosten nach sich, was wiederum die Förderung der Manufakturen und den Unterhalt eines großen Heeres erleichterte.

Die Konsequenzen dieser „Politik eines niederen Getreidepreises“ waren aber für die Landwirtschaft verheerend: Das Kapital zog sich aus dem unrentabel gewordenen landwirtschaftlichen Sektor zurück, die Anbauflächen schrumpften, viele Landarbeiter zogen in die Städte, die Ernteerträge konnten oft den eigenen Bedarf nicht mehr decken, die Bauern konnten ihre Steuern nicht mehr bezahlen, die Getreidehändler aus dem Ausland mussten sich nach anderen Bezugsquellen umsehen.

All dies führte letztlich zu einer fast ausweglosen Situation für die Getreidebauern: „Die Getreidebauern des Ancien Régime waren deshalb immer im Kampf mit Preisen und Erträgen, denn bei geringen Ernten mussten sie und ihre Familien hungern, weil sie wenig oder nichts verkaufen konnten, und bei guten Ernten sanken die Preise derart, daß sie ihren Verpflichtungen gegenüber Staat und Grundherren nicht nachkommen konnten“ (Gömmel, Klump 1994, S. 19). Vom Brotpreis hing die politische Stabilität des Reiches ab, auch wenn es seit 1709 (wohl aber von 1771 bis 1774) keine richtigen Hungerkatastrophen mehr gegeben hatte: Eine schlechte Ernte konnte die empfindliche Balance zwischen Produktion und Verbrauch zerstören. Ein Fortschritt in der Landwirtschaft konnte unter den gegebenen Umständen einer stagnierenden Landbautechnik einzig auf einer Vergrößerung der Anbauflächen beruhen. Die Bauern selbst hatten aber angesichts der geschilderten Belastungen kaum eine Chance, ihre Lage zu verbessern.

Um nicht missverstanden zu werden: Die Ausführungen unter Punkt (7) bezogen sich auf die Zustände in der französischen Landwirtschaft. Der Handel und die Gewerbe florierten, wenn auch nicht ganz so dynamisch wie in England. Von diesem Aufschwung der Wirtschaft profitierten vor allem das Großbürgertum, die Bankiers, Großkaufleute und Manufakturbesitzer, während das Volk weiter verelendete. So lebte der größte Teil der städtischen Unterschichten am Rande des Existenzminimums, was speziell in den Städten zu einem destabilisierenden Nebeneinander von Arm und Reich führte.

Der französische Staat lavierte zudem im 18. Jahrhundert immer am Rande des Bankrotts. Über die Hälfte der staatlichen Einnahmen mussten für den Schuldendienst verwendet werden. Die in Punkt (6) angesprochene Uneinsichtigkeit der führenden Schichten wurde durch die ökonomischen Schwierigkeiten auch des Adels noch verstärkt. Je schlechter die Situation war, umso zäher klammerte sich der Adel an seine Privilegien, was wiederum das gesellschaftliche Klima deutlich verschlechterte. Rechnet man noch das administrative Durcheinander im damaligen Frankreich dazu, in dem sich auch die königliche Verwaltung selbst kaum mehr zurecht fand, und die willkürliche Verteilung der Lasten von Stand zu Stand, von Provinz zu Provinz und von Stadt zu Stadt, sowie die Führungsschwäche des Monarchen und zuweilen durch Missernten bedingte ökonomische Krisensituationen, die den Brotpreis für die Armen nahezu unerschwinglich machten, dann versteht man sowohl die Existenz vieler, letztlich wirkungsloser Reformvorschläge und Reformversuche von Beamten, Praktikern und Ökonomen und auch das revolutionäre Potential, das sich hier aufbaute und aufstaute.

(8) EXPLOSIVE GEISTIGE STRÖMUNGEN, DIE AUF EINE ABLÖSUNG DES HERRSCHENDEN SYSTEMS ABZIELTEN;

„Seit dem Hingange Ludwig XIV. hatte sich eine starke Ernüchterung der Nation bemächtigt. Die Verherrlichungsperiode war vorüber, und die Enkel begannen über das Erbe ihrer Väter zu reflektieren; man schrieb über die Dichtkunst, über die Musik, über die Malerei. Dieses Bedürfnis nach Selbstverständigung ist es, das dem großen Rechenschaftsberichte geistiger, politischer und technischer Errungenschaften, der Enzyklopädie, den Erfolg sicherte; alles verlangte nach ihr“ (Bauer 1890, S. 142).

1728 erschien in London ein zweibändiges Werk von Chambers: „Cyclopaidia or Universal Dictionary of arts and sciences”.

Dieses Werk gab einen Überblick über den damaligen Stand der Wissenschaften und Künste und wurde ein buchhändlerischer Erfolg.

Dies veranlasste den Verleger André-François Le Breton, der sich ein gutes Geschäft davon versprach, eine französische Übersetzung des Londoner Werkes anzustreben. Er erhielt auch am 27. Januar 1746 ein königliches Privileg für diese französische Übersetzung. Als geeigneten Übersetzer wurde ihm von drei Verlegern, die sich an der Herausgabe beteiligen wollten, Denis Diderot, der 1746 schon anonym „Die philosophischen Gedanken" publiziert hatte, empfohlen. Le Breton engagierte Diderot zunächst zu einer eher niedrigen Gage.

„Wer die Idee hatte, es nicht mit einer bloßen Übersetzung der englischen Vorlage bewenden zu lassen, sondern ein enzyklopädisches Werk neuer Art zu schaffen, lässt sich heute mit Sicherheit nicht mehr feststellen. Das Projekt war schon 1747 auf ein Format zugeschnitten, das an quantitativem und qualitativem Volumen das Lexikon Chambers' unvergleichlich überragte" (Naumann 1984, S. 6).

Ende 1747 wurde d'Alembert als Mitherausgeber gewonnen, weil Diderot nicht bekannt genug war, d'Alembert hingegen bereits einen sehr guten Ruf in der wissenschaftlichen Welt genoss. Dank der guten persönlichen Beziehungen d'Alemberts gelang es, eine ganze Reihe namhafter Philosophen und Fachgelehrter für die Mitarbeit an der Enzyklopädie zu gewinnen.

1749 wurde Diderot verhaftet und in die Festung Vincennes eingesperrt. Er war mittlerweile als Autor der „Philosophischen Gedanken" und weiterer Schriften enttarnt worden, deren Inhalt als materialistisch und atheistisch galten. Nach 102 Tagen bekamen die Verleger Diderot wieder frei, nachdem dieser ein Schuldbekenntnis abgelegt hatte.

Im Oktober 1750 wurde der Prospekt der Enzyklopädie veröffentlicht, in dem das Projekt vorgestellt wurde, und am 1. Juli 1751 wurde der erste Band an die Subskribenten ausgeliefert.

Die Enzyklopädie wurde mittlerweile angegriffen:

- von den kirchlichen Behörden;
- von der Sorbonne;
- von den Jesuiten;
- von der reaktionären Presse.

Der zweite Band wurde im Januar 1752 an die Subskribenten ausgeliefert. Nun wurde aber auf Befehl seiner Majestät des Königs die Enzyklopädie verboten. Malesherbes, der Direktor des königlichen Verlagswesens, wurde angewiesen, die die Enzyklopädie betreffenden Manuskripte zu beschlagnahmen. Allerdings gab Malesherbes Diderot von der bevorstehenden Polizeiaktion einen Wink, und dieser brachte die Manuskripte in Sicherheit – bei Malesherbes (nach Naumann 1984, S. 8).

Drei Monate später wurden Diderot und d'Alembert von der Regierung aufgefordert, ihre Arbeit fortzusetzen. Dahinter steckte Madame de Pompadour, die damit ihren Gegnern, der Hofpartei, einen Schlag versetzen wollte. Der dritte Band erschien denn auch im November 1753.

Die Gegner der Enzyklopädisten gründeten 1754 sogar eine eigene Zeitschrift: „L'année littéraire“, deren Hauptaufgabe es war, die Enzyklopädie zu bekämpfen. Trotzdem erschien jedes Jahr ein Band, im Jahre 1757 kam der siebte Band heraus.

„Obwohl das Werk an Umfang immer mehr anschwoll – man war erst beim Buchstaben G angelangt – und daher immer teurer wurde, fand es reissenden Absatz. Die Zahl der Subskribenten stieg auf viertausend an“ (Naumann 1984, S. 9).

Nach dem Attentat auf den König am 5. Januar 1757 wurde ein Gesetz erlassen, das jeden, der ohne königliche Erlaubnis Bücher schrieb, druckte oder verbreitete, mit dem Tode bedrohte. Die klerikalen Parteien versuchten, die Schuld an dem Attentat den Enzyklopädisten in die Schuhe zu schieben. D'Alembert stieg zu diesem Zeitpunkt, wohl auch aus Furcht vor persönlichen Repressalien und wegen des radikalen Materialismus, den Diderot und viele der anderen Mitarbeiter pflegten, aus der Enzyklopädie aus.

Ein wichtiger Mitarbeiter, Hélvetius, der 1758 sein materialistisches Werk „Über den Geist" veröffentlicht hatte, wurde gezwungen, öffentlich Abbitte zu leisten. Im März 1759 wurde das Privileg für die Enzyklopädie zurückgezogen. Allerdings wollte kein einziger Subskribent ausgezahlt werden, alle warteten auf die weiteren Bände.

Nun verdammte auch der Papst das Werk. Diderot arbeitete illegal weiter, unter stillschweigender Duldung durch Malesherbes und den aufklärungsfreundlichen Polizeichef Sartine. De Breton ließ die Bände heimlich drucken.

1765 war das vierzehnbändige Textwerk in der Hand der Subskribenten, die Veröffentlichung der 11 Bildbände zog sich noch bis 1772 hin.

Die Herausgabe der Enzyklopädie war längst zu einer umfangreichen Unternehmung angewachsen. Es wurden nahezu 200 wissenschaftliche Mitarbeiter beschäftigt und mehr als tausend Arbeiter, Graveure, Drucker, Buchbinder etc. Bekannt sind die Namen von 160 Autoren, die sich an der Enzyklopädie beteiligten, darunter Voltaire, Rousseau, Montesquieu, Quesnay, Turgot, Buffon. Die Artikel waren von unterschiedlicher sprachlicher und inhaltlicher Qualität. Doch dies tat dem Werk insgesamt keinen Abbruch.

Schon 1758 erschien in Italien ein Neudruck der Enzyklopädie. Insgesamt belief sich die Gesamtzahl der Enzyklopädien, die als Neudrucke, Bearbeitungen und Supplemente in Europa bis 1789 herauskamen, auf zehn.

Ein Gesamtexemplar der Enzyklopädie kostete 900 Livres. Zum Vergleich: 1766 verdiente ein Lyoner Seidenarbeiter, Vater von acht Kindern, zusammen mit seiner Frau 639 Livres jährlich (nach Naumann 1984, S. 11).

Breton hatte übrigens, was Diderot 1764 bemerkte, ohne Wissen Diderots die eingereichten Manuskripte entschärfen lassen, so dass der gedruckte Text nicht mehr mit den Manuskripten übereinstimmte. Allerdings verrauchte der Zorn Diderots bald wieder.

Die Enzyklopädisten selbst waren zwar keine Revolutionäre. Sie wollten die politischen Verhältnisse durch Reformen erneuern, wobei sie bei ihren Formulierungen auch taktische Überlegungen einbeziehen mussten. Auch wenn das monarchische Prinzip als solches nicht direkt angetastet wurde, war die Enzyklopädie doch ein Arsenal vieler subversiver Ideen. „Die revolutionäre Sprengkraft ergab sich aus dem Werk als Ganzem; es brachte die Macht der neuen Denkweise in konzentrierter Form zum Ausdruck“ (Naumann 1984, S. 18).

Hinzu kam, dass das gesellschaftliche Leben bei Hofe in den letzten Regierungsjahren Ludwig XIV. stark vernachlässigt wurde. Für die geistig Interessierten existierte somit zunehmend das Bedürfnis nach einem Gedankenaustausch außerhalb der durch die Etikette eingeschränkten Möglichkeiten des Hofes (und zwar eingeschränkt was die Themen und die Argumente anging).

Die Aufgabe, Zusammenkünfte und Festlichkeiten zu arrangieren, wo Künstler, Gelehrte, Schriftsteller und auch bedeutende Persönlichkeiten des öffentlichen Lebens sich treffen konnten, übernahmen nun die privaten Salons. Sie wurden von Damen der gehobenen Pariser Gesellschaftsschichten geführt. Diese Salons übten auf die Entstehung und Entwicklung der geistigen Strömungen des 18. Jahrhunderts einen wesentlichen Einfluss aus. Dabei hatten die einzelnen Salons jeweils ihre eigenen „Schwerpunkte“ und damit auch ihren ganz bestimmten Teilnehmerkreis.

Zu der Sprengkraft der geistigen Situation trug auch die Rezeption englischer Denker bei. Bauer führt aus, dass sich die französische Literatur der englischen Ökonomik „bemächtigte“: Hierfür seien als Zeugen Namen wie Locke, Law, Cantillon, Hume und Petty genannt. Bezüglich David Hume schreibt Bauer: „Die Essays des ersteren (David Hume, d. V.) waren in Frankreich von den aufgeklärten Ökonomen mit Begeisterung begrüßt worden. Die Übersetzer wetteiferten um den Preis ihrer kunstgerechten Übertragung und man erklärte die englische Ökonomik, die er vertrat, für ebenso mustergültig, wie die Werke Raphaels und Michelangelos für die Kunst“ (Bauer 1890, S. 146).

Eine Botschaft, die ökonomische Sachverhalte zusammen mit einer ethischen und moralischen (und idealerweise auch politischen) Philosophie verknüpfte, also geistige Werte vermittelte, hatte als „Hoffnungsträger“ der Gebildeten in dieser orientierungslosen Zeit eine große Chance, nicht nur gehört sondern auch begeistert akzeptiert zu werden. Gerade das Zusammentreffen ökonomischer und gesellschaftlicher Missstände mit einem im Großen und Ganzen ungebildeten, reaktionären, unbelehrbar auf seinen Privilegien beharrenden Adel schuf das geeignete Klima für solche neue Ansätze, deren Aussagen nicht im rein materiellen stecken blieben, sondern die unterschwellig sogar eine Art von „Quasi-Religion“ bieten konnten (wie der Ordre Naturel der Physiokraten).

Erst aus diesem geistigen Vakuum und der gesellschaftlichen und ökonomischen Situation heraus lässt sich der Erfolg der jetzt aufkommenden Physiokratie als „Heilslehre“ begreifen.

9.1.1 Vorbemerkungen: Die Thesen Quesnays im Verhältnis zu den restlichen Physiokraten

In der „Allgemeinen deutschen Real-Encyclopädie für die gebildeten Stände" liest man unter dem Stichwort „Physiokratisches System" unter anderem folgendes:

„Physiokratisches System heißt das staatswirthschaftliche System, welches zuerst in Frankreich von Franz Quesnay (...) auf die Bahn gebracht wurde, darauf berechnet war, das harte Loos der Landbewohner zu verbessern, und eine Reihe von Jahren die Blicke auf sich zog. Kaum hatte Quesnay sein „Tableau économique" (Par. 1758) erscheinen lassen, so wetteiferten scharfsinnige Schriftsteller, die vom Erfinder bloß hingeworfenen Ideen zu entwickeln und ausführlicher darzustellen" (Allgemeine deutsche Real-Encyclopädie für die gebildeten Stände, 8. Auflage, 12 Bände, Leipzig 1833-1837).

Adam Smith wies François Quesnay im Wesentlichen als alleinige Quelle der Gedanken der Physiokraten aus: „Die ganze Sekte folgt in ihren sehr zahlreichen Veröffentlichungen, die sich nicht nur mit dem beschäftigen, was man gemeinhin Politische Ökonomie nennt, also mit der Natur und den Ursachen für den Wohlstand der Nationen, sondern auch mit den anderen Zweigen der Staatswissenschaft, unausgesprochen und ohne erkennbare Abweichung der Lehre Quesnays. Daher unterscheiden sich die meisten ihrer Werke nur wenig voneinander" (Smith 1982, S. 575).

Auch Stavenhagen ist dieser Meinung, wenn er ausführt: „Obwohl die physiokratische Lehre begeisterte Anhänger fand, waren alle ihre entscheidenden Gedankengänge von Quesnay selbst erarbeitet und entwickelt worden. Zur Fortbildung des gesamten Systems haben seine Schüler, die mit zahlreichen Publikationen an die Öffentlichkeit getreten sind, keine Beiträge geleistet. Sie interpretierten in erster Linie bloß die Lehre und versuchten, ihre Ideen wirtschaftspolitisch zu propagieren" (Stavenhagen 1964, S. 43).

François Quesnay, auch „Meister“ genannt, war zweifellos der geistige Mittelpunkt der Physiokratie und setzte auch die entscheidenden Impulse. Genauere Spezialstudien könnten zwar teilweise sogar erhebliche Unterschiede und Meinungsverschiedenheiten zwischen Quesnay und seinen Schülern aufzeigen. Es sei für meinen Überblick aber erlaubt, mehr auf die gemeinsamen Meinungen und Thesen abzustellen, und damit auch keine der vorhandenen Unterschiede zwischen Quesnay und den anderen Physiokraten herausarbeiten zu müssen, auch wenn dies fachlich versierte Dogmenhistoriker als „terrible simplification“ abtun werden. Einzig Turgot soll als eigenständiger Theoretiker in einem eigenen Abschnitt dargestellt werden, und aus Gründen der Rezeption im deutschsprachigen Ausland auch Schlettwein und Schlosser.

9.1.2 François Quesnay (1694-1774)

Vita von Quesnay

1694:	Am 4. Juni 1694 in Méré bei Versailles als achtes von dreizehn Kindern des Landwirts und Krämers Nicolas Quesnay geboren. François Quesnay hatte zunächst keine geregelte Ausbildung. Mit elf Jahren konnte er noch nicht lesen. Aber er holte seine Ausbildung, dabei sogar die Beherrschung des Lateinischen und Griechischen, in kürzester Frist nach;
1710:	Er trat gegen den Willen seiner Mutter (sein Vater war verstorben) bei einem Wundarzt in der Nachbarschaft in eine Lehre ein;
1711:	Quesnay kam mit 17 Jahren nach Paris und trat bei dem berühmten Graveur Pierre de Rochefort in eine fünfjährige Lehre ein, bildete sich gleichzeitig gründlich als Arzt weiter und studierte zudem Naturwissenschaften, Mathematik und Philosophie;
1716:	Nach Abschluss seiner Lehre als Kupferstecher betätigte er sich als Chirurg in der Nähe von Montfort;
1717:	Quesnay heiratete Jeanne-Cathérine Dauphin, die Tochter eines Gewürzhändlers in Paris. Er ließ sich in Mantes als Wundarzt nieder und ging dann wieder nach Paris, um seine medizinischen Kenntnisse zu erweitern. Er erwarb den Titel eines „maître chirurgien", der ihn zur Ausübung seines Berufes in allen Gemeinden des Königreichs befähigte;
1723:	Quesnay erhielt den Titel eines „Chirurgien royal" durch königliches Patent. Er war ein guter und re-

	nommierter Arzt;
1730:	Seine Streitschrift „Observations sur les effets de la saignée" erschien;
1731:	Berufung als Lehrer an die „Académie de Chirurgie" in Paris. Quesnay war inzwischen Witwer;
1736:	„Les essais physiques sur l'économie animale", eine Lehre der Beziehungen zwischen Seele und Körper, wurde publiziert;
1743:	Quesnay gab als Secrétaire perpétuel die Schriften der Akademie für Chirurgie heraus;
1744:	Verleihung des Doktorates an der Universität von Pont-à-Mousson in Lothringen;
1749:	Der mittlerweile 55-jährige Quesnay trat als offizieller Hofarzt in den Dienst der Marquise de Pompadour. Ludwig XV. erhob ihn in den niederen Adel; Auslöser für seine Anstellung bei der Pompadour war die diskrete Hilfe, die er einer Hofdame bei einem Epilepsieanfall leistete und die die Aufmerksamkeit der Madame Pompadour weckte. Quesnay musste die Speisen, die Madame Pompadour gereicht wurden, aus Angst vor Giftanschlägen vorher verkosten.
	Er durfte deshalb das Schloss von Versailles nicht verlassen, und wohnte im Zwischenstock (Entresol) in einer Dienstwohnung über den Gemächern der Pompadour. Diese Wohnung wurde bald zum Treffpunkt aufklärerischer Denker: Diderot, D'Alembert, Buffon, Helvetius, Condillac, Mirabeau, Turgot, Gournay, Bertin, Du Pont, La Rivière, um nur einige zu nennen. Themen und Sprache waren in diesem Zirkel sehr freimütig. Die Freunde nannten sich selbst zuerst „des économistes", man musste aber schon die Literatur des

	Altertums gelesen haben, um die dahinter stehende Bedeutung zu begreifen (Xenophon);
1751:	Am 1. Juli 1751 wurde den Subskribenten der erste Band der Enzyklopädie ausgeliefert;
1752:	Im Januar erschien der zweite Band der Enzyklopädie; Mitglied der Akademie der Wissenschaften und der Royal Society in London; Quesnay wurde, nachdem er den Dauphin von den Blattern heilte, in den erblichen Adelsstand erhoben;
1753:	Herausgabe der (letzten) medizinischen Schrift, die er der Madame Pompadour widmete: „Traité des fièvres continues“;
1755:	Gründung der Zeitschrift „Ephémérides du Citoyen“ unter Mithilfe des Abbé Baudeau; Erwerb der ausgedehnten Herrschaft Beauvoir;
1756:	Erste publizierte ökonomische Schrift: „Pächter“ (Fermier) in der Enzyklopädie, Band 6, sowie der Beitrag: „Evidence“;
1757:	Erscheinen des Beitrages „Grains“ in der Enzyklopädie; Treffen mit Mirabeau wegen des Werkes „L'Ami des Hommes“;
1758:	Erstes Erscheinen des Tableau Économique (Schlossdruckerei von Versailles) in Höhe von 4 Exemplaren. Gewidmet wurde es der Madame de Pompadour. Diese Widmung zog er auch nach dem Tod der Pompadour nicht zurück. (Anmerkung: Von diesem ersten Tableau besitzen wir keine gedruckte Ausgabe, sondern nur das Manuskript);
1760:	Das „Tableau Économique“ erschien auf Anraten der Madame de Pompadour als Anhang im zweiten Band

	des viel gelesenen Werkes von Mirabeau „L'Ami des Hommes";
	Als Gemeinschaftsarbeit mit Mirabeau erschien das Werk „Théorie de l'Impôt", das den König so erregte, dass er Mirabeau verhaften und zwei Monate auf seinen Landsitz Bignon verbannen ließ;
1763:	Quesnay und Mirabeau erklärten gemeinsam in „Philosophie rurale" erneut das Tableau Économique;
	Der dreiundzwanzigjährige Du Pont wurde als Mitarbeiter gewonnen;
1764:	Madame de Pompadour starb am 15. April. Quesnay konnte nun das Schloss verlassen und lebte in einer Beamtensiedlung, dem „grand commun";
1765:	Das Textwerk der Enzyklopädie war nun vollständig in den Händen der Subskribenten;
	Quesnay hatte zusätzlich einen Artikel „Hommes" verfasst, der gemäß den Nachforschungen von Stephan Bauer, der das Manuskript im Handschriftenkatalog der Pariser Nationalbibliothek aufspürte, zu den zuletzt verfassten Artikeln für die Enzyklopädie gehörte. Dieser Artikel erschien aber nie. Nicht mehr aufzufinden waren zwei weitere für die Enzyklopädie verfasste Artikel von Quesnay: „impôt" und „intérêt de l'argent", sowie drei Denkschriften, die Quesnay kurz vor seinem Tod verfasst haben soll;
	Quesnay veröffentlichte „Le droit naturel" im „Journal de l'Agriculture, du Commerce et des Finances";
1766:	Adam Smith nahm an Versammlungen der économistes in Paris teil;

1767:	„Le Despotisme de la Chine“ erschien. Eine Sammlung von Schriften Quesnays erschien, herausgegeben von Dupont de Nemours, unter dem Titel „Physiocratie“. Dupont de Nemours prägte den Namen für die neue Richtung: „Physiocratie“.
1768:	Der letzte Beitrag Quesnays erschien in den Ephémérides: „Lettres d'un Fermier et d'un Propriétaire“;
1770:	Quesnay erkrankte an der Gicht;
1772:	Die Zeitschrift „Ephémérides“ wurde aus finanziellen Gründen eingestellt;
1773:	Quesnay arbeitete am mathematischen Problem der Quadratur des Kreises;
1774:	Du Pont nahm eine Stellung als Erzieher in Warschau an;
	Ludwig XV. starb am 10. Mai. Noch kurz vor seinem Tod hatte er Quesnay in den Ruhestand und damit in Ungnade versetzt;
	Turgot wurde am 20. Juli zum Finanzminister unter Ludwig XVI. berufen. Du Pont kehrte nach Paris zurück;
	Quesnay starb am 16.12.1774 in Versailles;
1774-1776:	Unter Turgot erschienen die „Nouvelles Ephémérides du Citoyen“ für zwei Jahre;
1776:	Adam Smith Werk „An Inquiry into the Nature and the Causes of the Wealth of nations” erschien.

EINIGE WERKE QUESNAYS (UND AUCH ANDERER PHYSIOKRATEN)

QUESNAY:

„Observations sur les effets de la saignée” (1730);

„Les essais physiques sur l'économie animale” (1736, 1747);

„De affectibus soporosis in genere” (Doktorarbeit 1744);

„Examen impartial des contestations des médecins et des chirurgiens“ (1748);

„Évidence de l'âme” (unveröffentlicht um 1751):

„Fonction de l'âme“ (unveröffentlicht um 1751);

„Traité des fièvres continues“ (1753);

„Fermiers“, „Grains“, „Population“ in der Enzyklopädie (1756/1757);

„Tableau Économique“ (verschiedene Auflagen 1758/1759);

„Théorie de l'impôt“ (zusammen mit Mirabeau, 1760);

„Philosophie rurale“ (zusammen mit Mirabeau, 1763);

„Le Despotisme de la Chine“ (1767);

„Physiocratie“ (Aufsatzsammlung 1768);

„Recherches philosophiques sur l'évidence des vérités géométriques” (1773).

VICTOR DE RIQUETI (MARQUIS DE MIRABEAU):

Sein Hauptwerk „L'Ami des Hommes, ou Traité de la Population", I. Band, war 1756 datiert, gelangte aber erst 1757 zur Ausgabe. Der II. Band brachte dann, durch Vermittlung der Madame de Pompadour, im Anhang das Tableau Économique von Quesnay und die dazu gehörigen Erklärungen;

„Eléments de la Philosophie rurale" (1767).

DU PONT:

„Réflexions sur la Richesse de l'Etat" (1763).

DE LA RIVIERE:

„Ordre naturel et essentiel des Sociétés politiques" (1767).

9.1.3 Die Philosophie der Physiokraten

Zuallererst muss festgehalten werden, dass die Physiokratie das Göttliche nicht leugnete. Im Gegenteil, sie war durchtränkt von ethischen und moralischen Forderungen, die sich letztlich auf ein göttliches Prinzip zurückverfolgen ließen. Gott habe eine „natürliche Ordnung“ (ordre naturel) für die Welt vorgesehen und dies sei die beste (und unveränderliche) Ordnung für alle Dinge. Diese „natürliche Ordnung“ ließe sich mit Hilfe der Vernunft erkennen. Es sei Pflicht jeder Regierung, die Gesellschaft nach dieser „ordre naturel“ zu gestalten. Im Gegensatz zur „ordre naturel“ stehe die tatsächliche politische Ordnung, die „ordre positif“, die sich aber mehr und mehr der „ordre naturel“ anzupassen habe. Die Abschaffung derjenigen (positiven) Gesetze, die den natürlichen Gesetzen widersprächen, sei damit auch eine Annäherung an die von Gott vorgesehene Ordnung.

Quesnay stellte seine übergeordneten philosophischen Grundthesen in dem Enzyklopädie-Artikel „Évidence“ dar.

Die „Évidence“ (Augenscheinlichkeit, Deutlichkeit, Erkenntnis, Klarheit) entsprach dem irdischen Leben und damit den Gegebenheiten der sinnlichen Wahrheiten. Der Glaube, la foi, führe zu den jenseitigen Wahrheiten. „Il y a deux sortes de certitudes: la foi et l’évidence“. Quesnay unterstellte einen Dualismus zwischen Körper und Geist.

Quesnay vertrat in „Évidence“ die Auffassung, jeder Mensch habe Pflichten gegenüber Gott, gegenüber den Mitmenschen und gegenüber sich selbst. Dabei glaubte Quesnay, dass die Menschheit sich auf Dauer dem Gehorsam gegenüber den göttlichen, natürlichen Gesetzen nicht entziehen könne.

Es gebe zwei Motive für die Handlungen des Menschen: die sinnlichen und die lehrhaften Motive. Die sinnlichen Motive entsprängen der animalischen Seite des Menschen. Herrschten sie vor, so resultierte eine schlechte Handlungsweise. Sich für das Gute oder Schlechte zu entscheiden, liege im Bereich der menschlichen Vernunft. Der Mensch habe hier einen Freiraum zwischen Gutem oder Bösem. Aus dem Beitrag „Évidence“ ging also klar hervor, dass von den Physiokraten das Geistige dem Materiellen vorangestellt wurde.

Die Handlungen würden zuerst durch Reize der Seele angeregt. Triebfeder sei das Eigeninteresse (intérêt) und hier liege Glück (sensations de plaisir) oder Unglück (sensation de douleur) des Menschen. Das Angenehmere könne sich nicht immer als das Bessere herausstellen. Die Unwissenheit sei nicht nur ein Übel, sondern geradezu ein Verbrechen, daher seien Kinder, Narren und geistesschwache Menschen vom Gebrauch der Freiheit auszuschließen. Daraus resultierte ein starkes Interesse Quesnays an einer richtigen Erziehung des Volkes. Er schlug einen für das ganze Volk verpflichtenden Unterricht vor, und zwar insbesondere auch in der „science économique“, weil das Volk dann die Gesetze leichter verstehen könne. Die Unwissenheit müsse mit allen Mitteln bekämpft werden.

Als weiterer Beleg für die Bedeutung, die die Physiokraten der Erziehung einräumten, kann ein am 14. Juli 1772 von Mirabeau an Karl Friedrich von Baden geschriebener Brief dienen: „Der entscheidende Punkt für das Glück der Menschheit ist der Volksunterricht... Nur das Volk, die Gesamtheit aller Meinungen und allen Willens, kann über die Bewahrung Ihrer väterlichen Einrichtungen wachen und deshalb muss die erste aller Sorgen sein, auch den geringsten Ihrer Untertanen von seiner Kindheit an aufzuklären, dass er es verstehen lernt, welches persönliche Interesse auch er an der Durchführung und Erhaltung Ihrer Grundsätze hat.“

Quesnay bestätigte dem Menschen ein natürliches Recht auf Eigentum. Ein vollkommenes Staatswesen könne nur auf der Landwirtschaft als Basis errichtet werden. Die beste Staatsform war für Quesnay die Theokratie.

Die Gesellschaftsphilosophie Quesnays fußte auf der Idee des Naturrechts. Quesnay schrieb in diesem Sinne: „Denn ohne die Kenntnis der natürlichen Gesetze, die der menschlichen Gesetzgebung als Grundlage und dem Verhalten der Menschen als oberste Regeln dienen sollen, gibt es keine augenscheinliche Gewissheit von Recht und Unrecht, von Naturrecht, physischer und moralischer Ordnung."

„Es ist für den Leser außerordentlich wichtig sich zu vergegenwärtigen, dass die physiokratische „ordre naturel" als Gesetzesbegriff in quasi naturwissenschaftlichem Sinne interpretiert werden muss, jedoch mit der wesentlichen Einschränkung, daß der Mensch die Möglichkeit hat, gegen solche „sozialen" Naturgesetze zu verstoßen, was bei physikalischen oder chemischen ausgeschlossen ist" (Mahl 1982, S. 144).

Dabei übernahmen die Physiokraten von René Descartes (1596-1630) die Idee, dass diese natürlichen (und damit auch gesellschaftlichen) Vorgänge auf deterministischen Ursache-Wirkungs-Gesetzen beruhten.

Eine gesellschaftlich brisante Folgerung davon war, dass wenn der Adel einen wesentlichen Teil des landwirtschaftlichen Reinertrages in Luxusgütern anlege, er gegen die sozialökonomischen Naturgesetze verstoße. Wenn die Regierung nicht den Prinzipien folge, wie sie sich aus der „ordre naturel" ergäben, folgten für das Volk Störungen und ein unvermeidlicher Niedergang. Die „ordre naturel" sei ja für die Maßnahmen und die zu erlassenden Gesetze eines prosperierenden Staates quasi das Fundament. Sie sei für alle Völker und Staaten konstant.

Die „ordre positif" könne für die einzelnen Völker durchaus verschieden aussehen. Sie sei veränderlich, zeitlich begrenzt und müsse immer auch neuen Situationen angepasst werden. Sie wird in den Gesetzen verankert, und ihre Nichteinhaltung hat Sanktionen und Strafen zur Folge. Allerdings dürfe sich die „ordre positif" nicht zu weit von der „ordre naturel" entfernen. Das später zu behandelnde Tableau Économique stellt diese naturgesetzlich determinierten Gesetze im Wirtschaftsablauf dar.

Bei der physiokratischen Lehre handelte es sich also nicht nur um ökonomische Anschauungen, sondern letztlich um eine ganze Weltanschauung, auch wenn diese auf einer ökonomischen Basis beruhte.

Es wurden Ökonomik, Politik, Religion, Sitten, Gesetze, Ackerbau, Handel, Künste, Unterricht und die Pflichten des Volkes und der Regierenden angesprochen. Es galt insbesondere der unterprivilegierten und danieder liegenden ländlichen Produktionstätigkeit den gebührenden Platz einzuräumen und die Missbräuche und die Ineffizienz des merkantilistischen Systems auszuräumen.

Dies macht es auch verständlich, warum die Physiokratie mit ihrer moralisch-ethischen Botschaft von den Intellektuellen so begeistert gefeiert wurde und warum sich die Physiokraten gegenseitig in langen begeisterten Briefen über die Vorzüge ihres Systems ergingen. Die Physiokratie beinhaltete eine Hoffnung auf eine bessere Zukunft, die nicht im rein Materiellen stecken bleiben würde (siehe die Annäherung an die gottgewollte „ordre naturel").

Der materielle Reichtum dürfe nicht an die Spitze der gesellschaftlichen Werteskala gesetzt werden, was mit dem Primat des Geistigen gegenüber dem Materiellen im Einklang steht. Der Handwerker solle Wohlstand (aisance) genießen. Würde er unmäßigen Steuern oder Frondiensten unterworfen, ziehe er es vor, seine Arbeit und seine Betriebsamkeit stark einzuschränken, um keine Wertgegenstände zu besitzen, die ihm lediglich weggesteuert werden würden. Bezogen auf die Gesamtgesellschaft war das letzte Ziel der Physiokraten, dass das Volk dauerhaft in Wohlstand leben könne. Überhaupt durchzog die Schriften der Physiokraten ein harmonisches Weltbild: Durch die Herstellung der natürlichen Ordnung verschwänden alle Konflikte zwischen den Gruppen.

Um einen Eindruck von der oben erwähnten Begeisterung der Physiokraten für ihr System zu geben, sei hier ein Brief von Mirabeau an Rousseau wiedergegeben: „Ja, mein Herr. Ich fürchte mich vor Ihnen, einem solch einfachen und großen Menschen, nicht zu sagen, dass die Entdeckung des Nettoprodukts, die wir dem verehrungswürdigen Konfuzius Europas verdanken, eines Tages das Angesicht des Universums verändern wird... Das ganze physische und moralische Wohl der Gesellschaft kann man daher in einem Punkt fassen, einer Zunahme des Nettoproduktes: Jeder Angriff gegen die Gesellschaft besteht in der Tatsache einer Verminderung des Nettoprodukts." In dieser enthusiastischen Sprache wurden viele Briefe geschrieben, in denen man fast quasireligiöse Zustände ausmalte, die nach der Erreichung der natürlichen Ordnung herrschen würden. In Frankreich, der Schweiz und im Südwesten Deutschlands war die Begeisterung sehr groß.

So wurde z.B. Isaak Iselin (1728-1782), ein vielseitiger, hochgebildeter promovierter Jurist, der in Basel 1756 Ratsschreiber wurde, ein Anhänger der physiokratischen Lehre. Er zog Schlettwein nach Basel und hatte Verbindung zu Dupont de Nemours und Le Trosne. Er schrieb „Philosophische und Patriotische Träume eines Menschenfreundes" (1755), das in mehreren Auflagen erschien. Er entwarf eine an die Physiokraten angelehnte „Wirtschaftliche Tafel".

Ein weiterer Beleg für die Begeisterung der Physiokraten für ihre Thesen ist eine Zitatstelle bei Adam Smith, der diesbezüglich gewiss als objektiver Beobachter gelten kann:

„Die Verehrung der ganzen Schule für ihren Meister, selbst ein äußerst bescheidener und einfacher Mann, ist nicht geringer als die Bewunderung der antiken Philosophen für die Begründer ihrer Lehren. Ein sehr sorgfältiger und achtenswerter Autor, der Marquis de Mirabeau, drückt sie in folgenden Worten aus: 'Seit Beginn der Welt gab es drei große Erfindungen, die politischen Gemeinwesen weitgehend innere Festigkeit verliehen, unabhängig von vielen anderen Entdeckungen, die ihnen zu Reichtum und Ansehen verhalfen. Die eine ist die Erfindung der Schrift... Bei der zweiten handelt es sich um die Erfindung des Geldes, das alle Beziehungen unter zivilisierten Gesellschaften miteinander verknüpft. Die dritte schließlich ist der Tableau Économique, das Ergebnis der beiden anderen, das sie erst abrundet, indem es ihren Sinn und Zweck vervollkommnet. Es ist die große Entdeckung unseres Zeitalters, deren Früchte aber erst unsere Nachkommen ernten werden'" (Smith 1982, S. 575).

Auch bei den ökonomischen Aussagen klangen immer wieder die moralischen Grundsätze durch: „Man macht auf diese Weise sterile Klassen, die weder produzieren noch konsumieren. Das ist die Folge des Rates jener furchtbaren Menschen, die der Meinung sind, man müsse das niedere Volk ins Elend bringen, um es zur Arbeit zu zwingen. Der Boden wie die Menschen werden durch Ausbeutung nur entwertet“ (Quesnay, „Hommes“, zitiert nach Bauer 1890, S. 124). Gegen die Sklaverei gab es eine klare, von der Ethik her bestimmte Haltung: Gott habe alle Menschen erschaffen. Daher sei die Sklaverei zu verbieten und abzuschaffen.

9.1.4 ZUR WISSENSCHAFTSTHEORIE DER PHYSIOKRATEN

Zur Zeit der Physiokraten war der Glaube an die Allmacht der Mathematik (seit dem Erscheinen der Grundsätze der Naturphilosophie Newtons) weit verbreitet. Quesnay vertrat explizit die Anwendung der mathematischen Methode auch auf die Durchdringung des Wirtschaftslebens: „Das Tableau sollte von nun an gleichsam die Logarithmentafel des Wirtschaftslebens bilden. Der Illusion eines dermaßen exakten Systems gab er sich hin, als unter seiner Anleitung und steten Kontrolle Mirabeau die Philosophie Rurale schrieb. Der Niedergang aller Zweige der Wirtschaft sollte hier mathematisch an den Veränderungen der Einkommensverteilung im Tableau demonstriert werden“ (Bauer 1890, S. 154).

„Le Tableau économique est la première règle d'Arithmétique que l'on ait inventé pour réduire au calcul exact, précis, la science élémentaire et l'exécution perpétuelle de ce décret de l'Eternel“ (Mirabeau, Philosophie rurale, Préface, p. XIX).

Die Schüler Quesnays fürchteten allerdings, mit derartigen Zahlenbeispielen unverständlich zu bleiben. Quesnay blieb zunächst bei seiner Auffassung, dass man politische Ökonomie nicht ohne Mathematik treiben könne. Aber schließlich gab er laut Bauer (1890, S. 155) doch nach und gab einer leichter fasslichen Methode den Vorzug.

9.1.5 Die Frage des Produktes und der Produktivität bei den Physiokraten

Die Fragestellung, die (modern ausgedrückt) darüber entscheidet

- welche Produktionsfaktoren in eine Volkseinkommensrechnung aufgenommen werden sollen und wie sie zum Wohlstand beitragen,

- und damit, welche Produktionsfaktoren besonders wirtschaftspolitisch förderungswürdig sind,

ist keine nur ökonomisch beantwortbare Frage, sie hat vielmehr deutlich auch immer einen philosophischen Hintergrund. Moderne Volkseinkommensrechner bezeichnen solche Überlegungen mit dem Ausdruck: „The Philosophy behind".

Einzig der Boden und damit die Arbeit des Landmannes war bei den Physiokraten „produktiv", nur die Natur könne überhaupt produktiv sein und neue Werte schaffen. Alle andere Arbeit forme nur die vorhandenen Zustände ein und desselben Stückes Material in andere Zustände um: Der Schmied forme nur das Eisen in ein Schwert um, der Müller forme nur Getreide in Mehl um etc.

Für den „Konfuzius Europas", also für Quesnay und dessen Anhänger, war diese Sachlage unbestreitbar, quasi ihr Grundaxiom. Der Bauer, der Getreide säe, ernte mit Hilfe der Natur physisch ein Vielfaches. Er produziere netto an Getreide mehr, als er an Saatgut einsetze. Deshalb sei er produktiv. Der Produzent, der die Stoffe der Natur nur umforme, schaffe dabei kein Mehr an Substanz. Er war in den Augen der Physiokraten „steril". Damit wurde das Nettoprodukt der Landwirtschaft, das Produit Net in den Mittelpunkt gerückt. Alle Probleme der Gesellschaft, und davon gab es zu den Zeiten der Physiokraten viele, entsprangen ihrer Ansicht nach den Lasten auf das Produit Net. Lasten, die als drückend diagnostiziert wurden. Daraus folgten dann die wirtschaftspolitischen Empfehlungen der Physiokraten: Ersetzung der vielen die Landwirtschaft drückenden Abgaben und Frondienste durch eine einzige Steuer auf die Grundbesitzer und Aufhebung aller die Landwirtschaft betreffenden Handelsbeschränkungen, Schaffung eines großen Binnenmarktes, Aufhebung der Leibeigenschaft der Bauern, eine Bodenreform, eine strengere Kontrolle der Staatsausgaben und -einnahmen und daneben, aus ihren philosophischen Auffassungen heraus, auch mehr Freiheiten für die Bürger, so z.B. Pressefreiheit und Religionsfreiheit.

Alles was den Ackerbau bevorzuge, sei gut für das Volk, denn die Quelle des Reichtums würde gebildet durch die im Boden angehäuften Schätze der Natur. Daraus resultierten die folgenden Maximen, die an die Darstellung des Tableau Économique angefügt wurden. In der dritten Auflage, die von Dupont de Nemours bearbeitet wurde, waren diese 24 Maximen überschrieben: „Auszug aus den königlichen Haushaltsregeln des Herrn von Sully“ (im Folgenden zitiert nach Kuczynski 1965):

„17. Dass die Wirtschaftspolitik sich nur damit befasse, den produktiven Ausgaben und dem Außenhandel mit den Bodenprodukten günstige Bedingungen zu schaffen, die sterilen Ausgaben aber sich selbst überlasse.“

„21. Dass man die für die Getreidekultur verwendeten Ländereien tunlichst zu großen, von reichen Pächtern ausgebeuteten Pachthöfen zusammenlege; denn es entstehen weniger Ausgaben für die Instandhaltung und Reparatur von Gebäuden, und dementsprechend viel weniger Kosten und viel mehr Nettoprodukt in den großen landwirtschaftlichen Unternehmen als in den kleinen; ... Jede Ersparnis, die, auf einen Profit abzielend, bei den Arbeiten gemacht wird, welche unter Verwendung von Tieren, Maschinen, Flüssen usw. ausgeführt werden können, kommt der Bevölkerung und dem Staate zugute, weil ein größeres Nettoprodukt den Menschen mehr Gewinn zugunsten anderer Dienste und anderer Arbeiten verschafft.“

„22. Dass es jedem freistehe, auf seinem Acker diejenigen Bodenprodukte anzubauen, die ihm sein Interesse, sein Vermögen, die Beschaffenheit des Bodens eingeben, um dem Felde den größtmöglichen Profit zu entziehen. Das Monopol darf beim Anbau von Grund

und Boden niemals begünstigt werden, denn es schadet den Gesamtrevenuen der Nation..."

Die Schlussworte zu den Maximen dieser dritten Auflage lauteten: „Ohne diese Bedingungen wäre die Landwirtschaft ... nur eine Chimäre; aber ihre Grundsätze stehen darum nicht minder fest und stellen auch nicht minder die wahren Grundsätze der Wissenschaft von der Wirtschaftspolitik dar, die wir hier sehr wohl unterscheiden von den trivialen Lehren über das Blendwerk der Finanzoperationen, welche nur das Barvermögen der Nation und die Bewegung von Geld, mittels des Handels in Geld, zum Gegenstande haben... Die Wirtschaftspolitik erschließt die Quellen der Reichtümer; die Reichtümer locken die Menschen herbei; die Menschen und die Reichtümer bringen die Landwirtschaft zum Blühen und Gedeihen, den Handel ins Wachsen; sie beleben das Gewerbe" (Quesnay, Tableau Économique, 3. Ausgabe 1759, Kuczynski 1965, S. 76ff).

In „Fermiers" fasste Quesnay, dazu passend, die Gründe für die Landflucht wie folgt zusammen:

- Hindernisse, welche die Regierung dem Getreidehandel bereitet;
- Beförderung der Luxusmanufaktur;
- Willkür der Steuern.

Wie bereits ausführlich dargestellt war die Landwirtschaft in Frankreich tatsächlich in einem sehr schlechten Zustand. In England wurde ein weit intensiveres Kultursystem eingeführt, der so genannte Norfolker Fruchtwechsel. Das Werk, das diese Neuerungen propagierte, war von Jethro Tull. Dieses System wurde auch in Frankreich bekannt und fand außerordentliche Beachtung.

Quesnay erwarb selbst ein ausgedehntes Stück Land und führte darauf mit Erfolg diese landwirtschaftlichen Neuerungen ein.

Im Folgenden soll noch kurz auf den Beitrag „Grains" eingegangen werden, den Quesnay für die Enzyklopädie schrieb.

„Grains" hat im Französischen eine Reihe von Bedeutungen. Im Beitrag von Quesnay waren mit „Grains" Ernten von Getreidearten und alles was damit zusammenhängt, gemeint.

Quesnay traf zunächst die Feststellung, dass die Landwirtschaft, der so unabdingbar wichtige Teil des Königreichs Frankreich, nicht einmal die unterste Grenze des Wohlstandes erreiche. „Daran ist der niedrige Getreidepreis schuld, den man zahlt, damit die Produktion der Manufakturen und der Handarbeit, mit dem Ausland Schritt halten kann. Daher haben die Bauern (paysans) und die Landarbeiter (fermiers) das Interesse an ihrer Arbeit verloren."

Dann unterschied Quesnay zwei Typen von Landwirtschaft: die „petite culture", die mit Ochsen betrieben wurde, und die „grande culture", die mit Pferden betrieben wurde. Quesnay stellte generell fest, dass eine Vielzahl kleiner Höfe nachteilig sei, sie müssten zu größeren Gütern vereinigt werden.

Nach genauen numerischen Berechnungen der Erträge der „grande culture" und der „petit culture" stellte er ihnen die Aufwendungen gegenüber und rechnete dabei bis zum Produit Net hoch.

Die in „Grains" angefügten Maximen betonten wiederum die Bedeutung der Landwirtschaft und wiesen auf die Nachteile industrieller Produktion hin:

(1) Die industriellen Arbeiten vermehren den Wohlstand nicht;

(2) Diejenigen, die die Erzeugnisse der Industrie kaufen, zahlen die Aufwände, die Handwerker und den Gewinn des Handels. Aber diese Erzeugnisse bringen keinen Rückfluss für das jährliche Einkommen;

(3) Die Industrieproduktion, die die Menschen zum Schaden der Kultivierung der besten Gründe beschäftigt, ist schädlich für die Bevölkerung und für das Wachstum des Wohlstandes;

(4) Die Einkommen der Landwirte gründen sich auf die Reichtümer der Natur;

(5) Eine Nation, die eine große Landfläche hat, und die den Preis der eigenerzeugten Lebensmittel fallen lässt, um die Erzeugung von Handwerkswaren zu fördern, zerstört sich auf allen Gebieten;

(6) Die Vorteile des Außenhandels beruhen nicht auf dem Wachstum des Geldreichtums;

(7) Eine Nation muss seine Nachbarn nicht um ihren Handel beneiden, wenn sie aus ihrem Boden, ihren Menschen und ihrer Schifffahrt das bestmögliche Produkt herausholt;

(8) Im gegenseitigen Handel haben diejenigen Nationen, die die notwendigsten und nützlichsten Güter verkaufen, einen Vorteil gegenüber den Nationen, die Luxusgüter verkaufen.

Es folgten dann noch Maximen

- die die Bedeutung der Erhaltung des Straßennetzes und der Wasserstraßen hervorhoben,

- die die Notwendigkeit einer grundsätzlichen Selbstversorgung mit den lebensnotwendigen Gütern betonten,

- die auf die ideale Kombination der produzierten Güter abstellten,

- die die Bedeutung des Getreidehandels zwischen den Provinzen Frankreichs unterstrichen, weil dies auch Preisfluktuationen abbauen könne.

Quesnay sah in China idealisierend das Urbild einer durch tausend Jahre gut funktionierenden agrarischen Wirtschaft. Er schrieb deshalb auch „Le Despotisme de la Chine“. Dies trug ihm übrigens den Namen „Konfuzius Europas“ ein.

Vor der Physiokratie dachten französische Ökonomen vorwiegend über Handelsprobleme nach. In den Augen dieser merkantilistisch inspirierten Autoren hatte die staatliche Wirtschaftspolitik vor allem für eine aktive Handelsbilanz zu sorgen. Quesnay analysierte dagegen als erster die Produktion als Grundlage des nationalen Reichtums – eine Leistung, die ihm meines Erachtens hoch angerechnet werden sollte.

9.1.6 Die Steuerlehre der Physiokraten

Aus dem Axiom der alleinigen Produktivität der Landwirtschaft wurde die logische Konsequenz gezogen, dass es auch nur eine einzige Steuer geben solle, die „impôt unique". Sie müsse von der grundbesitzenden Klasse erhoben werden, weil diese Gruppe ja das Produit Net bekomme (siehe Tableau). Dies war im System der Physiokratie streng genommen auch konsequent, weil das Produit Net ja den einzigen hinzukommenden und verwendungsfähigen Wert im System darstellte.

Jede andere Steuer arte, gemäß Quesnay, in „Plünderung" aus und verursache einen Niedergang, der den Staat zugrunde richte. Deshalb waren die Physiokraten gegen alle Personen- und Konsumsteuern, und natürlich auch gegen die Frondienste als eine Art von Naturalsteuern.

Im Übrigen würde eine solche Einheitssteuer auch die enorm kostspielige Verwaltung des Steuersystems vereinfachen und viele der unproduktiven Steuerverwalter einsparen, die dann in der Landwirtschaft eingesetzt werden könnten (!), um das Produit Net zu erhöhen.

Quesnay legte auch fest, wie die aus dem Produit Net zu zahlende Einheitssteuer verwendet werden sollte: Für den Unterricht in den natürlichen Gesetzen und für notwendige öffentliche Aufgaben, wie etwa den Wegebau. Unproduktive Verwendungen der Einheitssteuer, insbesondere für die Hofhaltung und das Militärwesen, seien einzuschränken.

Bei den physiokratischen Auffassungen zu den Steuern klangen neben ökonomischen Argumenten, nicht unerwartet, immer wieder moralische Nebentöne an: „Je zahlreicher das niedere Volk ist im Vergleiche zu den Reichen, desto wichtiger ist die freie Entfaltung seines Konsums. Nichts ist daher verwerflicher als die Besteuerung des Lebensmittelkonsums." Und dann kamen ökonomische Argumente dazu: „So verhindert die Wein- und Branntweinbesteuerung sowohl den Export als auch die Ausdehnung des Weinbaues und folgeweise die Volksvermehrung“ (Bauer 1890, S. 124).

Verständlich war, dass alle Reformer (auch Nicht-Physiokraten) auf einen Abbau der Taille hinwirken wollten. Die Physiokraten betonten besonders ihre negativen Wirkungen auf die Landwirtschaft. Die bisherigen, zahlreichen Angriffe gegen das herrschende Finanzsystem in Frankreich scheiterten aber letztlich daran, dass man keine „Einkommenslehre“ als Grundlage einer Besteuerung hatte. Hier traten nun die Physiokraten auf den Plan, die eine solche Einkommenslehre besaßen: „Die Artikel in der Enzyklopädie zeigten, dass die Produktionsüberschüsse der auf dem Gebiete der Landwirtschaft verwerteten Kapitalien das Reservoir für alle anderen als die agrikolen Ausgaben bildeten – also auch für die Steuer. Es kam nun darauf an, ziffernmäßig darzutun, wie sich diese Einkommensverteilung vom Standpunkte der Staatswirtschaft darstelle. So entstand das Tableau Économique; seinen Grundlagen gemäß musste es in einer einzigen Grundsteuer gipfeln“ (Bauer 1890, S. 152).

Quesnay bestritt übrigens auch die Vorteile der Navigationsakte für England und war deshalb auch gegen deren Einführung in Frankreich. Die Navigationsakte liege nur im Interesse der Kaufleute, die möglichst billig einkaufen wollten und sei es auch auf Kosten der Nation. Daraus resultierten dann schließlich Verbote und Monopole, ohne einen Nutzen für die Landwirtschaft, auf die Quesnay seine ganze Argumentation ja immer wieder bezog.

9.1.7 Die Sektoren

Das Tableau Économique enthielt drei Klassen: Die produktive Klasse (classe productive), die sterile Klasse (classe stérile) und die besitzende Klasse (classe des propriétaires).

Bisher war es üblich, die Gesellschaft nach Ständen einzuteilen. Die große Leistung Quesnays, sie entsprechend der ökonomischen Position und Funktion der Individuen zu gruppieren, mutet heute selbstverständlich an, war aber damals keineswegs selbstverständlich. Es wird wegen dieser zukunftsorientierten Sektorenaufteilung vielleicht verständlicher, dass viele Dogmenhistoriker Quesnay sogar als den eigentlichen „Vater" der Ökonomik (zeitlich noch vor Adam Smith) bezeichnen.

Die produktive Klasse

Sie bestand aus den Bauern, die als Pächter den Boden der besitzenden Klasse bearbeiteten. Die Bauern ziehen von der gesamten landwirtschaftlichen Produktion ihre Kosten ab, also die Ausgaben für Futter, Samen, Geräte, sowie insbesondere auch einen ihr Existenzminimum sichernden Teil. Die verbleibende Produktion ist der volkswirtschaftliche Nettoertrag, das Produit Net. Auch die Tätigkeiten, „die die notwendigen Rohstoffe zu Tage fördern", galten für Quesnay als produktiv.

Im Originalton Quesnay: „Der Herrscher und die Nation mögen niemals aus dem Auge verlieren, dass der Boden die alleinige Quelle der Reichtümer ist, und dass der Ackerbau es ist, der sie vervielfältigt. Denn die Vermehrung der Reichtümer sichert diejenige der Bevölkerung… Von dieser überströmenden Quelle hängt der Erfolg aller Teile der Verwaltung des Reiches ab."

Die produktive Klasse umfasste zwei Gruppen: Die Kleinbauern der „kleinen Kultur" (metayage) und die Großbauern der „großen Kultur". Der Arbeiter selbst ist besitzlos, der Grundeigentümer stellt ihm Gebäude und Boden zur Verfügung.

Die eigentliche produktive Klasse sind also die Pächter (fermiers). Sie betreiben unter Einsatz von Pferden die „große Kultur" mit großem Viehbestand und auch Gemüseanbau. Wie erwähnt: Der Großbetrieb der „großen Kultur" arbeitet nach Quesnay rentabler und sparsamer als die „kleine Kultur".

Den Kleinbetrieben fehle es an Kapital, insbesondere wegen der verfehlten Absatzpolitik des Staates und der, durch die vielen Kriege verursachten, harten und einseitigen Steuerpolitik.

„Auch die Grundbesitzer gehören zu den produzierenden Klassen, insofern sie die Verwaltung und Amelioration ihrer Güter besorgen. Ebendahin sind im Falle einer zielbewussten Wirtschaftspolitik der Souverän und die Minister zu zählen... Aber nur diejenigen Grundbesitzer sind hierher zu zählen, die ihre Güter selbst bewohnen, die ihr Einkommen auf ihre Nutzbarmachung verwenden, die den Pächtern bei Elementarfällen beispringen oder ihnen Erleichterungen gewähren" (Bauer 1890, S. 128).

DIE BESITZENDE KLASSE

Sie bestand grundsätzlich aus dem Herrscher sowie einem Teil der Besitzer der Ländereien. Diese Klasse eignet sich das Produit Net an, um damit ihren Lebensunterhalt zu ermöglichen. Die Pachtrente hat zwei Bestandteile: Zinsen und Amortisation der Grundausgaben.

In dieser Klasse waren weltliche und kirchliche Grundbesitzer enthalten. Sie sind in der Politik tätig und betreiben den Ackerbau nicht selbst sondern sie verpachten ihren Besitz.

„Der müßige Rentier, der sein Einkommen arbeitslos bezieht und ausgibt, ist gewiss darum kein schädliches, aber auch kein nützliches Subjekt" (nach Bauer 1890, S. 128). Schädlich wäre es allerdings, wenn die besitzende Klasse ihre Renteneinkommen horten würde. Dadurch würden der Wirtschaft die zur Reproduktion notwendigen Gelder entzogen.

Neben ihrer im Kreislauf vorgesehenen Tätigkeit als Konsumenten soll die besitzende Klasse, nach Quesnay, auch für die Verwaltung des Staates und seiner Institutionen sorgen, Steuern zahlen und das Eigentum sichern.

Die sterile Klasse

Sie bestand aus den Manufakturen, dem Handel, den Dienstleuten und den freien Berufen. Diese Klasse erzeuge nur Werte in Höhe des ihnen gezahlten Existenzminimums, die sie selbst und ihre Familien wieder verbrauchen. Die Physiokraten sahen dieses Existenzminimum weitgehend als unveränderliche Größe an, die durch die zur Reproduktion der Arbeitskraft bestimmten Lebensmittel determiniert wird. Die Leistungen der sterilen Klasse seien nicht wertlos, die von ihnen erzeugte Wertsteigerung würde aber durch ihren notwendigen Unterhalt (Ernährung) weitgehend verzehrt. Sie könnte somit keinen Überschuss erzielen.

Diese sterile Klasse habe nur Anspruch auf eine Arbeitsvergütung (gage, salaire), die den Unterhalt decke. Wo darüber hinaus ein Gewinn erzielt würde, gehe dies auf Kosten kleiner Geschäftsleute und anderer.

Letztlich sei auch der einheimische Kaufmann wie der fremde Kaufmann ein Fremdling, man solle gar keinen Unterschied zwischen ihnen machen, sogar eher den ausländischen Kaufmann bevorzugen, denn ein Anteil seines Gewinnes würde vom Ausland getragen. Am besten wäre ein Staat, der keinen ausländischen Handel brauche und sich selbst genüge, wie das idealisierte China.

Der Ausdruck „steril“ sorgte übrigens für Streit mit den Kaufleuten und sogar mit Gournay, der von lebhaften Publikationen begleitet wurde.

9.1.8 DAS TABLEAU ÉCONOMIQUE

Die Beiträge „Grains“ und „Fermiers“ zeigten bereits die ersten tastenden Versuche Quesnays, eine Gesamtschau aller wirtschaftlichen Abläufe für die ganze Volkswirtschaft Frankreichs aufzuzeigen und darzustellen. Kreislaufüberlegungen tauchten auch schon bereits in dem Manuskript „Hommes“ auf. So etwa, wenn Quesnay feststellte, dass erhöhter Wohlstand erhöhte Konsumausgaben schaffe, die dann zum produktiven Sektor zurückkehrten. Verringere man durch Steuern diese Ausgaben, würde der Kreislauf gestört (nach Bauer 1890, S. 124).

Alle diese Überlegungen waren bereits Vorarbeiten zum späteren „Tableau Économique“, das den natürlichen Gang menschlichen Arbeitens abbilden sollte. Sie waren damit Vorzeichen einer NEUARTIGEN Interpretation der wirtschaftlichen Zusammenhänge.

Quesnay arbeitete laut Bauer an dem Tableau seit 1757 (Bauer 1890, S. 131, Fußnote 3). Er sendete dann um die Jahreswende 1758/59, zu diesem Zeitpunkt war er bereits 64 Jahre alt, den Erstdruck seines Tableau Économique an Mirabeau und schrieb dazu: „Ich habe versucht, ein grundlegendes Tableau der ökonomischen Ordnung zu schaffen, um darin Ausgaben und Erträge in einer leicht fasslichen Übersicht darzustellen und um zu einem klaren Urteil darüber zu kommen, welcher Art die Orientierungen und Desorientierungen sind, die die Regierung verursachen kann. Sie werden sehen, ob ich mein Ziel erreicht habe“ (übersetzt von Mahl 1982, S. 137, zitiert nach dem französischen Original bei: Bauer 1890, S. 131).

Um mögliche Verwirrungen des Lesers auszuschließen: Es gab mehrere von Quesnay selbst verfasste Tableaus. Man kann hierbei im Anschluss an die Literatur unterscheiden:

TABLEAU I/1:

Ein allererstes Tableau (I/1) wurde am Ende des Jahres 1758 in vier Exemplaren in der Schlossdruckerei von Versailles hergestellt, und zwar in sehr edler Aufmachung. Es war der Madame de Pompadour gewidmet und vermutlich an hohe Persönlichkeiten verschenkt worden. Man kann vermuten, dass aufgrund der schwierigen militärischen Lage Frankreichs (siebenjähriger Krieg 1756-1763) zu dieser Zeit kein besonderes Interesse an einer Diskussion abstrakter ökonomischer Thesen existierte und die Exemplare deshalb irgendwo abgelegt wurden.

Stefan Bauer hat 1889 in den „Archives Nationales" in Paris handschriftliche Fragmente dieses allerersten Tableaus (I/1) gefunden. Die vierzehn „Maximes" aus dem Beitrag „Grains" wurden in das Tableau (I/1) übernommen.

Angeblich hat der König an der Erstellung dieses Tableaus persönlich mitgewirkt. Dies darf nicht überbewertet werden: Damals wurden in den königlichen Schlössern zum Spiel und Vergnügen Privatdruckereien betrieben, um möglichst schöne Schriften produzieren zu können.

TABLEAU I/2:

1759 wurde eine zweite Ausgabe des Tableau in nur drei Exemplaren von Quesnay herausgegeben. Von diesen nimmt man an, das sie inhaltlich großteils mit dem Tableau (I/1) aus dem Jahre 1758 übereinstimmten.

Von diesem zweiten Tableau sind immerhin zwei gedruckte Exemplare erhalten geblieben, wovon eines von Stefan Bauer in den „Archives Nationales" entdeckt wurde. Das zweite Exemplar, sogar mit handschriftlichen Vermerken von Quesnay versehen, steht in der Nationalbibliothek in Paris. Die Zahl der Maximen in diesem Tableau (I/2) war allerdings mittlerweile auf 23 angewachsen.

TABLEAU I/3:

Im Jahre 1759 erschien noch eine dritte Auflage des Tableau mit 24 Maximen. Sie ist von Marguerite Kuczynski 1964 als Faksimileausgabe nachgedruckt worden.

Tableau (I/3) war die letzte Ausgabe, die von Quesnay allein geschrieben wurde. „Das ist auch die Ausgabe, die, wie Forbonnais bemerkt, die Vorlage für Mirabeaus Umarbeitung der Schrift in Ami des hommes gewesen ist. Sie lässt sich – anders aufgebaut, völlig umdisponiert, oft in Mirabeauschem Stil kommentiert und ausgeschmückt – fast Absatz um Absatz in Ami des hommes nachweisen" (Kuczynski 1965, S. IX).

Zur Information des Lesers: Marguerite Kuczynski (1965) stellt auf den Seiten VIII-XXI eine genaue Aufstellung der verschiedenen Ausgaben des Tableau vom Typ I vor, also in meiner Notation (I/1), (I/2) und (I/3).

TABLEAU II:

Dies war das Tableau im Anhang von Band II des „L'Ami des Hommes" 1760. Hier wurden andere graphische Akzente gesetzt und auch die Zahlen teilweise geändert.

TABLEAU III:

Dieses Tableau (III) stammte aus der Philosophie Rurale, Band I (herausgegeben in Amsterdam 1763).

Schließlich gab es noch ein Tableau in der Schrift „Analyse du Tableau économique" von Quesnay, veröffentlicht 1765-1783.

An die Darstellungen des Tableau Économique wurde, wie mehrfach erwähnt, jeweils eine Reihe von Maximen angefügt, die in ihrer Anzahl, ihrer Reihenfolge und ihren Überschriften variierten. In der ersten Auflage lautete deren Überschrift: „Remarques sur les variations de la distribution des revenues annuels d'une nation".

In einer weiteren Auflage, die Zahl der Maximen war bereits auf 24 angestiegen, waren sie bewusst verharmlosend überschrieben: „Auszug aus den königlichen Haushaltsregeln des Herrn von Sully“.

Die der Schrift „Physiocratie“ (1768) beigefügten Maximen liefen unter der Überschrift: „Maximes générales du gouvernement économique d'une royaume agricole.“

„Letztlich sollten diese Maximen dazu dienen, das erstrebte irdische Spiegelbild der natürlichen Ordnung schleunigst zu erreichen und dauerhaft zu garantieren“ (Mahl 1982, S. 149). Das Tableau sollte dabei die natürlichen Kreislaufgesetze demonstrieren, „une formule de démonstration rigoureuse de l'ordre naturel“.

Über die Dynamik und die zeitliche Sequenz der in den Tableaus dargestellten Ströme herrscht bei den Interpreten bis in die neueste Zeit keine völlige Einigkeit. Rieter formuliert diesen Zustand plastisch, wenn er davon spricht, dass das „gefundene Baumaterial passend gemacht wird, um es in das jeweilige Gedankengebäude nahtlos einfügen zu können (Rieter 1983, S. 60).

Unbestritten ist aber, dass mit dem Tableau gezeigt wurde, wie die Erträge von einer Klasse zur anderen wandern. Quesnay wollte „gesetzmäßige“ Zusammenhänge zwischen einzelnen Größen (und den dahinter stehenden Klassen) herausstellen, und zwar im Rahmen des von den natürlichen Gesetzen geprägten Ganges der Wirtschaft Frankreichs.

Er stellte diese Gesetzmäßigkeiten sogar quantitativ dar. Er wollte letztlich ein Messgerät erstellen, mit dem man eine totale Übersicht über die Ströme in einer Volkswirtschaft liefern kann, und dabei insbesondere auch feststellen kann, wem was zukommt.

Wollte er damit konkret den Wirtschaftsprozess im damaligen Frankreich abbilden? Meines Erachtens ja, denn er erhob in „Grains“ empirische Daten und schätzte Größen. Auch das folgende Zitat belegt sein Interesse an einer getreuen Abbildung der Realität, die für neue Situationen jeweils anders auszuschauen habe: „Der Verlauf des Handels zwischen den verschiedenen Klassen und seine wesentlichen Bedingungen sind nicht hypothetisch. Wer darüber nachdenken will, wird finden, dass sie getreu nach der Natur kopiert sind; Die Daten aber, deren man sich bedient hat … können nur auf den Fall angewendet werden, um den es sich hier handelt. Die verschiedenen Zustände des Gedeihens oder des Verfalles eines ackerbautreibenden Volkes bieten eine Menge anderer Fälle und folglich anderer Daten dar, wovon jede die Grundlage einer besonderen Berechnung ist, die ganz genau auf sie passt."

Als Arzt war ihm klar: Ohne einen verlässlichen, exakten Einblick kann man keine Diagnose der Gesellschaft im Hinblick auf deren Krankheitsbild erstellen.

Das (grundsätzlich beliebig wählbare) Aussehen und die Zahl der (grundsätzlich beliebig wählbaren) Sektoren eines Kreislaufs erlauben immer auch Aussagen über die Fragen und Problemstellungen, die man mit Hilfe des jeweils gewählten Kreislaufschemas angehen will. An Quesnays Tableau ist unter diesem Aspekt interessant, dass:

- keine Besitzlosen,
- keine Arbeiter, die nur durch ihre Arbeitskraft gekennzeichnet sind,
- keine Arbeitslosen,
- und keine reinen Konsumenten aus dem Arbeiterstand auftauchten.

Das Tableau war ganz auf die Stellung der Landwirtschaft in der Wirtschaft abgestellt, deren Verflechtung mit den anderen gewählten Sektoren sollte gezeigt werden, dies war die vorrangige Fragestellung Quesnays, dies sollte das Tableau zeigen.

Zickzacklinien und Zahlen verdeutlichten die Liefer- und Geldströme zwischen den Klassen. Die Bauern zahlten die Abgaben an die besitzende Klasse, die ihrerseits Lebensmittel von der produktiven Klasse und Manufakturwaren von der sterilen Klasse bezogen. Damit flossen die Einnahmen der besitzenden Klasse wieder in den Kreislauf zurück. Die produktive Klasse kaufte Waren von der sterilen Klasse, die ihrerseits Güter von der produktiven Klasse bezog. Dies setzte sich in jeder Periode fort, es wurden permanent Geld und Waren von einer Klasse zur anderen geschoben. Dieser Kreislauf würde sich ständig wiederholen, wenn die natürlichen Gesetze beachtet würden. Die im Kreislauf ausgedrückte Einkommensverteilung und -verwendung reproduzierte sich dann, die Landwirte könnten immer wieder die für ihre Produktion notwendigen Vorschüsse erhalten. Die Gesamternte fiele am Schluss des Jahres an, das nach der Ernte wieder neu beginnen müsse. Und am Schluss des Jahres wäre jener Vorschuss an die besitzende Klasse wieder zurückgeflossen, den sie im Vorjahr an die produktive Klasse geleistet hatte.

Dabei sollte man nicht vergessen: „Die Erstellung von Tableaus war eines der zentralen theoretischen Anliegen des 18. Jahrhunderts. In vielen Bereichen wurden Tableaus entworfen und als theoretische Großtat gefeiert. Sie beschreiben Ordungsschematas, mit denen man einen Erkenntnisbereich ordnen, schematisieren und klassifizieren konnte. Die Lebewesen wurden rational klassifiziert, Pflanzen- und Tiergärten wurden angelegt. Die Soldaten in der Armee wurden nach einem Tableau kontrolliert und reguliert... Es geht um die Organisation des Vielfältigen, das überschaut und gemeistert, dem eine Ordnung verliehen werden muß“ (Ötsch 1993, S. 5).

Die Geschlossenheit des physiokratischen Systems war denn auch zu einem großen Teil auf das Tableau zurückzuführen.

In der marxistischen Theorie wird auf den Kreislauf Quesnays als makroökonomisches Instrument zurückgegriffen. Seine Hauptleistung liege im Reproduktionsgedanken und im Verweis der Entstehung des Nettoproduktes in die Produktionssphäre (nicht in die Zirkulationssphäre). Der Versuch, die „Klassen“ Quesnays als legitime Vorläufer der Klassen bei Marx darzustellen, ist allerdings unhistorisch. Quesnay hatte, wie Rieter (1983) überzeugend zeigt, einen naturwissenschaftlichen, insbesondere biologischen Klassenbegriff. Quesnay klassifizierte die Gruppen nach ihrem Verhältnis zur landwirtschaftlichen Produktion, nicht wie die Marxisten im Verhältnis zu den Produktionsmitteln. Dies impliziert, dass man auch den Produit Net nicht mit dem Marxschen „Mehrwert" gleichsetzen darf.

Aber damit nicht genug der Ansprüche auf den Quesnayschen Kreislauf als Vorläufer eigener Theorien. Auch die historische Schule mit ihren qualitativen Kreisläufen erhob diesen Anspruch. Dabei wurde die Wirtschaft als Organismus interpretiert, dessen Teile eng miteinander verflochten seien. Also eine biologisch-organische Kreislaufinterpretation, die naturwissenschaftlich-mathematische Deutungen zurückwies. Hierher passt auch die immer wieder gehörte Blutkreislaufanalogie mit den zugehörigen Organen. Auch diese Interpretation ist aber unhistorisch und nicht passend für das 18. Jahrhundert. Quesnay war in seinen ökonomischen Arbeiten einem mechanistisch-physikalischen Naturbild verhaftet.

Im „bürgerlichen" Lager wird der Kreislauf Quesnays als Vorläufer einer quantitativen Gleichgewichtsanalyse der Gesamtwirtschaft angesehen. Rieter (1983) verweist in diesem Zusammenhang auf das mikroökonomische Fundament der makroökonomischen Ströme bei Quesnay. „Die zeitgenössische Interpretation habe zu einseitig das aggregative Element der Quesnayschen Kreislauflehre rezipiert."

Zusammenfassend bleibt festzuhalten, dass, passend zu den Überlegungen zur Rezeption, drei stark unterschiedliche Theorierichtungen das Tableau von Quesnay für sich als Vorläufer eigener Ansätze reklamieren. Nur am Rande sei erwähnt, dass die für einen Arzt nahe liegende Analogie zum Blutkreislauf, dessen Entdeckung Harvey ja 1628 publizierte, durch nichts in der zeitgenössischen Literatur oder in den Schriften Quesnays belegbar ist. Es handelt sich hierbei um eine, von Lehrbuch zu Lehrbuch weitergegebene, populäre, eingängige, aber ziemlich sicher unrichtige, wissenschaftliche Folklore.

Heinz Rieter (1990), der sich intensiv mit den von den Physiokraten verwendeten Metaphern beschäftigt hat, kommt zu folgenden, gut belegbaren Ergebnissen:

(1) Die Physiokraten verwendeten zur Veranschaulichung ihrer Doktrinen Metaphern aus den Bereichen: Anatomie, Architektur und vor allem Mechanik;

(2) Vergleiche von Wirtschaftskreisläufen mit dem Blutkreislauf gab es bereits vor den Physiokraten, so z.B. bei Hobbes (1651) und Law (1720);

(3) Das Tableau Économique ist dem mechanischen Kugellauf und anderen Elementen der Uhrenmechanik jener Zeit nachgebildet, also der Kugellauf-Uhr;

(4) Die Physiokratie war von der cartesianischen Physik, die zu ihrer Zeit bereits eine Orthodoxie darstellte, beeinflusst, und nicht von der neueren Newtonschen Physik. Im späteren 18. Jahrhundert wurde die Uhr wegen ihres starren Determinismus als Metapher für gesellschaftliche Prozesse, die Willensfreiheit und liberalistische Wunschvorstellungen nicht zuließ, zunehmend abgelehnt;

(5) Die Uhren-Metaphorik hatte einen dominanten Einfluss auf das Weltbild der Neuzeit. Dies färbte auch auf Quesnays Denken ab;

(6) Zusammenfassend: „Die wissenschaftliche Metaphorik der Physiokraten war vielfältig, ihre Volkswirtschaftslehre hatte mehrere Vor-Bilder, darunter mechanisch-physikalische ebenso wie biologisch-organische“ (Rieter 1990, S. 94).

9.1.9 DIE BEVÖLKERUNGSLEHRE DER PHYSIOKRATEN

Die Ausführungen im „L'Ami des Hommes" kann man wie folgt zusammenfassen: Der Weg zum Wohlstand führe über die Vermehrung der Menschen, und damit Sicherung einer ständigen produktiven Arbeit. Der wahre Reichtum (richesse) sei die Fruchtbarkeit der Erde und die Tätigkeit der Menschen. Das Maß des Reichtums eines Staates sei die Anzahl seiner Einwohner. Konsequenz: Die Vermehrung der Bevölkerung sei durch geeignete Maßnahmen zu fördern.

Die Wirtschaftspolitik hatte bei Quesnay (strikt nach den Erkenntnissen seines Tableaus) auf die Größe der jeweiligen Bevölkerungsklassen und auf ihre Zusammensetzung und die Art ihrer Beschäftigung zu achten:

- Unproduktiv-sterile Arbeiter seien zu vermindern;
- Produktive Arbeiter seien von den Städten auf das Land zu schicken;
- Eine Volksvermehrung dürfe erst nach der Mehrung des landwirtschaftlichen Nettoprodukts erfolgen.

Im Artikel „Hommes" galt bereits der Grundsatz, dass die Volksvermehrung von der Einkommensvermehrung abhängig sei, und dass diese durch eine sinnvolle Beschäftigung der Bevölkerung am besten zu erreichen sei. Quesnay stellte dann Schätzungen über die Größe der Bevölkerung in Frankreich an, wobei er zum Ergebnis kam, dass die Höhe der Bevölkerung seit 1700 wegen der Kriege und dem Edikt von Nantes stark abgenommen habe. Er kam auf eine Gesamtbevölkerung Frankreichs von 16 Millionen (nach Bauer 1890, S. 117).

Quesnay teilte die Gesamtbevölkerung konsequent nach den Kriterien auf, die seinem System entsprachen, wobei er naturgemäß der produktiven Klasse besondere Aufmerksamkeit zuwandte. Laut

Quesnay („Hommes“) waren von den 6 Millionen männlicher Bevölkerung 4 Millionen in der Landwirtschaft beschäftigt, nämlich:

- 1,5 Millionen im Landbau;
- 1,5 Millionen in der Viehzucht und im Weinbau;
- 1 Million in anderen landwirtschaftlichen Berufen.

2 Millionen der männlichen Bevölkerung entfielen auf Handel, Handwerk, städtischen Klerus und städtische Arbeiter, auf in der Stadt wohnende Grundbesitzer, Militär etc.

Laut Quesnay muss die Anzahl auf dem Lande arbeitender Männer als „höchst gering bezeichnet werden; sie macht es begreiflich, daß von den 60 Millionen Arpens anbaufähiger Fläche die eine Hälfte gar nicht, die andere ungenügend kultiviert ist“ (Quesnay, „Hommes“, nach Bauer 1890, S. 118). Zudem erhielt sich, wie Quesnay berechnete, die Bevölkerung von Paris auf Kosten der Provinzen.

Hauptgründe für die Abnahme der Bevölkerung waren nach Quesnay in „Hommes“:

- die Ehelosigkeit;
- die Entwertung der Bodenprodukte;
- die religiöse Intoleranz, die zu Abwanderungen führe;
- der Militarismus, der der Produktion die notwendigen Menschen entziehe (nach Bauer 1890, S. 119).

9.1.10 Aussagen zu Geld und Zins

In „L'Ami des Hommes" lauteten die diesbezüglichen Thesen: Geld sei nur ein geschaffenes Zeichen einer Konvention. Die Metalle seien nichts weiter als das, was sie durch ihr Zeichen ausdrückten, denn in unfruchtbaren Gegenden ohne Menschen sei ihr Wert nichts. Gold sei nur ein Metall, es schaffe keinen Reichtum. Geld sei ein Zeichen, das den Tauschakt am Markt ermögliche. Das Geld sei aber der Saft für die Landwirtschaft und die Industrie und weit davon entfernt, überflüssig zu sein.

Daraus resultierten dann die weiteren Überlegungen, entnommen den Maximen, die an die Darstellung des Tableau Économique angefügt wurden. In der dritten Auflage, überschrieben: „Auszug aus den königlichen Haushaltsregeln des Herrn von Sully", war zu lesen:

„18. Dass man Mittel für die außerordentlichen Bedürfnisse des Staates nur vom Wohlstande der Nation erhoffe, und nicht vom Kredit der Financiers; denn die Vermögen in Geldform sind verhohlene Reichtümer, die weder König noch Vaterland kennen."

„19. Dass der Staat die Anleihen vermeide, welche zur Bildung von Geldrenten führen, durch die er mit zehrenden Schulden belastet wird und die, mittels verkäuflicher Papiere, einen Handel oder Verkehr in Geld veranlassen, wobei es durch den Diskont zu immer mehr sterilen Geldvermögen kommt, welche die Geldmittel von der Landwirtschaft trennen und diese der Reichtümer berauben, die für die Melioration der Ländereien und für die Bodenkultur nötig sind."

Von ihrem System her betrachtet konnte das Geld in der Physiokratie nur eine vermittelnde, untergeordnete, im schlimmsten Fall allerdings auch störende Rolle spielen.

„Der Grundbesitzer kauft mit dem Gelde, das er von seinem Pächter erhält, Waren vom Händler, dieser wieder vom Pächter Rohprodukte. Daher muß die Geldmenge mit der Warenmenge und ihrem Preise in einem Lande in einem gewissen Verhältnisse stehen.

Aber etwas mehr oder weniger von beiden Seiten ist gleichgültig für den Fond seines Reichtums“ (Quesnay, „Hommes“, nach Bauer 1890, S. 122).

Quesnay schrieb in „Hommes“ außerdem: „Nichts ist verkehrter als die Ansicht, es müsse zur Ergänzung der Gold- und Silbermenge eine gewisse Anzahl Staatsnoten cirkulieren oder andere öffentliche Handelspapiere geben. Geld heckt nicht Geld („l’argent n’engendre pas l’argent“)...“ (Bauer 1890, S. 129).

Niedrige Zinssätze behinderten die Pächter, die hohe Erträge ihrer Investitionen bräuchten, ein niedriger Zins begünstige die sterilen Klassen, die Geldreichtümer horteten, es fiele die Nachfrage nach Landprodukten, denn es würden Luxuswaren bevorzugt. Sparen, wenn es nicht dem Landbau zukomme, sei schädlich. In der natürlichen Ordnung dürfe der Zinsfuß nicht höher sein als die Rate des Bodenreinertrags.

9.1.11 Die Preislehre der Physiokraten

„Der Preis ist der Tauschwert der Handelsgüter, er ist daher mit dem Gebrauchswerte nicht zu verwechseln, denn diese beiden Werte stehen oft in gar keinem Konnex. Der Gebrauchswert ist immer derselbe und für die Menschen von größerer oder geringerer Wichtigkeit, je nach der Art und Stärke ihrer Bedürfnisse. Der Preis dagegen schwankt und hängt von Umständen ab, die vom Willen des Menschen unabhängig sind“ (Quesnay, „Hommes“, nach Bauer 1890, S. 121/122).

Zu hohe Preise und zu niedrige Preise waren nach Quesnay gleichermaßen schädlich. Hohe Preise für das Getreide hielt Quesnay allerdings für sinnvoll und notwendig.

Die Regulierung der Preise sollte durch eine geeignete, nämlich freie Außenhandelspolitik geschehen. „Man halte die vollständige Freiheit des Handels aufrecht; Denn die sicherste, strengste, die für die Nation und den Staat günstigste Politik des Innen- und Außenhandels besteht in der vollkommenen Freiheit der Konkurrenz“. Die Regierung dürfe nicht durch Regulierungen in die Preisgestaltung eingreifen. Die Ausfuhr des Getreides sei freizugeben, dann sinke dessen Preis nicht bei Überproduktion. Eine freie Getreideeinfuhr war nicht vorgesehen.

„Gleichmäßig hohe Preise werden aber nur durch volle Getreideexportfreiheit hergestellt; sie gleicht gute und Mißernten, Mangel und Überfluß aus und bringt es zu einem mittleren Preisstande (état mitoyen), der auf den Fundamentalpreis gegründet ist. Dies ist in England und Holland, das Gegenteil in Frankreich der Fall, wo die Preise der Käufer und die der Verkäufer infolge der starken Schwankungen weit auseinanderfallen“ (Quesnay, „Hommes“, nach Bauer 1890, S. 122/123).

Es wurden der natürliche Preis (prix naturel) und der laufende Preis (prix courant) unterschieden. Einen Tauschwert besäßen die Waren schon, bevor sie auf den Markt kämen, dies sei der natürliche

Preis. Angebot und Nachfrage bewegten sich dann um die Höhe dieses natürlichen Preises. „Der fundamentale Preis der Waren wird bestimmt durch die Ausgaben oder die Kosten, denen es zu ihrer Produktion oder Bereitung bedarf; er wird zum Verlust, wenn die Waren um weniger, zum guten Preis, wenn sie um mehr, zum Teuerungspreis, wenn sie so hoch über den Produktionskosten verkauft wird, dass ihre Beschaffung dem Volke schwer fällt“ (Quesnay, „Hommes“, S. 54, nach Bauer 1890, S. 122).

Bezüglich des Konkurrenzpreises stellte Quesnay fest: „Die reichliche Menge und der dauernd hohe Preis der Handelsgüter sind daher das Maß des Reichtums eines Landes. Obwohl dieser Preis nicht von der Übereinkunft der Handeltreibenden abhängt, kann eine Regierung durch Regulierungen großen Schaden stiften, während der allgemeine Preis der handeltreibenden Nationen der geregeltste und vorteilhafteste für jede Nation ist“ (Quesnay, „Hommes“, nach Bauer 1890, S. 122).

Der Handel wurde von Quesnay (z.B. in „Hommes“) positiv eingeschätzt: Eine freie Preisbildung im Außenhandel und eine freie Konkurrenz führten zu einem beständigen Preis auch im Inland, und dies wirke sich positiv auf die Einkommensvermehrung aus. So schwankten die englischen Preise weniger als die französischen, eine Folge des freien Außenhandels. Maßstab des Vorteils aus dem Außenhandel seien die sich dadurch herausbildenden Lebensmittelpreise. Daraus folgte dann die Überzeugung, nichts sei verkehrter, als die Angst vor einer passiven Handelsbilanz.

9.1.12 DIE ROLLE DES STAATES BEI DEN PHYSIOKRATEN

Bezüglich der Sicherung des Eigentums war im „L'Ami des Hommes" zu lesen, dass das persönliche Eigentum und der Besitz von Grund und Boden garantiert werden müssten. Auch die Landnahme durch Einzäunung und Ersitzung müsse respektiert werden.

Der Staat und die Ökonomie seien wie ein Baum, die Wurzeln bildeten die Landwirtschaft, der Stamm die Bevölkerung, die Zweige stellten die Industrie dar, die Blätter versinnbildlichten den Handel und die Künste. Der Stamm solle eine ihm angemessene Anzahl von Zweigen haben, die die Wurzeln noch versorgen könnten. Die Wurzeln (d.h. die Landwirtschaft) dürften nicht beschnitten werden, sie dürften auch nicht verdursten, damit der Baum nicht stirbt. Schlagwortartig: „Pauvre paysan, pauvre royaume, pauvre roy."

Der Staat solle den Dingen ihren natürlichen Lauf lassen: „Laissez faire et laissez passer". Die Ergebnisse von Marktprozessen wurden als Ergebnisse von Naturprozessen aufgefasst. Überhaupt war die Forderung nach der „vollständigsten" ökonomischen Freiheit eine der wichtigen Grundforderungen der Physiokraten. Jeder Bauer solle anbauen dürfen, was er wolle. Die Zünfte seien abzuschaffen, die Gewerbefreiheit herzustellen. Hier wurde letztlich dem Prinzip eines freien Wettbewerbes das Wort geredet.

9.1.13 Die Physiokratie als umfassendes, geschlossenes System

Bei den Physiokraten waren Theorie und wirtschaftspolitische Vorschläge in einem hohen Maße verknüpft und konsistent. Dies sprach für eine systematische Durchdringung des wirtschaftlichen Geschehens durch die Physiokraten. Aus dem physiokratischen Gedankengebäude lassen sich alle ihre Aussagen und wirtschaftspolitischen Vorschläge ableiten.

Ihre gesamtwirtschaftliche Schau und der damit verbundene Interdependenzgedanke erlaubten dabei Einblicke in Zusammenhänge, die sehr modern anmuten. Ein Beispiel: Wenn die besitzende Klasse mehr Luxusgüter erwerbe und damit die Landwirtschaft vernachlässige, profitierten zwar die Manufakturbesitzer. Die Bauern könnten aber weniger Geld investieren, als Folge gingen die Erträge zurück. Dies wiederum hätte zur Folge, dass auch die Pachteinnahmen der Grundbesitzer zurückgingen, was geringere Einkäufe an Manufakturwaren nach sich zöge. Am Ende ginge es allen schlechter als vorher.

Wie bei vielen geistig inspirierten Richtungen erstarrte aber auch die Physiokratie mit ihrem Übergewicht der Betonung der allein produktiven Landwirtschaft schließlich in einen wenig fruchtbaren und einseitigen Dogmatismus.

9.1.14 Die Abgrenzung der Physiokratie gegen den Merkantilismus

Die wirtschaftliche Seite des absolutistischen Zeitalters war, wie bereits ausgeführt, durch weitgehende Staatseingriffe geprägt: Der Staat war der entscheidende Träger der Wirtschaftspolitik. Er arbeitete mit Verboten, Steuern, Zöllen, Privilegien, Produktionsvorschriften etc.

Der Staat verstand sich selbstherrlich als die alles verwaltende Obrigkeit. Dem Untertan stand es dabei aufgrund seiner „begrenzten Einsicht" nicht zu, Kritik zu üben.

Zwischen Merkantilisten und Physiokraten kann aber trotz dieser Bemerkungen nicht immer eine eindeutige scharfe Trennungslinie gezogen werden. Die Merkantilisten Jean François Melon und Charles Dutot könnten anhand der Rolle, die bei ihnen die Landwirtschaft spielte, gut auch als Vorläufer der Physiokratie eingeordnet werden.

Ich werde im Folgenden trotz dieser Unschärfen versuchen, einige Unterschiede und Gemeinsamkeiten zwischen Physiokratie und Merkantilismus aufzuführen.

Die Sicht der wirtschaftlichen Entwicklung

Für die Merkantilisten war das Ziel des Aufholens eines Entwicklungsrückstandes vor allem in einer Stärkung der Staatsmacht zu suchen: „Das Ziel einer Erhöhung des Wohlstandes soll über eine Erhöhung der Steuereinnahmen die Finanzmittel des Staates erhöhen und ihm damit die Möglichkeit geben, seine Macht nach innen und nach außen zu steigern" (Gömmel, Klump 1994, S. 140).

Die Physiokraten sahen in einem Entwicklungsrückstand ein Indiz für ein Auseinanderfallen zwischen tatsächlicher und natürlicher Ordnung: Ihr Ziel war eine Annäherung der tatsächlichen an die natürliche Ordnung der Wirtschaft.

Gemeinsam war beiden Richtungen allerdings, dass sie für ihr Entwicklungsdenken auf eine starke Staatsmacht angewiesen waren. Die Physiokraten setzten dabei auf die Einsicht eines aufgeklärten Herrschers.

Unterschiedliche wirtschaftliche Ansatzpunkte für die Wirtschaftspolitik

Die Merkantilisten stellten auf eine Erhöhung der inländischen Geldmenge ab. Dies sollte über den Außenhandel und/oder über die Gründung von Banken erreicht werden.

Die Physiokraten setzten bei der Landwirtschaft an. Sie galt es zu sanieren und zu stärken. Die landwirtschaftlichen Pächter und nicht die Manufakturen sollten ein größeres Kapital zur Verfügung haben, damit sie eine Verbesserung ihrer landwirtschaftlichen Produktion erreichen konnten.

Die Binnenhandelspolitik

Hier strebten sowohl Merkantilisten als auch Physiokraten einen Abbau von Binnenzöllen und eine Verbesserung der Verkehrswege an.

Allerdings waren die damit verbundenen Zielsetzungen verschieden: Die Merkantilisten wollten die Absatzmöglichkeiten für die Manufakturen erhöhen, die Physiokraten wollten die Agrarpreise stabilisieren.

Die Aussenhandelspolitik

Die Physiokraten traten für eine Liberalisierung des Außenhandels ein (wegen einer Stabilisierung der Agrarpreise bzw. wegen eines ungehinderten Absatzes agrarischer Produkte).

Quesnay unterschied darüber hinaus noch sehr scharfsinnig zwischen erstatteten Geldsummen und den mit den erworbenen oder verkauften Waren verbundenen Vor- und Nachteilen: „Man werde nicht irregeführt durch einen scheinbaren Vorteil des wechselseitigen Handels mit dem Ausland, indem man einfach nach der Bilanz der Summen in Geld urteilt, ohne den größeren oder geringeren Vorteil zu prüfen, der von den Waren selbst, die man verkauft, und denjenigen, die man gekauft hat, herrührt. Denn oft liegt der Verlust bei der Nation, die einen Überschuss an Geld empfängt; und dieser Verlust gereicht der Verteilung und Reproduktion der Einkommen zum Nachteil."

In „Hommes" formulierte Quesnay noch schärfer: „Daher kann man die Verkehrtheit des Grundsatzes ermessen, dass die Vorteile des Handels darin bestehen, anderen Nationen ihr Geld abzugewinnen" (Quesnay, „Hommes", S. 107, zitiert nach Bauer 1890, S. 125).

Die Merkantilisten plädierten in der Regel für Handelshemmnisse für ausländische Fertiggüter und eine Förderung des Exportes inländischer Fertiggüter.

Die Steuern

Die Merkantilisten wollten eine Reform des Steuersystems, um den Ertrag der Steuern zu steigern und damit den Staat effizienter in der Verfolgung seiner Machtziele zu machen. Ich habe allerdings bereits früher beim Kameralismus ausgeführt, dass die Realität der Umsetzung seiner Politiken keinesfalls so eindeutig und insbesondere so effizient war, wie dies in den kameralistischen Werken oft dargestellt wurde.

Die Physiokraten wollten eine Einheitssteuer, die als den einzig produktiven Faktor nur den Boden besteuern sollte.

Fazit: Am besten lässt sich die Auffassung Quesnays zum Merkantilismus vielleicht an folgendem knappen Satz aus „Hommes" ausdrücken: „Das System der Kaufleute ruiniert uns, um das Ausland zu ruinieren" (Quesnay, „Hommes", S. 141/42, zitiert nach Bauer 1890, S. 127).

9.1.15 War die Physiokratie revolutionär?

Die meisten Physiokraten waren Gelehrte oder Beamte, die in ihrer Tätigkeit mit dem Adel und mit dem Hof eng verbunden waren. „Wollten sie Reformen durchsetzen, so konnte dies nur mit der Gunst von König und Adel, nicht aber gegen diese Kräfte geschehen... Sobald man aus der wissenschaftlichen Diskussion und den literarischen Clubs dieser Zeit allerdings in die praktische Politik trat, mussten sich die Gegensätze zwischen Wollen und Wirklichkeit verschärfen" (Ott, Winkel 1985, S. 20).

Die Physiokraten setzten auf den „guten Fürsten", er sollte die im Tableau aufgezeigte natürliche Ordnung verwirklichen helfen und nicht gegen die Maximen der natürlichen Ordnung verstoßen. Sonst würde die Menschheit in „Finsternis, Verwirrung und Unordnung" versinken. Somit traten die Physiokraten grundsätzlich für ein Weiterbestehen der feudalen Ordnung ein. „Denn, was für das Staatsoberhaupt wirklich am vorteilhaftesten ist, ist am vorteilhaftesten auch für die Untertanen."

Die Physiokraten selbst empfanden sich wohl eher als „Reformer des Absolutismus", ohne diesen grundsätzlich in Frage zu stellen. Die physiokratischen Reformen fanden also durchaus im Namen des Absolutismus und für den Absolutismus statt.

Zuweilen entwickeln sich aber, wie die Geschichte zeigt, aus ökonomisch/politischen Überlegungen Konsequenzen, die in dieser Form gar nicht gewollt waren. Die Theorien von Quesnay enthielten soziale Sprengsätze, ob beabsichtigt oder nicht. Dies wurde durch die bisherigen Ausführungen eigentlich schon ziemlich klar. So wies Quesnay etwa in seinem Artikel „Hommes" darauf hin: „Je mehr die Menschen Reichtum über den Eigenkonsum hinaus produzieren, desto nützlicher sind dem Staate seine Untertanen, und umgekehrt, je mehr sie über ihr Einkommen hinaus leben, desto mehr fallen sie ihm zu Last" (Quesnay in „Hommes", zitiert nach Bauer 1890, S. 125).

Oder noch direkter: Würden die Adligen nur dem Müßiggang leben, d.h. also nicht einmal die Verwaltung und Verbesserung ihrer eigenen Güter betreiben, dann seien sie keine dem Staate nützlichen Glieder: „Wer an dem Konsume des Nationalreichtums teilnimmt, ohne direkt oder indirekt zu seiner Schaffung beizutragen, ist kein nützliches Mitglied des Staates; dadurch, daß er das Konsumierte bezahlt, produziert er nicht neue Güter, die nur durch die Arbeit der Menschen erneuert werden“ (Quesnay in „Hommes“, zitiert nach Bauer 1890, S. 128).

Vergegenwärtigt man sich die Lebensumstände des Adels, dann kann man unschwer die gesellschaftliche Brisanz dieser Aussagen erkennen (die hier nur beispielhaft für viele ähnliche Aussagen aufgeführt wurden). Man hat den starken Eindruck, die Physiokraten wagten nicht, ihre Gedanken konsequent bis zum Ende zu denken.

9.1.16 Die restlichen Physiokraten und die Sympathisanten der Physiokratie in Frankreich

Zur physiokratischen Schule im engeren Sinne gehörten:

François Quesnay (1694-1774);

Mirabeau (Victor de Riqueti, Marquis de Mirabeau) (1715-1789);

Paul-Pierre Mercier de la Rivière (1720-1793);

Guillaume François Le Trosne (1728-1780);

Nicolas Baudeau (1730-1792);

Jean-Nicolas-Mercelin Guérineau de Saint-Péravy (1735-1789);

Pierre Samuel Dupont de Nemours (1739-1817).

Als Sympathisanten der Physiokraten in Frankreich kann man unter anderen folgende Personen bezeichnen (wobei die Übergänge zwischen den Sympathisanten und den Mitgliedern der engeren Schule sicher fließend waren):

Jacques Claude Marie Vincent de Gournay (1712-1759);

Etienne Bonnot de Condillac (1714-1780);

Louis-Paul Abeille (1719-1807);

Charles-Alexander de Calonne (1734-1802).

9.1.17 Die Rezeption der Physiokraten

Über die höchst unterschiedliche Rezeption der Physiokratie in der dogmenhistorischen Literatur habe ich bereits in Abschnitt 2.2.3 ausführlich berichtet und zusätzlich im Vorstehenden darauf hingewiesen, dass drei grundverschiedene ökonomische Denkrichtungen das Tableau als Vorgänger reklamierten: Die marxistische Ökonomik, die historische Schule und die moderne makroökonomische Kreislaufanalyse. Von letzterer Richtung wird Quesnay übrigens auch die „Vaterschaft“ am Konzept des Einkommensmultiplikators und der Input-Output-Analyse zugewiesen.

Nobelpreisträger Leontief, der seine Auszeichnung für die Entwicklung der Input-Output-Rechnung erhielt, schreibt selbst dazu: „Die Input-Output-Methode ist eine Anwendung der Kreislaufidee Quesnays und zugleich der neoklassischen Theorie des gesamtwirtschaftlichen Gleichgewichts auf die empirische Untersuchung der quantitativen Zusammenhänge zwischen einzelnen Wirtschaftseinheiten“ (Leontief 1987, S.18).

Im Folgenden sollen zur Abrundung noch einige subjektiv ausgewählte Persönlichkeiten mit ihrer spezifischen Rezeption der Physiokratie aufgeführt werden.

9.1.17.1 Die Rezeption der Physiokratie durch Adam Smith

Adam Smith bezog in seinem Hauptwerk: „An Inqiry into the Nature and Causes of the Wealth of Nations“ zum System der Physiokratie ausführlich Stellung (Viertes Buch: „Systeme der Politischen Ökonomie“, neuntes Kapitel: „Agrarsysteme oder solche Systeme der Politischen Ökonomie, die im Bodenertrag die einzige oder die Hauptquelle für Einkommen und Wohlstand eines Landes sehen“).

Generell waren seine Bemerkungen dabei recht wohlwollend, und zwar sowohl in den Formulierungen als auch inhaltlich.

„Eine Wirtschaftsordnung, die im Bodenertrag die einzige Quelle für Einkommen und Wohlstand eines Landes sieht, ist noch von keinem Staat, soweit mir bekannt ist, eingeführt worden, und sie besteht zur Zeit auch lediglich in den Spekulationen einer Handvoll gelehrter und origineller Denker in Frankreich. Es würde sich ganz sicher nicht lohnen, des langen und breiten die Fehler eines Wirtschaftssystems zu untersuchen, das nirgends auf der Welt irgendeinen Schaden angerichtet hat und vermutlich auch niemals einen anrichten wird. Ich will indes, so deutlich ich kann, das höchst originelle System wenigstens in seinen Umrissen zu erklären versuchen" (Smith 1982, S. 560).

Im Folgenden ging Adam Smith dann auf das System der Physiokratie ein, wobei er vor allem deren drei Klassen, den Nettoertrag und den dabei verwendeten Produktivitätsbegriff diskutierte, sowie auf die Unterschiede zwischen Agrarländern und Handelsstaaten hinwies (allerdings alles in seiner Terminologie und Sichtweise, aber klar und einleuchtend formuliert).

Er lobte das Tableau Économique: „Quesnay, der geistige Vater dieses Systems, stellt in einem arithmetischen Formelbuch scharfsinnig und profund dar, wie sich das gesamte Bodenprodukt in einem Jahr auf die drei genannten Klassen verteilt und wie die unproduktive Klasse durch ihre Arbeit lediglich den Wert des eigenen Konsums ersetzt, ohne in irgendeiner Hinsicht den Gesamtertrag zu erhöhen" (Smith 1982, S. 569).

Dann jedoch brachte er seine Einwände vor:

- Nichtbeachtung des Eigennutzes und damit der Selbstheilungskräfte einer Wirtschaft:

  „Quesnay, selbst Arzt und theoretisch höchst interessiert, scheint vom Staatskörper eine gleiche Vorstellung gehabt und geglaubt zu haben, auch er würde nur bei einer bestimmten und genau dosierten Diät, nämlich bei vollständiger Freiheit und vollständiger Gerechtigkeit, aufblühen und gedeihen. Er hat offenbar nicht bedacht, daß im Körper eines Gemeinwesens das natürliche Bestreben jedes einzelnen, die eigene Lage ständig zu verbessern, ein Prinzip der Selbsterhaltung ist, das in vielerlei Hinsicht die negativen Auswirkungen einer Politischen Ökonomie, die in gewissem Sinne parteiisch und bedrückend ist, abzuwehren und zu korrigieren vermag" (Smith 1982, S. 570).

- Ein falscher Produktivitätsbegriff:

  „Der entscheidende Irrtum dieses Systems scheint allerdings darin zu liegen, daß es die Klasse der Handwerker, der in einem Gewerbe Tätigen und der Kaufleute für völlig steril und unproduktiv hält" (Smith 1982, S. 571).

Dieses Argument wurde dann im Folgenden noch anhand von fünf Einwendungen genauer ausgeführt (Siehe: Smith 1982, S. 571-574).

Insgesamt urteilte Adam Smith aber sehr milde: „Und dennoch kommt diese Wirtschaftsordnung, trotz aller Unvollkommenheiten, unter allen Systemen, die bislang als Gegenstand der Politischen Ökonomie entwickelt worden sind, der Wahrheit vielleicht am nächsten. Aus diesem Grunde verdient sie wohl die Aufmerksamkeit eines jeden, der die Prinzipien dieser höchst bedeutsamen Wissenschaft gründlich untersuchen möchte... Ihre Werke waren sicherlich für ihr Land von einigem Nutzen, denn sie brachten nicht nur vieles in die öffentliche Diskussion, was zuvor niemals gründlich untersucht worden war, sondern sie beeinflussten auch in gewissem Umfang die öffentliche Verwaltung zugunsten der Landwirtschaft" (Smith 1982, S. 574/575).

9.1.17.2 Die Rezeption der Physiokratie durch J.W. Goethe

Hierzu sollte man zunächst die Rezensionen in den „Frankfurter gelehrten Anzeigen" vom Jahre 1772 heranziehen, die während der gärenden Zeit vor der französischen Revolution durchaus als

„Kampfinstrumente“ angesehen werden konnten (Mahl 1982, S. 173). Mahl weist darauf hin, dass es gerade dieser Jahrgang 1772 war, der ein „Wetterleuchten der literarischen Revolution“ erkennen ließ: „Mit dem Erscheinen dieses Jahrgangs kam endlich ein kritischer, aufrührerischer und oft spöttischer Ton nach Frankfurt... In besonderem Maße wurde die bestehende ‚feudalbürgerliche' Gesellschaftsordnung mit ihren politischen Einrichtungen bloßgestellt und verspottet: sei es das drückende Steuersystem, sei es das Zunftwesen oder seien es ‚die Verhältnisse der Religion' und die mit ihnen auf das engste verflochtenen bürgerlichen Beziehungen... Äußeren Anlaß für eine derart gelagerte Kritik bot sich, vornehmlich für Schlosser, den „Hauptverfasser“ der Frankfurter gelehrten Anzeigen, immer dann, wenn Rezensionen über die physiokratische Wirtschaftstheorie zu diskutieren waren und man dabei auf die bestehende Gesellschaftsordnung zu sprechen kam. Stets bildete die Lehre Quesnays den Maßstab, an dem abweichende Gedanken gemessen wurden“ (Mahl 1982, S. 173/174).

Autoren in diesem Jahrgang waren unter anderen: Merck, Schlosser und Goethe. Goethe selbst nannte in seinen gesamten Schriften nirgends die Namen „Quesnay“ oder „Physiokratie“. Allerdings wiesen die Gemeinschaftsrezensionen in den „Frankfurter gelehrten Anzeigen vom Jahre 1772“, an denen Goethe beteiligt war, eindeutig darauf hin, daß der Dichter spätestens seit dieser Zeit mit den Thesen Quesnays vertraut, wenngleich nicht in ihrer Gesamtheit einverstanden, war. Goethe kannte vermutlich Dupont de Nemours persönlich.

Goethe erläuterte im 12. Buch von „Dichtung und Wahrheit“, wie die Rezensionen zustande kamen, und dass es sich dabei um gemeinsame Diskussionen mit Referent und oft auch Korreferent handelte, wobei Goethe sehr oft die Rolle des Protokollführers übernahm (nach Mahl 1982, S. 175).

Die erste Rezension eines nationalökonomischen Werkes, das im Kreise der Redakteure durchgesprochen wurde, war ein Werk von Johann August Schlettwein: Les moyens d'arrêter la misère publique et d'acquitter les dettes des Etats, Karlsruhe 1772.

Dieses Buch war inhaltlich eine Wiedergabe der Lehre Quesnays, und es ist deshalb überraschend, dass Quesnay dort nicht zitiert wurde. Ganz auf der Linie der Physiokraten stellten die Rezensenten fest, dass es unerlässlich sei, sich an die Gesetze der „Quesnayschen wirthschaftlichen Tafel“ zu halten, und auch die angehängten Erläuterungen strikt einzuhalten.

„Erst wenn sämtliche Gesetze der „wirtschaftlichen Tafel“ eingehalten werden, geht ‚alles im Staat seinen natürlichen Gang’, und die dann regierende wirtschaftliche Ordnung erfordere sittliche Ordnung, wodurch ‚Fleiß, Mäßigung, Gerechtigkeit erhalten, und der Luxus, ... der diese Tugenden verjagt’ und dem Gemeinwohl schädlich sei, ‚vermieden’ werde. Wirtschaftliche Ordnung und sittliche Ordnung wiederum bestünden nur, ‚wenn zugleich bürgerliche Ordnung eingeführt wird“, Quesnay entsprechend die Sicherheit des Eigentums. Tragender Urgrund physiokratischer Wirtschaftspolitik sei, ‘dass das Wohl des Fürsten, Wohl des Untertanen; das Wohl des Untertanen, Wohl des Fürsten sei und dass keiner dem andern den mindesten Eintrag tun könne, ohne sich selbst zu schaden“ (Mahl 1982, S. 180, darin zitiert: Frankfurter gelehrte Anzeigen vom Jahr 1772, S. 569/570).

„Schon oft hat man versucht, Goethes Anteil am Jahrgang 1772 der „Frankfurter gelehrten Anzeigen“ festzulegen sowie zu bestimmen, an welchen Rezensionen der Dichter bloß mitgewirkt habe, doch immer stellte sich dies als ein unlösbares Unterfangen heraus. Selbst Goethe gelang es nicht vollständig“ (Mahl 1982, S. 182).

Goethe kannte die streng auf Quesnay basierenden Thesen von Schlettwein, und er kannte auch die physiokratischen Experimente bei Carl Friedrich in allen Einzelheiten. „Ob Goethe mit der physiokratischen Lehre in ihrer Gesamtheit einverstanden war, muss jedoch bezweifelt werden. An der Verwirklichung einzelner programmatischer Punkte der ‚Ökonomisten’ war ihm sehr gelegen...“ (Mahl 1982, S. 152).

Diese Punkte waren laut Mahl:

- Die Bemühungen um den britischen Agrartechniker Batty;
- Die Tätigkeit Goethes in der weimarischen Wegebaukommission;
- Die Zerschlagung des großen Landwirtschaftgutes Burgau.

9.1.17.3 Die Rezeption der Physiokratie durch Karl Marx

Karl Marx schrieb in seinen „Theorien über den Mehrwert“ an mehreren Stellen über die Physiokratie:

- Im zweiten Kapitel unter der Überschrift: „Die Physiokraten“ von S. 12-39;

- Im sechsten Kapitel unter der Überschrift: „Abschweifung; Tableau Économique suivant Quesnay“ von S. 282-319.

Mit entscheidend für die positive Beurteilung durch Karl Marx war wohl vor allem die Tatsache, dass Quesnay die Entstehung des Mehrwertes aus der Zirkulationssphäre in die Produktionssphäre verlagerte. Er schrieb in seinem unnachahmlichen Stil über das Tableau: „Ein höchst genialer Einfall, unstreitig der genialste, dessen sich die politische Ökonomie bisher schuldig gemacht hatte.“ Er rechnete Quesnay sogar zu den „Vätern der modernen Ökonomie“.

9.1.18 Die Verbreitung der Physiokratie ausserhalb Frankreichs

Unter den Monarchen und Herrschenden haben sich den physiokratischen Vorstellungen gegenüber in unterschiedlichem Umfang aufgeschlossen gezeigt:

Ludwig XV. und Madame Pompadour;

Stanislaus II. August Poniatowski, König von Polen;

Friedrich II. von Preußen;

Maria Theresia;

Joseph II. von Österreich;

Peter Leopold von Toscana, später König und Kaiser Leopold II.;

In Österreich führte 1769 Kaiser Joseph II. symbolisch den Pflug über ein Feld in Mähren.

Im Großherzogtum Toscana regierte Peter Leopold, der dritte Sohn Maria Theresias und Franz I., geboren am 5. Mai 1747, also ein Bruder Joseph II. Als Joseph II. 1790 starb, folgte er ihm als Kaiser Leopold II., starb allerdings selbst unerwartet 1792, so daß seine Regierungszeit nur vom 20. Februar 1790 bis 1. März 1792 dauerte.

Auch Peter Leopold verwirklichte physiokratisches Gedankengut. So erleichterte er (über seinen Minister Pompeo Neri) die Getreideausfuhr und legte durch Anpflanzung von Pappelalleen ein Entwässerungssystem an. Auf dem Gebiet des Steuerwesens wurde als Neuerung eine Einheitssteuer geschaffen – Tassa di redenzione – verbunden mit einem Staatstilgungsplan von 3,5 % bezogen auf diese Einsteuer. Allerdings wurden diese Bemühungen durch ein Wiener Edikt von 1794 rückgängig gemacht.

Franz II. später österreichischer Kaiser Franz I.;

Carl Friedrich von Baden;

Carl Ludwig von Baden;

Karl III. von Spanien;

König Gustav III. von Schweden;

Katharina die Große;

Wurzeln schlug der Physiokratismus auch in Polen. Baudeau und Du Pont reisten auf Einladung des Fürsten Massalski, Bischof von Wilna nach Polen. In Schweden wurden unter Gustav III. physiokratischen Ideen virulent. In England und Russland konnte die Lehre allerdings nicht Fuß fassen. Karl III. von Spanien und Ferdinand von Neapel waren die südlichsten Anhänger der Lehre.

Die oben genannten Herrschenden haben sich physiokratischen Ideen gegenüber oft stark, oft nur teilweise und nur zeitweise aufgeschlossen gezeigt. Das Ausmaß des Engagenments im Sinne der Physiokratie müsste für jede einzelne der oben genannten Personen konkret belegt werden. Denn nicht jeder, der Maßnahmen zur Unterstützung der Landwirtschaft einführte, muss deshalb schon ein Physiokrat sein.

9.1.19 MARKGRAF CARL FRIEDRICH VON BADEN-DURLACH (1728-1811)

Kurz eingegangen werden muss allerdings auf den Markgrafen Carl Friedrich von Baden-Durlach, der von den Personen auf der obigen Liste wohl der eifrigste Verfechter physiokratischer Ideen als Gegensatz zur Kameral- und Polizeiwissenschaft war.

„Dieser Carl Friedrich war der erste deutsche Herrscher, der aus sozialen Motiven und aus tiefster Überzeugung von der theoretischen Richtigkeit der physiokratischen Lehre die neue politische Ökonomie der Franzosen einzuführen gedachte“ (Mahl 1982, S. 209).

Der Markgraf schrieb sogar selbst ein Büchlein mit physiokratischen Gedanken für seine Söhne: „Abrégé des principes de l'économie politique“. Das Werk wurde in den Ephémérides du citoyen 1772 gedruckt. Der Markgraf, der sich als Schüler Mirabeaus bezeichnete und der auch mit Du Pont einen Schriftverkehr pflegte, blieb bis zu seinem Tod 1811 ein treuer Freund der Physiokraten.

Dabei waren es im Wesentlichen fünf wirtschaftspolitische Maßnahmen, durch die Carl Friedrich von Baden die Missstände in seinem Land beseitigen wollte:

(1) Verbesserte landwirtschaftliche Produktionsmethoden, wie Bodenmeliorationen;

(2) Abschaffung sämtlicher indirekter Steuern und sämtlicher Personensteuern zugunsten der physiokratischen Einheitssteuer;

(3) Eine rigorose Sparpolitik bei der Hofhaltung;

(4) Einführung der Gewerbefreiheit und Abschaffung der Zünfte;

(5) Abschaffung sämtlicher Frondienste und Naturalabgaben.

Allerdings blieben für konkrete Reformen noch einige wichtige Fragen offen:

- Baden war in Klein- und Kleinstbesitztümer zerstückelt, die Kleinbauern erzielten aber kaum einen Überschuss über die Produktionskosten einschließlich ihres niedrigen Lohnes;

- Es gab keine großen Pächter, nur zersplitterten Kleinbesitz, also kein zählbares Produit Net;

- Konnte eine Einheitssteuer auf das Produit Net in einem Land, in dem die Mehrzahl der Bewohner der sterilen Klasse angehörte, überhaupt genügend Mittel für die Staatskasse erbringen? Würde dadurch nicht die Einheitssteuer so hoch sein müssen, dass sie den ganzen Reinertrag wegsteuern würde?

- Wie sollte man das Produit Net konkret messen?

Um diese und ähnliche Probleme zu lösen, schrieb Carl Friedrich an Mirabeau (1771). Von diesem erhielt er aber mehrmals nur ausweichende und allgemeine Auskünfte, so dass Carl Friedrich kurz entschlossen nach Paris zu den Physiokraten Mirabeau und Dupont de Nemours reiste. Aber auch in Paris bekam Carl Friedrich nicht die gewünschte konkrete Hilfestellung. Um eigene physiokratische Projekte durchführen zu können, stellte Carl Friedrich von 1763 bis 1773 als neuen Kammer- und Polizeirat und „Musterphysiokraten" Johann August Schlettwein in seine Dienste, der als „deutscher Hauptphysiokrat" gilt. Schlettwein war nicht nur theoretisch versiert, er verstand sich auch gut darauf, mit der ländlichen Bevölkerung zu sprechen, so dass er dafür wirklich der geeignete Mann zu sein schien.

9.1.20 Johann August Schlettwein (1731-1802)

Auszüge aus der Vita von Schlettwein

1763:	Markgraf Carl Friedrich von Baden berief den deutschen „Hauptphysiokraten" Schlettwein von der Universität Jena nach Karlsruhe und übertrug ihm die Umsetzung physiokratischer Ideen in die Realität;
1770:	Bahlingen und Teningen wurden neben Dietlingen (bei Pforzheim) 1769 zu Experimenten für die sogenannte „Schlettweinsche Ordnung" ausersehen;
	Schlettweins hymnische Schilderungen der bald eintretenden Zustände brachten ihm den Namen „Messias Schlettwein" ein. Die Experimente scheiterten aber (siehe Abschnitt 9.1.22);
1773:	Schlettwein musste gehen, wohl vor allem auch wegen seines Versuches, sinkende Steuereinnahmen durch die Streichung von Höflingsstellen zu kompensieren, was ihm erbitterte Feinde einbrachte;
1777:	Professur in Gießen;
1785:	Schlettwein verließ die Universität und übernahm das Gut seiner Gattin in Mecklenburg;
1802:	Schlettwein starb.

Werke von Schlettwein

„Die wichtigste Angelegenheit für das ganze Publicum oder die natürliche Ordnung in der Politik entwickelt“ (1772, mehrere Auflagen mit geändertem (erweitertem) Titel);

„Les moyens d’arrêter la misère publique et d’acquitter les dettes des Etats” (1772);

„Erläuterung und Verthaidigung der natürlichen Ordnung in der Politik in einem Sendschreiben an den Verfasser der teutschen Anmerkungen über die französische Schrift: Les moyens etc.“ (1772);

„Grundfeste der Staaten oder die politische Ökonomie“ (1779);

„Allgemeine Sätze von der Glückseligkeit der Staaten“ (1782).

Thesen von Schlettwein

Schlettwein empfand für die Thesen der Physiokraten nicht nur eine vorübergehende Begeisterung, wie für eine Modeerscheinung, sondern er blieb bis zu seinem Lebensende ein überzeugter Verfechter physiokratischer Ideen. Sogar nach den eindeutig gescheiterten Modellversuchen (siehe Abschnitt 9.1.22) blieb er seinen Auffassungen unverändert treu.

Er übernahm ein adaptiertes Tableau Économique sowie die zugehörigen Maximen. Erstaunlich dabei war nur, dass Schlettwein den von ihm verehrten Quesnay kein einziges Mal zitierte und dass er dessen Überlegungen auch nicht weiterentwickelte.

Es war für ihn klar, dass nach Einführung der natürlichen Ordnung sowohl der Herrscher als auch seine Untertanen glücklicher und materiell besser dastehen würden: „Es ist also in allem Absehen unmöglich, dass die Einführung der natürlichen Ordnung die Einkünfte der Regenten schwächen könne. Vielmehr ist es ganz sicher, dass durch diese Pläne die öffentlichen Reichtümer einen beträchtlichen Zuwachs erhalten… Also werden Herr und Untertanen in allen Staaten reicher und glücklicher“ (Schlettwein, Die wichtigste Angelegenheit…, zitiert nach Mahl 1982, S. 186).

Das Wohlergehen der Menschen könne mit Hilfe von nur drei Maßnahmen erreicht werden:

(1) Bepflanzung allen Bodens und Verbesserung von dessen Qualität;

(2) Vergrößerung des Viehbestandes;

(3) Ausnutzung der Produkte der Flüsse und Seen und des Bergbaues.

Nach den bisherigen Ausführungen wird verständlich, dass Schlettwein:

- dem Geld einen eigenen Nutzen absprach. Das Geld habe seinen ganzen Wert nur von den Waren;
- eine Steigerung der Beschäftigten im produktiven Sektor empfahl;
- eine Förderung der Konkurrenz unter Käufern und Verkäufern befürwortete, denn nur so würden die Waren zu ihrem natürlichen Preis verkauft werden. Monopolisten machten nämlich zum Schaden der Allgemeinheit einen „unmäßigen Profit“;
- eine Aufhebung der Handelsbeschränkungen gegenüber dem Ausland forderte.

Schlettwein charakterisierte zwar den Handel von der Produktion her als steriles Gewerbe, das aber notwendig sei, um den Austausch von Gütern zu gewährleisten. Auch hier gelte es aber, Handelsmonopole durch den Staat zu bekämpfen. Das Produit Net der Physiokraten hieß bei ihm „der reine Ertrag der Güter“. Dass Schlettwein auch ein uneingeschränkter Verfechter einer Erziehung in den natürlichen Gesetzen war und hierzu den Bau neuer Schulen forcieren wollte, braucht eigentlich nicht mehr eigens erwähnt werden.

Ganz oben in der Rangordnung standen bei ihm die Gesetze der Natur, dann erst käme die Konsumtion und zuletzt der „Zierrath". Ein Luxus, der sich insbesondere in der Verschwendungssucht des Hofes manifestierte, wurde abgelehnt. Die Ausgaben sollten möglichst produktiv wirken, was beim Luxuskonsum nicht der Fall sei.

Beim Vorschlag einer Einheitssteuer kam Schlettwein nach genauen Berechnungen auf einen Satz von ca. 20 % des Reinertrages. Überhaupt dürfe das Prinzip der Einheitssteuer nicht missverstanden werden. Letztlich zahlten diese Steuer die Konsumenten, da in den Güterpreisen ein Teil des Reinertrages (neben Lohn- und Produktionskosten) enthalten sei. Die besitzende Klasse brauche die solcherart einbehaltene Steuer nur an den Staat weiter zu geben. An dieser Stelle zeigte sich besonders deutlich die naive, auf reiner physiokratischer Theorie basierende Einstellung Schlettweins. Dass eine einflussreiche Gruppe, die großteils von der Steuer befreit war, jetzt klaglos Steuern zahlen würde, mit der bloßen Aussicht auf einen paradiesischen Endzustand, ging völlig an der sozialen Realität vorbei. Zudem wurde auch nicht einfach hingenommen, dass jetzt die Frondienste als eine Art Naturalsteuer abgeschafft werden sollten.

9.1.21 Johann Georg Schlosser (1739-1799)

Auszüge aus der Vita von Schlosser

1739:	Geboren in Frankfurt am Main als Sohn des angesehenen Carl Erasmus, der im Rat der Stadt saß. Schlosser besuchte zunächst das Gymnasium seiner Heimatstadt;
Ab 1758:	Studium der Rechte in Jena;
Ab 1760:	Studium der Rechte in Altdorf;
1762:	Promotion über das Vormundschaftsrecht seiner Vaterstadt;
1766:	Geheimsekretär des Herzogs Friedrich Eugen von Württemberg;
1769:	Ausscheiden aus dem Dienst Herzog Friedrichs und Fortsetzung seiner Tätigkeit als Anwalt in Frankfurt;
1772:	Redigierung der „Frankfurter gelehrten Anzeigen" als Hauptverfasser (unter anderen mit Goethe);
1773:	Schlosser kam mit einem Empfehlungsschreiben des Herzogs Friedrich von Württemberg an den Hof Carl Friedrichs; Schlosser heiratete Goethes Schwester Cornelia;
Ab 1774:	Oberamtmann in Emmendingen (Baden);
1776:	Im März erwirkte Schlosser eine vorläufige Abschaffung der „Schlettweinschen Ordnung". Die Gründe für diese Zurücknahme der Schlettweinschen

	Experimente lagen hauptsächlich in der Zersplitterung der Landwirtschaft, der noch überwiegend naturalen Tauschwirtschaft, dem großen „sterilen“ Sektor und der deshalb durch die Steuer auf das Produit Net zu großen Belastung der Kleinbauern.
	Schlosser war zwar zu dieser Zeit noch der Auffassung, man dürfe die physiokratischen Grundsätze erst einführen, wenn das restliche Land „völlig gesund sei“. Dies war aber bei Baden nicht der Fall. Er wich aber, als er in die badischen Dienste trat, in seinen Denkschriften an den Fürsten bereits von der reinen physiokratischen Lehre mit ihrer totalen Verherrlichung der Landwirtschaft ab.
1777:	Tod seiner Frau Cornelia;
	Schlosser änderte in seinen „Politischen Fragmenten“ zwar die physiokratische Theorie ab, blieb aber grundsätzlich noch auf deren Boden. 1784 war er bereits ein Vertreter einer Arbeitswertlehre (in „Xenocrates“), hatte sich also von der Physiokratie mit ihrer alleinigen Produktivität der Landwirtschaft entfernt.
	Trotzdem wäre es zu einfach, Schlosser als „Anti-Physiokraten“ zu charakterisieren. Auch wenn er den „sterilen“ Sektor besteuern wollte und die Wertschöpfung nicht mehr nur einseitig der Landwirtschaft zuwies, hatte er doch genügend eigene Ideen, um als eigenständiger Theoretiker und nicht als bloßer Ablehner physiokratischer Positionen gelten zu können.
1778:	Zweite Ehe mit Johanna Fahlmer;
	Besuch Goethes in Emmendingen (wie auch 1775);
1783:	Längerer Aufenthalt in Wien;

1784:	Meister vom Stuhl der neu gegründeten Freiburger Freimaurerloge „Zur edlen Aussicht“;
1787:	Versetzung als Geheimer Hofrat nach Karlsruhe;
1790:	Direktor des Hofgerichtes und als Wirklicher Geheimer Rat Mitglied des Geheimen Rates;
1793:	Letztes Treffen mit Goethe;
1794:	Ausscheiden aus dem badischen Dienst wegen eines direkten Eingriffes Carl Friedrichs in ein laufendes Gerichtsverfahren;
1796:	Reise nach Eutin zu seiner verheirateten Tochter;
1798:	Rückkehr nach Frankfurt, um ein politisches Amt (Syndikus) zu übernahmen;
1799:	Gestorben in Frankfurt am Main.

Werke von Schlosser

Übersetzung aus dem Griechischen von „Hero und Leander“ (Musaeus) (1771);

„Politische Fragmente“ (1772);

„Katechismus der christlichen Religion für das Landvolk“ (1776) (wegen der Kritik an der protestantischen Geistlichkeit in Frankfurt konfisziert und verbrannt);

„Anti-Pope oder Versuch über den natürlichen Menschen“ (1776);

Aufsätze in: I. Iselin, Ephemeriden der Menschheit (1776);

„Über das neue französische System der Policey, insbesondere in der Aufhebung der Zünfte“ (1776);

„Über die Träume eines Menschenfreundes“ (1776);

„Politische Fragmente“ (1777);

„Xenocrates oder Über die Abgaben. An Goethe“ (1784) (im Vorwort Goethe gewidmet);

„Schreiben an *** über Herrn Schlettweins Etwas, die Markgrafschaft Hochburg glücklich zu machen“ (1786);

„Über die Dichtkunst“ (1788);

„Platos Briefe“ (1793/94 bzw. 1795);

„Schreiben an einen jungen Mann, der die kritische Philosophie studieren wollte“ (1797);

„Zweites Schreiben“ (1798);

Übersetzung der „Politeia“ von Aristoteles aus dem Griechischen (1798);

„Politik und Fragment der Oekonomik“ (Übersetzung aus dem Griechischen) (1798).

Thesen von Schlosser

Schlossers letzte Jahre in Karlsruhe sowie die Zeit in Ansbach und Eutin waren von seinen Auseinandersetzungen mit Kant geprägt, dessen kritische Philosophie er als vernunftlastig ablehnte. Seine Streitschrift „Platos Briefe“ (1793/94 bzw. 1795) konterte Kant mit „Von einem neuerdings erhobenen vornehmen Ton in der Philosophie“ (1796) und „Verkündigung des nahen Abschlusses eines Traktats zum ewigen Frieden in der Philosophie“ (1796). Daraufhin antwortete Schlosser mit dem „Schreiben an einen jungen Mann, der die kritische Philosophie studieren wollte“ (1797) und einem polemischen „Zweiten Schreiben“ (1798). Nun entbrannte ein heftiger Streit zwischen Schlosser und den Kantianern, darunter Friedrich Schlegel.

Schlosser war in seiner Zeit als Rezensent zunächst ein Anhänger der physiokratischen Theorie. So plädierte er dafür, sich an die natürliche Ordnung der „Quesnayschen wirtschaftlichen Tafel“ zu halten und Quesnays Maximen strikt zu befolgen. Dabei war ihm vor allem der Gedanke der freien Konkurrenz wichtig: Abschaffung der Zünfte, Verbesserung der Infrastruktur zugunsten des Handels, Vermeidung von Monopolstellungen auf beiden Marktseiten. Auch vertrat er die physiokratische Notwendigkeit einer Erziehung in den natürlichen Gesetzen und das Axiom: „Das Wohl des Fürsten ist gleich dem Wohl der Untertanen.“

Ansatzweise kamen ihm jedoch auch schon damals Bedenken. So müsse die Staatsgewalt bei monopolistischen Missbräuchen eingreifen, ein uneingeschränktes „Laissez faire“ könne nämlich zu solchen Missbräuchen führen. Auch von der totalen Verherrlichung der Landwirtschaft wich Schlosser in seinen Denkschriften an den Fürsten bereits ab.

Interessant ist, dass Schlosser bei der Rezension von Schlettweins „Die wichtigste Angelegenheit“ wesentlich pragmatischer war als Schlettwein: Er erkannte, dass es gefährlich sei, als einziger Staat einen vollständigen Freihandel einzuführen, wenn alle Nachbarn mit ihrer Staatsmacht den Außenhandel regulierten.

Seine Auffassung, auch der Handel sei produktiv, setzte ihn dann vollends in Gegensatz zu der von seinem Fürsten uneingeschränkt vertretenen Physiokratie, kein leichter Standpunkt für ihn als Beamten eben dieses Fürsten.

Mitentscheidend für seine Auffassung mag auch gewesen sein, dass Schlosser trotz anfänglicher Übereinstimmung mit den Physiokraten bald Schwierigkeiten damit hatte, wie die Einsteuer konkret in den vielen kleinen deutschen Territorien eingeführt werden sollte.

Wenn ein Ländchen etwa im Wesentlichen vom Handel und der Verarbeitung fremder Materialien lebte, hatte es dann bei den wenigen kleinbäuerlichen Betrieben überhaupt genügend Reinertrag, um damit die Staatstätigkeit finanzieren zu können?

Ein zweites Problem lag für Schlosser noch als Rezensent der „Frankfurter gelehrten Anzeigen“ in der notwendigen genauen Feststellung des Produit Net.

Doch Schlosser ging später gedanklich noch weiter. Der Bauer brächte zwar wertschaffende „Bedürfnisse der Natur“ hervor, der Gewerbetreibende aber ebenfalls wertschaffende „Bedürfnisse der Einbildungskraft“. Damit fiel auch die These einer Einsteuer, denn auch der Gewerbetreibende müsse dem Staat einen Teil seines Nettoproduktes abgeben. Eine weitere Konsequenz war, dass Quesnays „wirtschaftliche Tafel“ revidiert werden musste, was Schlosser auch tat. Als er schließlich im „Xenocrates“ herausarbeitete, die Wirtschaftssubjekte tauschten letztlich ihre eigene Arbeit gegen fremde Arbeit, näherte er sich in diesem Punkt schon sehr stark Adam Smith an.

Auch der „neue“ Schlosser war aber ein entschiedener Gegner des Kameralismus. Der Fürst dürfe weder das Gewerbe noch die Landwirtschaft bevorzugen. Er müsse vielmehr alle Wirtschaftszweige sorgfältig beobachten. So sollten dem Ackerbau entzogene Arbeiter in Fabriken arbeiten, die Entstehung großer Städte (als Nährböden für die Fabrikarbeiter) sollte gefördert werden. Damit nicht genug, Schlosser ahnte sogar schon die heraufziehende soziale Frage: So wollte er, wenngleich jetzt aus anderen Gründen als die Physiokraten, für die Untertanen eine ausreichende Schulbildung. In seinem Werk „Xenocrates“, das er fiktiv im alten Athen handeln ließ, führte er das Geld als allgemeinen Maßstab ein. Demetrius (= Carl Friedrich) ließ er erkennen: „So begreif ich wohl, dass der Preis, wodurch Menschen zum arbeiten und zum produzieren gereizt werden, mehr im Tausch der Arbeit gegen Arbeit, als der Produkte gegen Produkte und Arbeit besteht. Und es ist mir fast, als ob das Kennzeichen einer glücklichen Nation mehr in ihrer Tätigkeit und Betriebsamkeit, als in der Menge ihrer Produktionen oder ihres Geldes bestehe“ (Schlosser, Xenocrates, zitiert nach Mahl 1982, S. 240).

Auch das autonome Streben der Wirtschaftssubjekte nach Bedürfnisbefriedigung und der wirtschaftliche Liberalismus wurden angesprochen, was die Nähe zu Adam Smith noch deutlicher macht. Wenn man die Bedeutung des „Xenocrates“ einschätzen will, muss man an die damalige politische Landschaft denken. In jedem Fall war es ein kühner Wurf, auch wenn einige Teile unklar und vorsichtig vorwärts tastend geschrieben waren.

9.1.22 KONKRETE PHYSIOKRATISCHE VERSUCHE

1769 wurde im Dorf Dietlingen bei Pforzheim, das wegen seiner wirtschaftlichen Notlage vollständig zu verfallen drohte, das Schlettweinsche Systems eingeführt und die Schlettweinsche Ordnung 1770 auch in Bahlingen und Teningen.

„Über die ökonomischen Experimente in Baden ... informierten sich ausführlich auch der Weimarsche Herrscher Karl August sowie Goethe, teils durch Besuchsreisen, teils durch Briefe und intensive Gespräche, die Goethe vornehmlich mit Carl Friedrichs bedeutendstem Minister Wilhelm von Edelsheim führte" (Mahl 1982, S. 207).

Die Einführung der Schlettweinischen Ordnung scheiterte allerdings, wie bereits erwähnt. Die Hauptgründe dafür waren:

- Die Landwirtschaft in Baden war überwiegend in kleine Besitztümer zerstückelt;

- Wie kann das Produit Net als Grundlage einer Steuer dienen, wenn diese Kleinbauern kaum Überschüsse über die Produktionskosten und ihren geringen Lohn erzielen können;

- In Baden gehörte die Mehrzahl der Einwohner der „sterilen Klasse" an. Folglich musste man der „besitzenden Klasse" fast das gesamte Produit Net wegsteuern;

- Die freie Konkurrenz und die freie Berufswahl führten zu unerwünschten Exzessen: Bereits nach eineinhalb Jahren wurde geklagt, die eingeführte freie Konkurrenz führe dazu, dass nahezu jeder Bürger einen Weinschank aufmache, was der allgemeinen Moral sehr abträglich wäre. Die Preise für lebenswichtige Waren wie Brot, Wein, Bier und Fleisch sanken allerdings.

- Die einflussreichen Großgrundbesitzer wehrten sich gegen eine Besteuerung und wollten ihre Steuerfreiheit erhalten;

- Die gesamten Jahresabgaben mussten in einer Summe, an einem Termin und in Geld abgeliefert werden. Das war in einem Staat, in dem die Geldwirtschaft eben erst angefangen hatte, die Naturalwirtschaft zu verdrängen, nicht ohne große Schwierigkeiten möglich;

- Der Schuldenstand der Bürger der drei Orte erhöhte sich in der Folge sehr stark. Die Kleinbauern, die ihre „impôt unique" in Geld zahlen sollten, klagten über Geldmangel.

Die einhergehende Reduktion der Zahl der Hofbeamten zur Ausgabensenkung wegen der sinkenden Steuereinnahmen schaffte Schlettwein erbitterte Feinde. Viele einflussreiche Gegner befürworteten wieder die „mittelalterliche, sittsam-christliche Ständewirtschaft". Die Widerstände wurden schließlich so groß, dass Schlettwein Ende 1763 seinen Abschied einreichte und abreiste.

Schlosser, der 1773 Hofrat Carl Friedrichs wurde, schlug Carl Friedrich im März 1776 nach eingehenden Untersuchungen vor, die Schlettweinsche Ordnung vorläufig wieder abzuschaffen.

Schlosser meinte, die Menschheit sei noch nicht reif für die natürliche Ordnung. Schlettwein wurde an die neu gegründete ökonomische Fakultät der Hochschule Gießen berufen, wo er bis zu einem Lebensende weiter den Physiokratismus lehrte.

Wesentliche ökonomische Überlegungen der Physiokratie

Für eine faire Beurteilung der physiokratischen Vorschläge ist die Feststellung notwendig, dass die Physiokraten tatsächlich vorhandene, große Defizite ihrer Epoche aufgriffen, sie zu durchleuchten versuchten und dann Vorschläge, wenngleich etwas dogmatisch und einseitig, zu ihrer Abschaffung machten. Einige dieser Vorschläge, aber auch die extreme Position der Physiokraten, werden nur verständlich, wenn man die Zeitumstände kennt, innerhalb derer sie wirkten.

Zudem sieht man am Beispiel der Physiokratie wiederum, dass geistige Strömungen und Ideen eine enorme Sprengkraft besitzen können. Nicht die Existenz von krassen Gegensätzen zwischen armen und reichen Klassen waren für die Herrschenden gefährlich, sondern die hinzutretende Überzeugung, dass diese Gegensätze nicht gottgegeben seien, dass sie nicht einfach hingenommen werden müssten, dass sie kein unabwendbares Schicksal darstellten.

(1) Die Physiokratie war mehr als eine ökonomietheoretische Richtung: Sie enthielt eine Weltanschauung mit fast quasi-religiösen Zügen;

(2) Geistiger Mittelpunkt und Ideengeber der Physiokraten war François Quesnay. Zwar entwickelten andere Physiokraten und Sympathisanten durchaus eigene Ideen (Turgot wird extra abgehandelt), die grundsätzliche Richtung und die wesentlichsten Axiome wurden aber von Quesnay vorgegeben;

(3) Die Physiokratie leugnete das Göttliche nicht. Ihre natürliche Ordnung (ordre naturel) wurde auf Gott zurückgeführt;

(4) Die gottgewollte natürliche Ordnung könne vom Menschen mit Vernunft erkannt werden;

(5) (Positive) Gesetze, die der natürlichen Ordnung widersprächen, seien abzuschaffen und die tatsächliche positive Ordnung (ordre positif) sei der natürlichen Ordnung (ordre naturel) anzunähern;

(6) Die Gesellschaftstheorie der Physiokraten fußte auf dem Naturrecht;

(7) Dabei übernahmen die Physiokraten von Descartes die Idee, dass diese natürlichen (und auch gesellschaftlichen) Vorgänge auf deterministischen Ursache-Wirkungs-Gesetzen beruhten;

(8) Der materielle Reichtum stand bei ihnen nicht an der Spitze der gesellschaftlichen Werteskala;

(9) Die Schriften der Physiokraten wurden von einem harmonischen Weltbild geprägt;

(10) Bei ihren ökonomischen Aussagen klangen immer wieder moralische Wertungen und Grundsätze durch;

(11) Die Sklaverei sollte abgeschafft werden;

(12) Quesnay vertrat explizit die Anwendung mathematischer Methoden auch für die ökonomische Analyse;

(13) Für die Physiokraten war nur die Landwirtschaft produktiv, nur die Natur könne neue Werte schaffen;

(14) Die Produzenten könnten die Stoffe der Natur nur umformen und schafften dabei kein Mehr an Substanz. Deshalb seien sie „steril";

(15) Die Physiokraten empfahlen zum Wohle der Landwirtschaft: Ersetzung der vielen bedrückenden Abgaben durch eine Einheitssteuer auf die Grundbesitzer, Aufhebung aller die Landwirtschaft betreffenden Handelsbeschränkungen, Schaffung eines großen Binnenmarktes, Aufhebung der Leibeigenschaft

der Bauern, eine Bodenreform, Freiheit bezüglich der anzubauenden Produkte;

(16) Daneben empfahlen sie eine strengere Kontrolle der Staatsausgaben und -einnahmen, sowie mehr Freiheiten (Pressefreiheit, Religionsfreiheit);

(17) Die für die Getreidekultur verwendeten Ländereien solle man zu großen Pachthöfen zusammenlegen;

(18) Die Industrieproduktion vermehre den Wohlstand nicht. Sie sei schädlich für die Bevölkerung und für das Wachstum des Wohlstandes;

(19) Die Vorteile des Außenhandels beruhten nicht auf dem Wachstum des Geldreichtums;

(20) Der Getreidehandel zwischen den Provinzen sollte intensiviert werden, weil dies Preisfluktuationen abbauen könne;

(21) Aus dem Axiom der alleinigen Produktivität der Landwirtschaft wurde als logische Konsequenz eine einzige Steuer, die impôt unique, gefordert, die von der grundbesitzenden Klasse zu erheben sei;

(22) Die Physiokraten waren gegen alle Personen- und Konsumsteuern;

(23) Das Tableau Économique als ordnendes Kreislaufschema wurde zur Grundlage der physiokratischen Theorien;

(24) Das Tableau Économique enthielt drei Klassen: Die produktive Klasse, die sterile Klasse und die besitzende Klasse;

(25) Im Tableau Économique waren nicht vertreten: die Besitzlosen und die Arbeitslosen;

(26) Die Physiokraten waren der Auffassung, der Weg zum Wohlstand führe über eine Vermehrung der Einwohner;

(27) Dabei sei die Zahl der unproduktiv-sterilen Arbeiter zu vermindern, die der produktiven Arbeiter zu erhöhen. Allerdings dürfe eine Volksvermehrung erst nach der Mehrung des landwirtschaftlichen Nettoprodukts erfolgen;

(28) Das Geld sei zwar nicht überflüssig, es sei aber nur ein geschaffenes Zeichen;

(29) In der natürlichen Ordnung dürfe der Zinsfuß nicht höher sein als die Rate des Bodenreinertrags;

(30) Es wurden der natürliche Preis und der laufende Preis unterschieden. Der natürliche Preis der Waren werde durch die Ausgaben oder Kosten bestimmt, denen es zu ihrer Produktion bedarf;

(31) Der Staat solle den Dingen ihren natürlichen Lauf lassen. Die Zünfte seien abzuschaffen;

(32) Ein Entwicklungsrückstand eines Landes wurde von den Physiokraten als Indiz für ein Auseinanderfallen von tatsächlicher und natürlicher Ordnung angesehen;

(33) Die Physiokraten wollten keine Revolutionäre sein. Trotzdem enthielt ihr System aber, bewusst oder unbewusst, viele soziale Sprengsätze.

9.2 Anne Robert Jacques Turgot (1727-1781)

Vita von Turgot

1727:	Anne Robert Jacques Turgot, Baron de l'Aulne, wurde als jüngster von drei Söhnen des Michel-Étienne Turgot, Prévot (Vogt) des Marchands von Paris, in Paris geboren. Der Vater sah für ihn den geistlichen Beruf vor. Als Kind soll Turgot furchtsam, scheu und verschämt gewesen sein. Seine Kindheit war eher freudlos; Ausbildung im College „Louis le Grand" (Paris) und im Gymnasium du Plessis;
1748-1752:	Geschichtsphilosophische Schriften, teils als Vorträge konzipiert, teils als Entwürfe für spätere nicht mehr vollendete Arbeiten;
1749:	Weiterbildung im Priesterseminar St. Sulpice, das er mit dem Titel eines Bakkalaureus der Theologie verließ. Er brillierte in St. Sulpice bereits mit seiner Intelligenz und einer ungewöhnlichen geistigen Aktivität. Dann Eintritt in die Sorbonne, wo er das Staatsexamen in Theologie ablegte;
1751:	Trotz einer unbestreitbaren Religiosität: Ende seiner theologischen Studien und Entscheidung, keinen geistlichen Beruf zu ergreifen;
1752:	Eintritt in eine untergeordnete Stellung im Staatsdienst (Parlamentsrat);
1753:	Aufstieg mit der Ernennung zum „Maître des requêtes" (Berichterstatter im Staatsrat für Bittschriften), ein Amt, das er ungefähr 7 Jahre lang innehatte. In diesen Jahren verfasste er einige philosophische Abhandlun-

	gen für die Enzyklopädie;
1755:	Bekanntschaft mit Quesnay und vor allem mit Gournay, der die Schriften der englischen Autoren sehr gut kannte und der Turgot stark beeinflusste;
1755-1759:	Turgot begleitete Gournay auf Inspektionsreisen durch Frankreich;
1761:	Intendant der Provinz Limousin (Généralité de Limoges). Hier wollte er quasi als Experimentierfeld seine Ideen für das ganze Land erproben. Er führte aktiv Reformen durch (z.B. Bureaux de Charité, Reorganisation des Armenwesens, Wegebau, Gründung einer „Société d'Agriculture", Förderung der gewerblichen Produktion); Bei seinen jährlichen Besuchen in Paris hielt er Kontakt mit den „Économistes";
1769/1770:	In der Zeitschrift „Ephémérides du citoyen" erschien anonym in drei Folgen das 1766 entstandene und von Du Point de Nemours redigierte und dabei abgewandelte Werk „Réflexions sur la formation et la distribution des richesses". Von Du Pont stammte auch die Dreiteilung des Werkes;
1770-1771:	Hungersnot in der von ihm verwalteten Provinz;
1774:	Nach dem Tod Ludwig XV. Berufung Turgots als Marineminister in den Staatsrat. Bereits nach einem Monat Ernennung zum controlleur général des finances, nachdem sein Vorgänger Terray ein Chaos verursacht hatte; Turgot stellte die Freiheit des Binnenhandels von Ge-

	treide her und gestattete eine Korneinfuhr aus dem Ausland. Die folgende Brotpreiserhöhung aufgrund einer Missernte, die allerdings seinen Reformen zugeschrieben wurde, führte zu einem Aufruhr, den er mit Gewalt niederschlagen ließ. Er versuchte den zerrütteten Staatshaushalt mit Kürzungen auf der Ausgabenseite, und zwar bei der Hofhaltung und der Verwaltung, zu sanieren. Die Streichung vieler in seinen Augen unnötiger Amtsstellen verschaffte ihm unter den privilegierten Schichten viele Feinde. Seine Toleranz erregte den Einspruch der Geistlichkeit, seine Staatsideen trugen ihm den Widerspruch des Parlaments ein, seine Heeresreform scheiterte wegen des Widerstandes der Privilegierten;
1776:	Erlass von sechs Edikten, die wirtschaftspolitische Reformen enthielten: So z.B. die Abschaffung der Zünfte und Handelsabgaben, die Umwandlung der Wegebaufronen in eine allgemeine Geldabgabe der Grundbesitzer, die Abschaffung von Steuerprivilegien des Adels und der Geistlichkeit;
	Ehrenmitglied der „Académie des inscriptions“;
	Turgot wurde wegen des Widerstandes des Adels und der Geistlichkeit, aber insbesondere der Zünfte und Agrarier, aus dem Staatsdienst entlassen. Sein gesetzgeberisches Werk wurde zurückgenommen;
1781:	Turgot starb in Paris an der Gicht.

Der sehr gebildete Turgot war neben Quesnay, Gournay, Condorcet und Voltaire auch mit Du Pont befreundet. Bekannt war er mit Smith, Galiani, Diderot, d'Alembert und Hume. Er sammelte wertvolle Bücher und Drucke.

Man kann von Turgot ohne Übertreibung behaupten, dass es ihm bei all seinen mit Bedacht gewählten Tätigkeiten um das Wohl der Allgemeinheit ging, das er mit großem Einsatz und Opfern unermüdlich und zielbewusst verfolgte. Er entsagte dafür (in meinen Augen: leider) sogar weitgehend seinen wissenschaftlichen Neigungen und war sich nicht zu schade, in der rauen und schwierigen Praxis seiner Zeit als hervorragender Beamter für diese seine Zielsetzung zu arbeiten. Wenn man ihn von seinem Leben her definieren wollte, stünde sicherlich die praktische Tätigkeit als Beamter des Königs an erster Stelle.

Reckenwald charakterisierte ihn als eigensinnig, auf seiner einmal gebildeten Meinung beharrend, dahinter aber eine seit seiner Jugend vorhandene argwöhnische Ängstlichkeit, ungesellig und von strenger Erscheinung. „Turgots Religion war die Wahrheit und sobald er von ihr überzeugt war, verfolgte er sie rücksichtslos bis zum Ende“ (Recktenwald 1971, S. 97).

Er war eine eindrucksvolle Erscheinung. Auch wenn er nie verheiratet war, liebte er doch die Gesellschaft von Frauen. Er verweigerte sich allerdings der modischen Galanterie. Seine Rechtschaffenheit war unbestritten. Es blieb nicht aus, dass ihm wegen der genannten Eigenschaften Hochmut vorgeworfen wurde, ein Vorwurf, der in dieser Einfachheit nicht haltbar ist. Turgot glaubte optimistisch, dass die Menschheit dauernder Fortschritte fähig sei.

Neben einer gründlichen klassischen Ausbildung studierte Turgot auch naturwissenschaftliche Fächer wie Mathematik, Physik und Astronomie. Er verkehrte, wie erwähnt, mit vielen bedeutenden Intellektuellen seiner Zeit, so auch kurze Zeit mit den Autoren der Enzyklopädie.

Auswahl von Werken von Turgot

„Lettre a l'Abbé de Cicé sur le papier-monnaie" (1749);

„Sur les avantages que la religion chrétienne a procurée au genre humain" (Rede und Entwurf 1750);

„Sur le progress successif de l'esprit humain" (Rede und Entwurf 1750);

„Questions importantes sur le commerce" (1755);

„Foire et marches" (1757);

„Eloge de Vincent de Gourney" (1759);

„Valeurs et monnaies" (ein Artikel, geschrieben für das Dictionnaire du Commerce) (1769/1770);

„Mémoire sur les prêts d'argent" (1769);

„Réflexions sur la formation et la distribution des richesses" (eine Art Einführung für zwei chinesische Studenten, Ko und Yang, geschrieben 1766) (1769/1770);

„Lettres sur la liberté du commerce des grains" (1770).

THESEN VON TURGOT

Die Rezeptionsproblematik wurde bereits in früheren Kapiteln ausführlich besprochen. Es ist verständlich, dass die „üblichen" unterschiedlichen Interpretationen auch vor dem komplexen Werk Turgots nicht halt machten. Im Gegenteil: Es existieren in der dogmenhistorischen Literatur unterschiedliche Auffassungen zu einzelnen Punkten seines Werkes, insbesondere auch, ob er gewisse moderne analytische Instrumente bereits im Prinzip (aber ohne eine moderne Darstellungsweise) vorwegnahm oder ob man zu viel in seine diesbezüglichen Ausführungen „hinein" interpretiert.

Turgot war frei von speziellen Gruppeninteressen, lehnte die starre, dogmatische Haltung der physiokratischen „Sekte" ab, und er war mit erheblichem Arbeitsaufwand als Praktiker tätig (im Unterschied zu Smith, der eine lange Zeit seines Lebens der Wissenschaft widmen konnte). Dies mag der Grund dafür gewesen sein, dass ihm nachgesagt wurde, er habe sein Hauptwerk augenscheinlich hastig niedergeschrieben und es nicht mehr sorgfältig durchgesehen. Seine Argumentation war beharrlich, logisch, nüchtern und sehr genau. Er verknüpfte seine (modern ausgedrückt) allgemeine Gleichgewichtsanalyse mit historischen Betrachtungen.

Turgot war zwar stark von der Physiokratie beeinflusst, aus Hochachtung gegenüber der Gruppe der Physiokraten erklärte er sogar, er gehöre zum Kreis der Physiokraten (laut Schumpeter), aber er war kein dogmatischer reiner Physiokrat, er brachte im Gegenteil wesentliche eigene neue Thesen ein und entwickelte damit meines Erachtens die physiokratische Lehre entscheidend weiter. Schumpeter schrieb deshalb zutreffend, dass Turgot nicht als „Physiokrat mit Vorbehalten" klassifiziert werden sollte, sondern als „Nicht-Physiokrat mit physiokratischen Neigungen" (Schumpeter 1965, S. 314). Die Textstellen, in denen er Treuebekenntnisse zur physiokratischen Theorie ablegte, so z.B. der Boden sei die einzige Quelle der Reichtümer und ähnliches, stellten eigentlich Fremdkörper in seiner Argumentation dar, die durch ihre Weglassung an Folgerichtigkeit gewänne (Schumpeter 1965, S. 313).

Heinrich Waentig ist dagegen anderer Auffassung. Er sieht in Turgot „die reifste Frucht des Physiokratismus", den „harmonischen Vollender" der Physiokratie (Waentig 1924, S. XVI).

Die Frage, ob Turgot den Physiokraten zuzurechnen sei oder nicht, löste also ganz im Sinne der geschilderten Rezeptionsproblematik immer wieder Kontroversen in der dogmenhistorischen Literatur aus. Dazu kommt, auch dies nicht überraschend, dass Turgot aufgrund einzelner Elemente seines Werkes sowohl als Vorläufer der Klassiker (Werttheorie) als auch als früher Neoklassiker (allgemeine Gleichgewichtstheorie) bezeichnet wurde.

Auch wenn Turgots Schriften liberale Elemente enthielten (so in den Präambeln zu seinen Edikten (1776), wo er die ökonomische Freiheit für Teile der Arbeits- und Gütermärkte verkündete), wäre es doch nicht zulässig und zudem unhistorisch, ihn einfach mit den „kontinentalen Liberalen" des 19. Jahrhunderts gleich zu setzen.

Turgot lehnte alle Institutionen ab, die sich in das Verhalten von Individuen einmischten. Die Rolle des Staates sei dabei möglichst weit einzuschränken. Er wies immer wieder auf die friedensfördernde Wirkung des Handels hin. Er erläuterte, dass ein hoher Grad von gegenseitiger wirtschaftlicher Abhängigkeit Kriege praktisch ausschließe. Deshalb war wohl sein politisches Wirken auf Zollabbau und Verbesserung der Handelsfreiheiten gerichtet.

9.2.1 Die Werttheorie von Turgot

Turgot unterschied, ähnlich dem inneren Wert und dem Marktwert bei Cantillon, einen Grundwert und einen Verkaufswert. Der Grundwert waren bei ihm die Kosten, die dem Verkäufer einer Ware entstehen: Kosten der Rohstoffe, Vorschusszinsen, Löhne. Dieser Grundwert sei ziemlich stabil. Turgot räumte damit den Produktionskosten eine wichtige Rolle im Preisbildungsprozess ein. Der Verkaufswert sei der Preis, auf den sich Käufer und Verkäufer einigten. Dieser Wert sei im Gegensatz zum Grundwert schwankend. Er ändere sich mit den Bedürfnissen. Der Verkaufswert sei somit nicht notwendig gleich dem Grundwert, auch wenn er sich diesem in der Regel annähere und sich kaum dauerhaft weit von ihm entfernen könne. Der Grundwert war bei Turgot eine Art Wertuntergrenze, eine wichtige Größe für die Bestimmung des Verhaltens der Anbieter.

Ein zweites Begriffspaar bei Turgot war der Schätzwert und der subjektive Wert. Hier wurden von ihm der isolierte Mensch und der tauschende Mensch untersucht. Der isolierte Mensch, eine Fiktion im Rahmen der dem 18. Jahrhundert durchaus geläufigen Robinson-Wirtschaft, hatte die Wahl zwischen verschiedenen Gütern, also ein Wertproblem. Für diese notwendige Wahl muss er seine Bedürfnisbefriedigung und die Knappheit der jeweiligen Güter berücksichtigen. Dabei ist der zu berücksichtigende Faktor (= Kosten) des Einsiedlers (nur) seine Arbeitskraft, die er auf den Erwerb der verschiedenen Güter verteilen muss. Wenn nun zwei Wilde auf einer Insel leben (der Fall: 2 Individuen, 2 Güter), zeigte Turgot, wie sie wechselseitig voreinander ihre wahren Präferenzen verbergen und der Preis durch eine Art Tatonnement zustande kommt. Die Tauschpartner tasten sich also an einen Gleichgewichtspreis heran, dem ihre individuelle Wertschätzung der beiden betrachteten Güter zugrunde liegt und dessen Ausdruck das jeweilige Angebot bzw. die Nachfrage ist. Dabei wird jeder der beiden Kontrahenten nach dem Tausch glauben, dass er sich in einer besseren Lage befindet als vor dem Tausch (eigentlich der Fall eines bilateralen Monopols mit keinen von vorneherein festlegbaren Lösungen). Wenn weitere Personen in den Tausch einbezogen sind, zeigte Turgot, dass deren Konkurrenz zu einem einheitlichen Preis auf dem Markt führte.

Die Konkurrenz würde die Unfähigen beseitigen. Überhaupt wies er der Konkurrenz eine tragende Rolle zu:

- Sie führe zusammen mit dem Selbstinteresse auf jedem Markt zum Gleichgewicht: „Es stellt sich eine Art Gleichgewicht ein zwischen dem Wert aller Produktionen dieser Erde, dem Konsum unterschiedlicher Arten von Lebensmitteln, den unterschiedlichen Arten an Arbeit, der Anzahl der dort arbeitenden Menschen und dem Preis ihrer Löhne“ (Turgot 1766, zitiert nach Alcouffe, Fraysse 1990, S. 106/107);

- Sie lege den Gewinn auf dem niedrigst möglichen Niveau fest;

- Sie führe zur (modern ausgedrückt) effizientesten Technik.

9.2.2 Das Gesetz der nicht-proportionalen Erträge bei Turgot

Turgot war sich darüber im Klaren, dass das Tableau Économique im Hinblick auf die darin eingetragenen Werte nicht als starres Schema mit festgelegten Wertverhältnissen interpretiert werden darf. Er sah im Tableau vor allem ein Instrument zur Veranschaulichung des Wirtschaftskreislaufes. Die Erträge können seiner Auffassung nach je nach der Qualität des Landes verschieden sein und stehen auch nicht in einem proportionalen Verhältnis zu den Vorauszahlungen, die in das Land „investiert“ wurden.

9.2.3 Turgots Auffassungen zum Produit Net

Bei diesem Punkt wird der Unterschied zu den Thesen von Quesnay besonders deutlich. Auch Turgot arbeitete mit einem Drei-Klassen-Schema: die produktive Klasse (Landarbeiter), die gedungene (besoldete) Klasse (Handwerker, Gewerbetreibende) und die verfügende Klasse (Eigentümer). Turgot veränderte als Konsequenz seiner historischen Sichtweise diese Struktur, da in der kommerziellen oder kapitalistischen Gesellschaft Kapital ins Spiel komme. Dies führe zu einer anderen Gesellschaftsstruktur: In den Klassen Landwirtschaft, Manufakturen und Handel wurde in Lohnarbeiter und Kapitalisten/Unternehmer unterschieden. Man bedenke dabei, dass Turgot ja in einer Zeit lebte, in der sich Frankreich von einer landwirtschaftlichen oft noch feudalen Ordnung in eine kommerziell-kapitalistisch geprägte Ordnung wandelte.

Turgot weitete den Begriff des Nettoertrages stark aus. Es gab bei ihm letztlich keinen Unterschied zwischen dem Einkommen der Landwirte und der Gewerbetreibenden. Turgot nahm mit seinem oben angedeuteten Zwei-Klassen-Schema bereits zukünftige Sektorunterteilungen vorweg. Aber auch bei Turgot war die Produktivität noch eine Güterproduktivität und noch nicht – wie bei Adam Smith – eine Wertproduktivität.

Die disponible Klasse sollte bei Turgot nicht müßig sein, sondern für Staat, Verwaltung, Militär, und andere Gemeinschaftsaufgaben herangezogen werden. Der als steril betrachteten Klasse der Händler sprach Turgot implizit eine produktive Wirkung zu.

Der Lohnsatz wurde bei ihm aufgrund des Wettbewerbes zwischen den Arbeitern längerfristig auf einen Subsistenzlohn gedrückt, der gerade eine Aufrechterhaltung ihrer Arbeitsfähigkeit beinhaltete. Dabei gehorchte die Verteilung nicht zeitlich invariablen Prinzipien. Dieses Akzeptieren eines historischen Wandels auch bei den Prinzipien der Verteilung, scheint mir eine wichtige Einsicht zu sein, die in späteren Theorien oftmals vernachlässigt wurde.

9.2.4 Die Zinstheorie von Turgot

Turgot stellte, modern ausgedrückt, eine Angebots- und Nachfragefunktion von Kapital, das verliehen werden soll, vor: „Der Preis setzt sich, wie der Preis aller Waren, durch die Verhandlung zwischen dem Verkäufer und dem Käufer fest, d.h. durch den Ausgleich von Angebot und Nachfrage."

Die ethisch-moralische Frage nach einer Berechtigung des Zinsnehmens wurde überhaupt nicht mehr gestellt bzw. zurückgewiesen. Turgot argumentierte gegen jede Regulierung des Zinses. Gemäß seinen Überlegungen zum Produit Net war der Boden für ihn nur noch eine bestimmte Form des Kapitals.

Turgot nannte fünf Arten, Kapital für sich arbeiten zu lassen:

- Investitionen („Beschäftigung von Kapital") in Form von Grunderwerb;
- Investitionen in Landwirtschaftsbetriebe;
- Investitionen in Produktionsbetriebe;
- Investitionen in Handelsbetriebe;
- Verleihen von Kapital für Produktion oder Konsumtion gegen Zins.

Die Zinsen für verliehenes Kapital stellten für Turgot dabei kein Produit Net im Sinne seiner güterwirtschaftlichen Auffassung dar. Sie sollten nicht besteuert werden. Die fünf genannten „Beschäftigungen von Kapital" hätten unterschiedliche Risiken und beanspruchten einen unterschiedlichen Arbeitsaufwand in der Einkommenserzielung. Turgot hatte, je nach der Art der Kapitalanlage, verschiedene Zinssätze im Auge, bereits ein sehr moderner, differenzierender Standpunkt. Was war nun die Rolle des Zinses bei Turgot? Dass der Zins als Preis die Knappheit von Kapital anzeigte, ist nach dem Obigen klar. Er sorge aber auch für die Aufteilung des Kapitals auf diejenigen Nachfrager, die aufgrund ihrer Kapitalverwendung einen höheren Zinssatz bezahlen können und habe damit einen unmittelbaren Einfluss auf das Volumen der Geschäftstätigkeit.

Turgot legte (wegen der Fundierung des Zinses auf Risiko und Gewinnaussicht) eine güterwirtschaftliche Zinstheorie vor. Bei ihm wird alle Ersparnis sofort wieder investiert. Dies wies aber letztlich bereits auf das Sparen als Voraussetzung für ein Wirtschaftswachstum hin, eine Auffassung, die Thesen der Klassik vorwegnahm.

9.2.5 Das Geld bei Turgot

Turgot stellte zunächst fest, dass jede Ware die Rolle einer Währung übernehmen könne. Umgekehrt sei damit jede Währung auch eine Ware. Im Rahmen dieser güterwirtschaftlichen Geldanalyse werde das Münzgeld selbst als Ware geschätzt.

Er vertrat drei Maximen: keine Staatsanleihen, keine höheren Steuern und kein Staatsbankrott.

Bezüglich der realwirtschaftlichen Wirkungen von Geldmengenveränderungen war bei Turgot eine gewisse Ambivalenz feststellbar. Einerseits erkannte Turgot, dass eine „Unordnung", die im Geldumlauf auftritt, zu einem sinkenden Niveau der ganzen Wirtschaft führe. Andererseits finden sich auch Ansätze einer „klassischen Dichotomie": Der Geldmaßstab ändere sich zwar bei einer Vermehrung oder Verminderung der Geldmenge, aber das Geld sei hier wie ein Schleier, was für ihn vor allem bei der Bestimmung des nicht-monetären Zinses eine Rolle spielte. Im Übrigen trat Turgot für die Schaffung des billig herstellbaren Papiergeldes ein.

9.2.6 Turgot als Geschichtsphilosoph

Auch wenn philosophische Überlegungen abseits des Zieles dieser Einführung liegen, muss doch zumindest kursorisch darauf hingewiesen werden, um den Menschen Turgot etwas besser charakterisieren zu können.

Turgots Konzept umfasste alle Epochen und Räume dieser Erde. Er setzte bei den Anfängen der Menschheit an und konnte so bereits die Antike als Ergebnis einer langen Entwicklung interpretieren. Er zielte also auf eine Universalgeschichte ab, bei der als notwendiges Prinzip der Fortschritt herrschte. Zentrale Figuren bei der Beförderung des Fortschritts waren für Turgot die Genies. Somit standen Turgots Überlegungen am Anfang einer systematischen Theorie des historischen Fortschritts.

Mehr zu den geschichtsphilosophischen Ideen Turgots bitte ich den daran interessierten Leser der Spezialliteratur zu entnehmen, insbesondere Johannes Rohbecks kenntnisreicher Einleitung zu: Turgot; Über die Fortschritte des menschlichen Geistes, 1990 (S. 7-87).

Im Übrigen sah Turgot keine Schwierigkeiten seine Gleichgewichtsanalyse historisch im Rahmen seiner Vier-Stufen-Theorie einzusetzen.

9.2.7 Turgots Stellung im Urteil der Nachwelt

Schlosser baute auf den Erkenntnissen Turgots auf und kam damit zu Ergebnissen, die denen von Smith ähnelten. Es ist nach dem bisher Gesagten erstaunlich, dass Oncken Turgot nur einen untergeordneten Platz in der Geschichte der Ökonomik einräumte.

Recktenwald bescheinigte ihm „seiner Zeit und selbst einer späteren Epoche weit voraus, in manchem zeitlos und modern“ (Recktenwald 1990, S. 6) zu sein. Schumpeter schrieb sogar: „Es ist nicht zu viel behauptet, wenn man sagt, dass die analytische Volkswirtschaftslehre innerhalb von zwanzig Jahren das Niveau hätte erreichen können, das sie erst nach hundert Jahren erlangte, wenn der Inhalt von Turgots Abhandlung richtig verstanden und von einer aufgeschlossenen Fachwelt absorbiert worden wäre“ (Schumpeter 1965, S. 320). Er sah Turgots „theoretisches Gerippe“ dem „Wealth of Nations“ deutlich überlegen.

Viele Autoren sahen in ihm einen Vorläufer der Forderungen der französischen Revolution. Marx bescheinigte ihm sogar, seine Wirtschaftspolitik habe die französische Revolution eingeleitet.

9.3 Die Klassik

9.3.1 Zur zeitlichen Einordnung der Klassik

Der Zeitraum, der die Publikationen der als „Klassiker" bezeichneten englischen Ökonomen umfasste, reicht in seiner üblichen Einteilung vom Ende des 18. Jahrhunderts (Smith) bis in die siebziger Jahre des 19. Jahrhunderts (Mill), also ein sehr langer Zeitraum. Die klassische Theorie war denn auch kein homogenes Gedankengebäude. Die Klassik begann gemäß obiger Auffassung genauer mit Adam Smith, und dabei insbesondere mit seinem „Wealth of Nations" (1776). Zur englischen Klassik gehörten dann noch Autoren wie David Ricardo (1772-1823), James Mill (1773-1836), Thomas Robert Malthus (1766-1834) und Robert Torrens (1780-1864). Detaillierter besprechen werde ich neben den unverzichtbaren Hauptvertretern Smith, Ricardo und Malthus noch einen bedeutenden späten Vertreter der englischen Klassik, nämlich John Stuart Mill, sowie die nichtenglischen klassischen Ökonomen Jean Baptiste Say und Johann Heinrich von Thünen.

Den Begriff „Klassik" für eine Gruppe von ökonomischen Autoren prägte Karl Marx, zunächst in seiner „Kritik der politischen Ökonomie" (Marx , Karl, Zur Kritik der Politischen Ökonomie, Berlin (Ost) 1972) mit einem Beginn um 1660 (mit dem „denkkühnen, aber grundfrivolen Armeechirurgus" Petty (S. 51, Fußnote) und Boisguilbert) und einem Ende (Ricardo, Sismondi) um 1820 und dann später in anderer Absicht im „Kapital", um von ihm anerkannte ältere Ökonomen von den zeitgenössischen „Vulgärökonomen" zu trennen. Zusätzliche Verwirrung bei der Verwendung dieses Begriffes stiftete das Vorgehen von Keynes, der aus noch zu besprechenden Gründen auch die Schule von Marshall unter die Klassiker rechnete.

Ich möchte hier eine einfache und halbwegs eindeutige Trennlinie vorschlagen: Die Klassik soll mit der neoklassischen „Revolution" enden, auch wenn eine tiefer schürfende Exegese klassischer Schriften bereits bei Adam Smith eine Erwähnung von Nutzenüberlegungen zu Tage fördern konnte. Daraus aber bereits auf einen Vorläufer oder gar auf ein frühes Mitglied der Grenznutzenschule zu schließen, halte ich für zu weitgehend und die Sachverhalte eher vernebelnd. Wenn man (später) weiß, wonach man in früheren Schriften suchen muss, findet man fast überall „Belege", die eine Einordnung in die zur Debatte stehende (spätere) Schule erlauben. Aber Bemerkungen und Zitate allein genügen gerade im Falle der Grenznutzenschule nicht: Es kommt auf den Stellenwert und insbesondere auf die daraus für das theoretische Gebäude eines Autors folgenden Konsequenzen der gefundenen Textstellen an, und deshalb kann man auch Smith beim besten Willen nicht zu den Grenznutzentheoretikern rechnen, ja nicht einmal zu deren Vorläufern.

Ähnlich kann man auch bei Theoretikern vor Adam Smith vereinzelt bereits klassisches Ideengut entdecken, ohne dass man sie den Klassikern zurechnen sollte. Hier nochmals mein (konservativer und nicht origineller) Vorschlag: Die Klassik begann mit dem „Wealth of Nations" (1776) von Adam Smith und endete mit dem Beginn der Grenznutzenschule.

Dass auch die Einteilung, die ich hier vorschlage, ja der Begriff „klassische Schule" in der Ökonomik überhaupt, nicht unwidersprochen blieb, wird z.B. deutlich an der Auffassung von Jürg Niehans, die dieser anlässlich einer Thünen-Vorlesung äußerte: Es gebe keine analytischen Doktrinen, durch die sich eine „klassische Schule" von anderen gleichzeitigen Schulen unterscheiden lasse. Er folgerte: „Eine klassische oder neoklassische Schule der Nationalökonomie gibt es nicht" (Niehans 1989, S. 13). Für Niehans ist der Begriff „Klassik" in der Ökonomik keine Bezeichnung für eine Schule, sondern ein „Gütezeichen" von Theorien bzw. Theoretikern, eine Auffassung, der ich mich aufgrund der doch erkennbaren Charakteristika der klassischen Schule gegenüber anderen Theorierichtungen aber nicht anschließen kann.

Daten zur Orientierung für England in der Epoche der Industriellen Revolution und in der ersten Hälfte des 19. Jahrhunderts

Eine sehr folgenreiche gesellschaftliche, soziale und ökonomische Entwicklung fand in England zwischen ca. 1760 und 1830 statt: Die (erste) industriellen Revolution.

Warum die Bezeichnung ERSTE industrielle Revolution? In der Literatur werden zuweilen, nicht ohne Willkür, drei (oft mehr) industrielle Revolutionen unterschieden:

- Die 1. (und eigentliche, hier zu behandelnde) industrielle Revolution: Dampfmaschine als Leitmotiv;

- Eine 2. industrielle Revolution ca. 1880-1890: Elektrizität;

- Eine 3. industrielle Revolution: Elektronik.

Die Einschätzung solcher Einteilungen kann meines Erachtens mit der berühmt-berüchtigten „Festlegung“ von Kondratieff-Zyklen verglichen werden: Je nach Vorgehensweise und insbesondere dahinter stehenden Auffassungen kann man eine unterschiedliche Anzahl derartiger Zyklen (bzw. in unserem Falle industrieller Revolutionen, hier gibt es im Bedarfsfalle auch noch durch die Eisenbahn und die Chemie ausgelöste Revolutionen) „entdecken“.

1733: John Kay erfand das „fliegende Weberschiffchen“, das die Produktivität in der Weberei deutlich erhöhte;

Ab 1735: Erzeugung von Roheisen mit Koks statt mit Holzkohle durch Darby Jr.;

1739: Krieg mit Spanien wegen handelspolitischen Spannungen;

1754-1763: Kolonialkrieg mit Frankreich. Im Pariser Frieden 1763 Erwerb von großem Kolonialbesitz in Nordamerika und Indien;

1760: England hatte mit Schottland zusammen eine geschätzte Bevölkerung von ca. 7 Millionen, eine durchschnittliche Lebenserwartung von 35 Jahren, die vor allem durch die große Kindersterblichkeit zustande kam und 1,5 Millionen Menschen, die als „unnütze Arme" galten;

Um 1764: James Hargreaves erfand die erste mechanische Spinnmaschine (Spinning Jenny), die sich wegen ihrer geringen Anschaffungskosten vor allem auch im Heimgewerbe verbreitete;

1765-1776: James Watt entwickelte die doppelt wirkende Dampfmaschine, die das Problem einer wirtschaftlichen Nutzung der Dampfkraft löste. Siegeszug ab 1776;

1769: Richard Arkwright ließ eine erheblich verbesserte mechanische Spinnmaschine (water-frame) patentieren. Sie war die Grundlage des rasch wachsenden Fabrikbetriebes in der mechanischen Baumwollspinnerei;

1773: Beginn des Unabhängigkeitskrieges der nordamerikanischen Kolonien: „Boston Tea Party";

1775-1783: Nordamerikanischer Unabhängigkeitskrieg;

1785: Erste Spinnerei mit Dampfmaschinenantrieb;

1793-1815: Steigende Getreidepreise und als Folge Nahrungs- und Wirtschaftskrisen;

1795: Unangemeldete Veranstaltungen von mehr als 50 Personen wurden verboten;

1799/1800: Combination Acts: Verbot von politischen Vereinigun-

	gen und Gewerkschaften;
1800:	Robert Owen führte in seiner Spinnerei in New Lanark soziale Reformen durch;
1801:	Volkszählung in England, Wales und Schottland. Ergebnis: 10,5 Millionen Einwohner, davon arbeiteten 35 % in der Landwirtschaft;
	Vereinigung von Großbritannien und Irland;
1802:	„Morals and Health of Apprentices Act“ (Kinderschutzgesetz): Arbeitszeitbegrenzung auf 12 Stunden, Verbot der Nachtarbeit; Das Gesetz zeigte aber wenig Wirkung, weil wirksame Kontrollen fehlten;
1805:	Englischer Seesieg bei Trafalgar;
1806-1813:	Kontinentalsperre Napoleons;
1807:	Gesetzliches Verbot des Sklavenhandels;
1809:	Handelsvertrag mit Nordamerika.

Obwohl gegen Ende des 18. Jahrhunderts Maschinen in England bereits verbreitet waren (so gab es in England 1788 bereits 142 Textilfabriken), setzten die meisten Unternehmen die neuen Erfindungen nur langsam um. Auch wenn die ausländische Konkurrenz aufholte, erfolgte die Verbreitung auf dem Kontinent doch teilweise erst erheblich später. Der Einsatz der Dampfmaschine wurde zwar 1765 interessant, als James Watt ein besonders wirtschaftlich arbeitendes Modell patentieren ließ. Aber Watt war nicht der erste. Bereits 1712 baute Thomas Newcomen eine Dampfmaschine, die in Wolverhampton Wasser aus einer Kohlenmine pumpte.

In der Textilindustrie folgte eine Neuerung der anderen. So wurde die Spinning Jenny patentiert, die mit mehreren Spindeln gleichzeitig arbeiten konnte. Dadurch sank der Preis für Baumwolltuch zwischen

1780 und 1850 um 85 %. Dabei setzten sich alle diese Erfindungen nicht schlagartig durch. Das Produktivitätswachstum war mit insgesamt ca. 0,2 % Wachstum eher bescheiden.

Interessant ist die Frage, warum die (erste) industrielle Revolution gerade in England begann. Natürlich kann in einer Einführung auch nicht annähernd versucht werden, eine umfassende, zufrieden stellende Antwort auf diese komplexe Frage zu geben. Aber einige Gedankensplitter dazu sollen doch angemerkt werden:

- Das Land war nicht durch Kriege verwüstet und die Bevölkerung dadurch nicht demoralisiert worden. Alle großen Kriege fanden auf dem Kontinent statt;

- Aufgrund der gesundheitlichen Fortschritte gab es ein starkes Bevölkerungswachstum;

- Aus den Kolonien kamen Rohstoffe ins Land;

- In der zweiten Hälfte des 18. Jahrhunderts wurden viele Erfindungen gemacht;

- Es existierte eine fruchtbare Zusammenarbeit von Erfindern und risikofreudigen Unternehmern;

- Es wurde früh ein Patentrecht eingerichtet, das den Erfindern die Früchte ihrer Arbeit sicherte;

- Es wurden Finanzierungsinstrumente und die Kapitalmärkte ausgebaut;

- Waldarmut und Knappheit guter Böden einerseits, Reichtum an Bodenschätzen andererseits;

- Erschließung neuer Märkte in Amerika, Afrika, Indien und dem fernen Osten. Von 1780 bis 1820 wuchs der britische Außenhandel jährlich um 4 bis 5 %.

Noch interessanter ist aber die Frage, welche Auswirkungen diese erste industrielle Revolution hatte. Generell kann man feststellen: Durch die industrielle Revolution wurde die Kontinuität der vorindustriellen Welt unterbrochen, es fand eine außerordentlich starke Wandlung von Wirtschaft und Gesellschaft statt. Von da aus nahm dann die wirtschaftlich-technische Kultur des 19. Jahrhunderts ihren Ausgang.

- Zunächst wurde damit die lange Vorherrschaft der Landwirtschaft bei der Produktion beendet;

- Zudem wurde dadurch die Welt in arme und reiche Nationen aufgespaltet;

- Die industrielle Revolution griff „revolutionär“ in die Einkommensverhältnisse ein;

- In England lösten die neuen Industriellen die Landbesitzer in der Rolle der reichsten Bürger ab;

- Mit der wirtschaftlichen Nutzung der Dampfmaschine intensivierte sich die interregionale Durchdringung der Märkte. Die Transportkosten reduzierten sich sehr stark. Lokale Monopolstellungen wurden dadurch aufgelöst;

- Die Märkte weiteten sich generell stark aus, mit der Folge, dass die Arbeitsteilung vorangetrieben werden konnte. Die Produktionsorte rückten durch die niedrigeren Transportkosten näher zusammen.

Der „Kaufherr“, der Rohstoffe beschaffte, die handwerkliche Verarbeitung organisierte und für den Absatz sorgte, wurde durch die Figur des „Fabrikherren“ abgelöst.

Wichtig wurde jetzt in den Fabriken die Arbeitszerlegung. Die Fabrikproduktion wurde dadurch „entpersonalisiert“, d.h. es gab nicht mehr den mittelalterlichen Bezug des Arbeitenden zu seinem Produkt.

1811-1813: Ludditen (Maschinenstürmer) zerstörten Maschinen;

1815: Um dem nach der Aufhebung der Kontinentalsperre eintretenden Preisverfall für Getreide entgegen zu wirken, wurden Getreidezölle erhoben;

1816: Aufhebung der 1799 eingeführten Einkommensteuer;

1819: Einlösungspflicht der Bank of England für ihre Noten;

1820: Einrichtung der „Manchester Chamber of Commerce“;

1823: Erste Lokomotivwerkstatt in Newcastle;

1824: Aufhebung der Combination Acts von 1799/1800. Gewerkschaften wurden wieder zugelassen;

1825: Aufhebung sämtlicher lokaler Zölle zur Förderung des Binnenhandels; Inbetriebnahme der ersten Dampfeisenbahn von Darlington nach Stockton (27 Meilen);

1830: Eröffnung der Eisenbahnstrecke Liverpool-Manchester, die ein kommerzieller Erfolg wurde;

1833: Die Noten der Bank of England wurden zum gesetzlichen Zahlungsmittel (Bank Charter Act);

Der „Factory Act“ begrenzte die Arbeitszeit für Kinder und Jugendliche in der Textilindustrie. Verbot von Kinderarbeit unter 9 Jahren, von 9-13 Jahren achtstündige, von 13-18 Jahren zwölfstündige tägliche Arbeitszeit. Einsetzung von Fabrikinspektoren;

1834: Inkrafttreten der Sklavenbefreiung im britischen Empire;

Armengesetz („Poor Law Amendment Act“); Es hob die bisherigen Lohnsubventionen für Arme auf, für Arbeitsfähige wurden Arbeitshäuser eingerichtet, jede Form der

	Armenunterstützung außerhalb der Armenhäuser wurde untersagt;
1836:	Die Gründung der „Working Men's Association" in London wurde zum Neubeginn der Arbeiterbewegung;
1837/1838:	Wachstumskrise;
1838:	Der Baumwollfabrikant Richard Cobden gründete Vereine zur Durchsetzung des Freihandels;
1840:	Zusammenschluss dieser Vereine zur „Anti-Corn-Law-League" gegen die Getreidezollgesetze;
	Die erste Briefmarke der Welt (One-Penny) erschien;
1842:	Die 1816 aufgehobene Einkommensteuer wurde wieder eingeführt;
1843:	Aufhebung des Exportverbotes für Maschinen;
1844:	Peel'sche Bankakte. Die Bank of England wurde Zentralnotenbank;
1845:	Drei Jahre andauernde Hungersnot in Irland;
1846:	Die Getreidezölle wurden abgeschafft;
1848:	Der „Public Health Act" zentralisierte das Gesundheitswesen;
1849:	Aufhebung der Navigationsakte von 1651;
1850:	London hatte etwa 2,5 Millionen Einwohner;
	Ab ca. 1850 wurde der Eisenbahnbau der zweite große Führungssektor der Industrialisierung.

Charakteristika der sozialen und philosophischen Gegebenheiten für England in der Epoche der industriellen Revolution und in der ersten Hälfte des 19. Jahrhunderts

- Die Arbeitsumstände änderten sich mit der industriellen Revolution für die meisten Unselbständigen dramatisch. Das Pamphlet „Friendly advice to the poor“ (schon früh 1755 im Auftrag der Behörden von Manchester verfasst) war hierfür ein eindeutiger und aussagekräftiger Beleg: Teetisch, Kirmes und Festtage seien „widerwärtige Vertilger von Zeit und Geld“ (Seifert 1988, S. 25);

- Insgesamt wurde eine exakte Zeitdisziplin nicht nur aus arbeitstechnischen Gründen gefordert sondern auch unter moralischem Aspekt gelobt. Wie weit war man hier bereits vom mittelalterlichen Denken entfernt!

Die Uhr war für die industrielle Revolution eine ähnlich wichtige Erfindung wie die Dampfmaschine. Entscheidend kam dazu, dass man nun kleine flachere, transportable Uhren erfand. Damit ließ sich die neue Zeitauffassung allgemein auch auf individueller Ebene durchsetzen. Die Vorstellung der Zeit als einer Zeit Gottes wurde endgültig abgelöst von der neuen Zeitauffassung. Die Zeit wurde genauso teilbar wie das Geld. Die Idee eines wirtschaftlichen Gebrauchs der jetzt teilbaren und von natürlichen Zyklen freien Zeit wurde nahe liegend.

„Insgesamt kann man die Frühphase der Industrialisierung u. a. durchaus als einen fortwährenden Kampf zwischen Arbeitern und Fabrikeignern charakterisieren, den die Arbeiter gegen die neue Zeitstruktur führten, indem sie sich mit ihren tradierten Lebens- und Arbeitsgewohnheiten gegen die Linearisierung von menschlicher Betätigung wehrten...“ (Seifert 1988, S. 26/27).

„Auch die Schule wurde zu einer Institution genutzt, die an den sparsamen Umgang mit der Zeit gewöhnen sollte“ (Seifert 1988, S. 26). Man wollte einen „zuverlässigen“ Menschen produzieren, und zwar nahtlos über seinen ganzen Lebenszyklus hinweg von den Armenschulen bis zu den Industriehäusern.

- Um die Zahl der Beschäftigten zu erhöhen, wurde bereits gegen Ende des 17. Jahrhunderts eine große Zahl von Arbeitshäusern auf kommerzieller Grundlage gegründet. Zusätzlich versuchte man noch, ausländische Fachkräfte anzuwerben;

- Trotz einer sehr ungleichen Einkommens- und Vermögensverteilung war zur Zeit der industriellen Revolution ein beachtlicher Wohlstand vorhanden. Er gründete sich auf Schifffahrt, Ertragssteigerungen in der Landwirtschaft sowie interkontinentalen Handel mit Tee, Kaffee, Tabak, Zucker, Kakao und Menschen. Die Vorlieben der oberen Gesellschaftsschichten waren Müßiggang und Genuss. Es bildete sich ein wohlhabender Mittelstand von Manufakturbetreibern, Bankiers, Händlern, der vom Aristokratentum nicht nur die wirtschaftliche sondern auch die politische Macht forderte. Gleichzeitig stieg in diesen Kreisen das Interesse und damit die Nachfrage nach den schönen Künsten und nach Bildung;

- Aufgrund der stark erweiterten Produktion mit jetzt anonymen Marktbeziehungen und anonymen Kunden in verschiedenen Orten traten die früheren traditionellen individuellen Produzenten-Käufer-Beziehungen mehr und mehr zurück;

- In England und Frankreich wurde die theologische Vergangenheit endgültig abgestreift: Säkularisation;

- Das Denken wurde von den neuen Formen des Empirismus und Positivismus beeinflusst;

- Die Armut nahm erschreckend zu;

- Die Arbeitsbedingungen verschlechterten sich zunehmend. Es gab fast keinen wirksamen gesetzlichen Schutz für Arbeiter;

- Eine schulische Erziehung blieb fast ausschließlich den Reichen vorbehalten;

- Die Wohnverhältnisse warfen zunehmend Hygieneprobleme auf;

- Ein eigentümliches europäisches, auch englisches, Phänomen war das Bürgertum, das sich in der ersten Hälfte des 19. Jahrhunderts als Mittelschicht zwischen einer Oberschicht (Adel) und einer Unterschicht (abhängige Arbeiter) entwickelte.

Die Entstehung dieses Bürgertums war von verschiedenen Faktoren abhängig, so unter anderem:

- Es gründete sich auf Eigentum, Unabhängigkeit, Lebensstil, Familie, Beruf und Bildung;

- Es entstand in den Städten;

- Es gab dabei ein West-Ost-Gefälle: das Bürgertum war am stärksten in England, am schwächsten in Russland.

In England entstand wegen der Primogenitur die Gentry, die Geschwister der adeligen Erstgeborenen, die eine nichtadelige Mittelschicht bildeten, aber mit Adeligen verwandt waren. Daher gab es in England großbürgerliche Lebensformen auch auf dem Land.

Für den typischen Bürger selbst war eine manuelle Arbeit unwürdig. Er war Arbeitgeber, und sei es nur für eine Reihe von Hausangestellten. Macht gab den Bürgern vor allem ihr Geld, sie waren die besten und oft auch die einzigen Steuerzahler. Zur bürgerlichen Lebenskultur gehörten als (zumindest nach außen propagierte) Richtlinien: Sparsamkeit ohne unziemlichen Luxus, Fleiß, Ordnungsliebe, Treue und Ehrbarkeit.

9.3.2 Adam Smith (1723 – 1790)

Vita von Smith

1723:	Adam Smith wurde als einziges Kind eines Beamten der Zollbehörde im schottischen Kirkcaldy (damals ca. 2000 Einwohner) in der Nähe von Edinburgh geboren. Sein Vater starb vor der Geburt seines Sohnes. Vielleicht dadurch hatte Adam zeitlebens ein sehr enges und gutes Verhältnis zu seiner Mutter;
um 1730-1737:	Besuch der Burgh-Schule in Kirkcaldy;
1737-1740:	Smith studierte (mit 14 Jahren) am College von Glasgow Mathematik, Sprachen und Philosophie; Zu dieser Zeit übten auf ihn den stärksten geistigen Einfluss die Professoren Dunlop (Graecist), Simson (Mathematik) und vor allem Francis Hutcheson aus;
1740:	Smith bekam das Snell-Stipendium am Balliol-College der Universität Oxford;
1740-1746:	Studium an der Universität Oxford (lateinische und griechische Klassiker); Angeblich erwischte man ihn bei der Lektüre des verbotenen „Treatise of Human Nature“ von Hume, was ihm einen strengen Verweis eintrug;
1744:	Smith erhielt vom Balliol-College den akademischen Grad des „Bachelor of Arts“;
1746-1748:	Smith lebte wieder bei seiner Mutter in Kirkcaldy;
Ab 1748:	Smith hielt in Edinburgh öffentliche Vorträge über englische Literatur, Rhetorik, Geschichte der Astronomie, Logik, die Entstehung von Sprachen und

	Rechtswissenschaften und schließlich Soziologie und politische Ökonomie;
1750:	Smith wurde zum Professor für Logik am College von Glasgow, eine der fortschrittlichsten Lehranstalten im ganzen Vereinigten Königreich, berufen, damals Zentrum der schottischen Aufklärungsbewegung. Er trat dieses Amt 1751 an. Er musste zwar das calvinistische Bekenntnis unterschreiben, durfte aber Vorlesungen ohne einleitendes Gebet halten. Zu seiner Lehre (und Forschung) gehörten: Geschichte, Philosophie, Soziologie, Sprache, Volkskunde, Recht und Volkswirtschaftslehre;
1752:	Wechsel auf den vakanten Lehrstuhl für Moralphilosophie. Er hatte diesen Lehrstuhl 12 Jahre lang, wobei er sich sehr intensiv und engagiert um seine Studenten kümmerte. Er war 6 Jahre lang College-Quaestor und in seinen letzten Glasgower Jahren Dean of Faculty und stellvertretender Rektor. Smith war sehr beliebt und wurde berühmt. Viele Studenten kamen aus dem Ausland, um ihn zu hören. Buchhändler verkauften sogar Stuckbüsten von ihm. Smith war regelmäßiger Besucher dreier Clubs, unter anderem des Political Economy Clubs;
1755:	Laut Anikin (1990, S. 86) soll Smith im „Political Economy Club“ eine Vorlesung gehalten haben, in der er einige seiner wichtigsten ökonomischen Erkenntnisse zum ersten Mal geäußert haben soll. Douglas Stewart, ein erster Biograph, war noch im Besitz des Manuskripts. Jetzt ist es trotz intensiver Recherchen leider verschwunden;
1759:	Veröffentlichung der ersten Fassung des Buches „The Theory of Moral Sentiments“;

1764-1766:	Smith trat als Privatlehrer und Reisebegleiter mit seinem Zögling, dem jungen Herzog von Buccleuch, eine zwei Jahre dauernde Frankreichreise an. Er traf dabei unter anderen Voltaire in Genf, Diderot, d'Alembert, Helvetius, Turgot, Du Pont de Nemours und auch das Haupt der „Sekte" der Physiokraten, François Quesnay, der damals schon über 70 Jahre alt war. Nach der Rückkehr nach Schottland ermöglichte es eine lebenslange Rente des Herzogs von Buccleuch, dass Smith das Leben eines Privatgelehrten führen konnte;
	Umzug nach London; Treffen mit Benjamin Franklin;
1767-1772:	In Kirkcaldy Arbeit am „Wealth of Nations";
1773:	Aufnahme in die Royal Society;
1773-1776:	Berater der Regierung in London;
1776:	Veröffentlichung seines zweibändigen Hauptwerkes: „An Inquiry into the Nature and Causes of the Wealth of Nations", das sofort einen großen Erfolg hatte. Die erste Auflage war innerhalb von 6 Monaten vergriffen;
	Tod von David Hume, den Smith als größten Philosophen seiner Zeit bewunderte, auch wenn er nicht in allen Fragen mit ihm übereinstimmte, und mit dem er seit langem befreundet war;
	Erste deutsche Übersetzung: „Untersuchung über die Natur und die Ursachen des Wohlstandes der Nationen";
1777:	Zollkommissar für Schottland; Smith nahm diesen Posten sehr ernst und ging (wie aus Briefen hervor-

	ging) gegen Tee- und Branntweinschmuggler rigoros vor;
1777/1778:	Erscheinen der zweiten Auflage des „Wealth of Nations“;
1784:	Tod der Mutter in ihrem neunzigsten Lebensjahr;
	Erscheinen der dritten Auflage des „Wealth of Nations“;
1787:	Wahl zum Lord Rektor der Universität von Glasgow;
1790:	Tod in Edinburgh mit 67 Jahren.

Smith lebte bis zum Tod seiner Mutter bei ihr. Er blieb zeitlebens Junggeselle. Als Smith sein Ende nahen fühlte, bat er seine Freunde Black und Hutton seine Papiere bis auf wenige Ausnahmen zu verbrennen. Auch dies wirft ein bezeichnendes Licht auf den Charakter von Smith und seine Bescheidenheit.

Smith stand dem Geschäftsleben und seinen Usancen ausgesprochen kritisch gegenüber, ein Sachverhalt, der bei seiner Vulgärrezeption zumeist unterschlagen wird: „Kaufleute sind nämlich immer schnell bei der Hand, darüber zu klagen, dass die Geschäfte schlecht gehen“ (Smith 1982, S. 79) und: „Sie schweigen einfach über die verwerflichen Folgen der eigenen Vorteile und klagen immer nur über die anderen Leute“ (Smith 1982, S. 85), oder noch schärfer: „Geschäftsleute des gleichen Gewerbes kommen selten selbst zu Festen und zur Zerstreuung, zusammen, ohne dass das Gespräch in einer Verschwörung gegen die Öffentlichkeit endet oder irgendein Plan ausgeheckt wird, wie man die Preise erhöhen kann“ (Smith 1982, S. 112) und es finden sich noch viele ähnliche Zitatstellen.

Trotz seiner großen Bedeutung und vieler guter Biographien über ihn (Douglas Stewart, der Smith noch persönlich kannte, John Rac, Jacob Viner, William Robert Scott) klaffen in der Vita von Adam Smith noch bis heute Lücken und existieren Anekdoten über ihn, die historisch nicht belegbar sind, so z.B., dass er als dreijähriger Junge kurzfristig von Zigeunern entführt worden sei, dass er völlig geistesabwesend 15 Meilen gelaufen sei, bis er wieder zu sich kam (Heilbroner 1960, S. 44/45) etc.

Smith war ein zartes Kind. Ihm wurde auch für seine späteren Lebensjahre eine Art Geistesabwesenheit und Zerstreutheit nachgesagt, gepaart mit einer Neigung zu Selbstgesprächen. Smith war sehr gebildet, insbesondere auch in Bezug auf die lateinischen und griechischen Klassiker, und kannte sich auch in der Kunst sehr gut aus. Er hatte vor, eine Abhandlung über den Ursprung der Sprachen und eine Kulturgeschichte zu schreiben. Leider ist es nicht mehr dazu gekommen.

Smith besaß eine umfangreiche, gut sortierte Bibliothek von ungefähr 3000 Bänden. Er sammelte kostbare Ausgaben von Klassikern, man würde ihn heute als bibliophil bezeichnen. Neben seiner Mutter waren Smith seine Freunde sehr wichtig. Sein engster Freund wurde David Hume, der, wie er schrieb, „bei weitem berühmteste Philosoph und Historiker unserer Zeit“. Er kannte den Maler Joshua Reynolds, James Watt und William Pitt. Smith war außer gegenüber seinen Freunden ein eher verschlossener Mensch, der sich in großen Gesellschaften unwohl fühlte. Er hatte sein ganzes Leben lang anonym für wohltätige Zwecke gespendet, so dass er bei seinem Ableben nur ein bescheidenes Vermögen hinterließ.

Smith war sicher kein Atheist, man kann ihn am besten als einen Deisten charakterisieren, der die Existenz eines allwissenden höheren Wesens anerkannte, das aber dem Menschen genügend Raum ließe, sein Schicksal selbst zu gestalten. Gegen die Institution der Kirchen war er allerdings kritisch eingestellt, so z.B. gegen die Bettelmönche und die Errichtung der „Römischen Kirche“.

Werke von Smith

„Lectures on Rhetoric and Belles Lettres" (1748, hrsg.: 1963);

„The Theory of Moral Sentiments" (1759);

„Lectures on Jurisprudence" (1766, Mitschriften von Studenten, hrsg.: 1978);

„An Inquiry into the Nature and Causes of the Wealth of Nations" (1776, mehrere Auflagen und Übersetzungen, viele Wiederherausgaben). Smith arbeitete an diesem Werk 14 Jahre (Recktenwald 1986, S. 25);

Um einen Eindruck von der Vielfalt der Themen zu gewinnen, die dieses Werk ansprach, und auch, um den Umfang der jeweiligen Teile in etwa gegeneinander abschätzen zu können, seien im Folgenden die fünf Bücher des „Wealth of Nations" mit ihren Seitenzahlen und ihren jeweiligen Kapiteln aufgeführt (die Überschriften und die Seitenzahlen sind der Übersetzung von Recktenwald 1982 entnommen):

1. Buch: **Was die produktiven Kräfte der Arbeit verbessert und nach welcher natürlichen Ordnung sich ihr Ertrag auf die einzelnen Schichten der Bevölkerung verteilt** (223 Seiten, ca. 28 % des Werkes)

1. Kapitel: Die Arbeitsteilung

2. Kapitel: Das Prinzip, das der Arbeitsteilung zugrunde liegt

3. Kapitel: Die Größe des Marktes – eine Grenze für die Arbeitsteilung

4. Kapitel: Ursprung und Gebrauch des Geldes

5. Kapitel:	Der Real- und Nominalpreis der Güter oder ihr Arbeits- und ihr Geldwert
6. Kapitel:	Die Bestandteile der Güterpreise
7. Kapitel:	Der natürliche Preis und der Marktpreis der Güter
8. Kapitel:	Der Lohn der Arbeit
9. Kapitel:	Der Kapitalgewinn
10. Kapitel:	Lohn und Gewinn bei verschiedener Verwendung der Arbeit und des Kapitals
11. Kapitel:	Die Bodenrente
2. Buch:	**Natur, Ansammlung und Einsatz des Kapitals** (80 Seiten, ca. 10 % des Werkes)
1. Kapitel:	Die Zusammensetzung des Kapitalbestandes
2. Kapitel:	Geld als ein besonderer Bestandteil der Kapitalanlagen eines Landes oder der Aufwand zur Erhaltung des Volksvermögens
3. Kapitel:	Bildung von Kapital oder produktive und unproduktive Arbeit
4. Kapitel:	Kapitalverleih gegen Zins
5. Kapitel:	Verschiedene Verwendung der Kapitalien
3. Buch:	**Die unterschiedliche Zunahme des Wohlstandes in einzelnen Ländern** (33 Seiten, ca. 4 % des Werkes)
1. Kapitel:	Das natürliche Wachstum des Wohlstandes

2. Kapitel: Die Behinderung der Landwirtschaft

3. Kapitel: Gründung und Wachstum der Städte nach dem Untergang des Römischen Reiches

4. Kapitel: Wie der Handel der Städte zur Entwicklung des Landes beigetragen hat

4. Buch: Systeme der Politischen Ökonomie (236 Seiten, ca. 29 % des Werkes)

1. Kapitel: Grundsätze des Handels- oder Merkantilsystems

2. Kapitel: Einfuhrbeschränkungen für ausländische Güter, die im Lande selbst hergestellt werden können

3. Kapitel: Außerordentliche Einfuhrbeschränkungen für fast alle Güter aus Ländern, gegenüber denen die Handelsbilanz angeblich nachteilig ist

4. Kapitel: Rückvergütungen

5. Kapitel: Prämien

6. Kapitel: Handelsverträge

7. Kapitel: Kolonien

8. Kapitel: Schlussbemerkungen zum Merkantilismus

9. Kapitel: Agrarsysteme oder solche Systeme der Politischen Ökonomie, die im Bodenertrag die einzige oder die Hauptquelle für Einkommen und Wohlstand eines Landes sehen

5. Buch: Die Finanzen des Landesherrn oder des Staates (232 Seiten, ca. 29 % des Werkes)

1. Kapitel: Die öffentlichen Ausgaben

2. Kapitel: Die Quellen der allgemeinen oder öffentlichen Einnahmen eines Landes

3. Kapitel: Staatsschulden.

Explizit hingewiesen werden soll auf die bereits im Titel dieses Buches angesprochene Zuordnung des Untersuchungsobjektes: Es interessierte der Reichtum des Volkes (der Nation), also der Bürger, und nicht mehr nur der Reichtum des Staates, also des Adels und des Klerus. „Die Politische Ökonomie beschäftigt sich also mit der Frage, wie man Wohlstand und Reichtum des Volkes und des Staates erhöhen kann" (Smith 1982, S. 347).

„Account of the Life and Writings of David Hume" (1777);

„Thoughts of the State of the Contest with America" (1778);

Smith beabsichtigte, wie schon erwähnt und in einem Brief an den Herzog von Rochefoucauld geschrieben, noch zwei weitere große Werke zu schreiben: eine Art Geschichte aller verschiedenen Literaturzweige, der Philosophie und eine Art Theorie der Rechtsgeschichte und der Regierungen.

Einige Fragmente der ersten Arbeit wurden posthum 1795 als „Essays on Philosophical Subjects" veröffentlicht.

„Essays on Philosophical Subjects" (1795);

Diese Essays enthielten:

„The Principles which Lead and Direct Enquiries illustrated by the History of Astronomy";

„The Principles which Lead and Direct Enquiries illustrated by the History of the Ancient Physics";

„The Principles which Lead and Direct Enquiries illustrated by the History of the Ancient Logic and Metaphysics”;

„Of the External Senses”;

„Of the Nature of that Imitation which takes place in what we called the Imitative Arts”;

„Of the Affinity between certain English and Italian Verses”;

„Review of Johnson’s Dictionary” (1755 Edinburgh Review);

„Letter to the Authors” (1756 Edinburgh Review);

„Preface and Dedication” to William Hamilton’s „Poems on Several Occasions” (1748, 1758);

„Lectures on Justice, Police, Revenue and Arms“ (1896);

Lobend hervorzuheben ist in diesem Zusammenhang die „Glasgow-Edition“ seiner Schriften, die als komplette Zusammenstellung einen sehr guten Überblick über seine Schriften (Bücher, Briefe, Mitschriften seiner Vorlesungen, Essays) erlaubt.

Der „Wealth of Nations“ entstammte ursprünglich den Glasgower Vorlesungen von Smith und stellte den vierten und letzten Teil seines Kurses dar. Vorausgegangen seien (Tribe 1999, S. 612) die Teile: Theologie, Ethik und Gerechtigkeit. Während über den ersten Teil kein Material vorhanden ist, war der Teil über Ethik die Grundlage seiner „The Theory of Moral Sentiments“. Der dritte Teil über „Justice“ überlebte nur in Form der zwei studentischen Mitschriften (1978). Schwierig wird die Rekonstruktion des gesamten Werkes von Smith durch die von ihm angeordnete Zerstörung vieler Manuskripte vor seinem Tod.

Die Schriften von Smith waren pragmatisch, lebendig, hervorragend formuliert, gut verständlich, oft fast umgangssprachlich, teilweise etwas emotional und, ein persönliches Werturteil, deshalb äußerst vergnüglich zu lesen. Gemäß der Tradition der schottischen Aufklärung waren sie neben ihrer empirischen Ausrichtung aber durchaus auch kritisch. Sein gut lesbarer und verständlicher Stil war sicherlich mit verantwortlich für die immense Verbreitung seiner Werke. Dazu kamen eine gute Beobachtungsgabe und ein enormes historisches Wissen.

Smith sprach, wie der obigen Gliederung zu entnehmen ist, allein in seinem Werk „Wealth of Nations“ so viele Themen und Probleme an (z.B. als Ökonom, Sozial- und Militärhistoriker, Soziologe, Geschichtsphilosoph), die uns auch heute in modernerem Gewand noch beschäftigen, dass ich die Lektüre dieses Buches auch für heutige Ökonomen gerne zur Pflichtlektüre machen würde.

Um zu zeigen, wie weit gespannt die Überlegungen von Smith waren, sei ein zunächst etwas abseitig klingendes Beispiel herangezogen (Smith 1982, S. 588 ff), das aber den Vorteil hat, nochmals die historische Sicht bei Smith herauszustellen und – noch wichtiger – einen Eindruck davon zu geben, warum das Buch von Smith einen solch enormen Erfolg schon bei seinen Zeitgenossen hatte.

Während in früheren Entwicklungsstufen die Völker sich auf gleicher Stufe befanden und damit auch die Kriege zwischen Völkern auf gleicher Entwicklungsstufe stattfanden, träfe dies für die neuere Zeit nicht mehr zu.

Jetzt stünden sich „zivilisierte“ und „barbarische“ Völker gegenüber: Dies verändere die Situation grundlegend. Man könne nämlich davon ausgehen, dass in den barbarischen Völkern soldatische Tugenden hochgehalten würden, und die reicheren zivilisierten Länder eine schwächere Wehrgesinnung hätten. Die zivilisierten Nationen stünden damit vor dem Problem: Sie müssten ihre Wehrkraft steigern, sonst würde wegen potentiellen Invasoren der Zivilisationsprozess selbst gestoppt werden.

Bei der Diskussion um die Kriegs- bzw. Verteidigungsbereitschaft sprach Smith die folgenden Problemkreise an:

(1) Die Zahl der zur Verfügung stehenden Soldaten;

(2) Die Kriegstüchtigkeit der Soldaten;

(3) Die Kosten einer Armee für die Gesellschaft;

(4) Die gesellschaftliche Anerkennung der Kriegstätigkeit.

Genauer: Während bei der Stufe 1 (Jäger und Sammler) die Kriegstüchtigkeit aufgrund ihrer täglichen Verrichtungen umfassend gegeben sei, sei aber die Zahl der möglichen Kombattanten gering. Daher gehe unter diesem Aspekt keine Gefahr von einem Volk auf dieser Stufe für zivilisierte Nationen aus.

Etwas anders sei die Situation bereits bei den Hirtenvölkern der Stufe 2. Auch hier sei eine generelle Kriegstüchtigkeit gegeben, aber die Zahl der möglichen Soldaten sei hier größer.

Auch bei der dritten Stufe (Ackerbauer) sei die Wehrfähigkeit generell gegeben, aber für die permanente Einübung ihrer militärischen Fähigkeiten fehle den Ackerbauern bereits die notwendige Zeit.

In weiter fortgeschrittenen Gesellschaften könnten dagegen die Soldaten im Felde, die zum Großteil den unteren Schichten entstammten, ihren eigenen Unterhalt immer weniger selbst bestreiten. Zudem könne man in diesen Gesellschaften, als Alternative zu dem Ruhm als Soldat, Anerkennung auch auf finanziellem und geschäftlichem Gebiet erlangen.

Als Fazit forderte Smith für diesen entwickelten Gesellschaftstyp deshalb, dass ein wachsender Teil der Staatsausgaben für die Landesverteidigung auszugeben sei (trotz der Gefahren für die Staatsverschuldung). Dabei diskutierte Smith auch die (zuweilen heute noch kontroversielle) Frage, ob man besser ein stehendes Berufsheer oder eine Bürgermiliz einrichten solle. Smith entschied diesen Konflikt letztlich wegen der Folgen der Arbeitsteilung und der Verteidigungsgesinnung zugunsten eines stehenden Berufsheeres. Dabei sah Smith, wiederum sehr modern, durchaus auch die Gefahren eines solchen

Berufsheeres für den Staat und seine Verfassung. Die ausgewogenen, pragmatischen Argumente von Smith bestechen in diesem Zusammenhang wieder einmal durch ihre Zeitlosigkeit und vorurteilfreie, aber realistische Einschätzung der Institutionen. So bestünde z.B. seiner Meinung nach die Gefahr, dass die im Kriegsfalle leichter durchsetzbaren Steuern später nicht mehr zurückgenommen werden würden.

Smith verwendete induktive und deduktive Methoden, wobei sich diese beiden Erklärungsprinzipien wechselseitig ablösten.

Sein Menschenbild bezog sich nicht auf einen „idealen", noch zu formenden Menschen, sondern auf den Menschen, wie er ihn vorfand, mit all seinen Stärken und Schwächen. Auch wenn Smith die Newtonschen Methoden schätzte, kann man ihn nicht als einen „Mechanisten" abtun. Die prinzipielle Offenheit der von ihm dargelegten Prozesse wäre nicht vereinbar mit einem mechanistischen Paradigma. Er verwendete keine mathematischen Methoden.

Bezogen auf einen berühmten behaupteten Widerspruch zwischen dem Smith der „Theory of Moral Sentiments" und dem Smith des „Wealth of Nations" wurde 1898 (von August Oncken) das so genannte „Adam-Smith-Problem" aufgeworfen, das seither immer wieder durch die Dogmengeschichte geistert. Es besagt, das Menschenbild im „Wealth of Nations" sei durch Selbstinteresse geprägt, das in der „Theory of Moral Sentiments" durch „Sympathie". Meiner Meinung nach existiert kein solches Problem. Die Auffassungen von Smith bezüglich der menschlichen Aktivitäten in der Gesellschaft, wie sie in der „Theory of Moral Sentiments" dargelegt wurden, durchziehen auch den „Wealth of Nations".

Zudem waren der „Wealth of Nations" und die „Theory of Moral Sentiments", wie man jetzt weiß, ohnehin Teile eines größer angelegten Werkes, das Smith in den abschließenden Bemerkungen der „Theory of Moral Sentiments" wie folgt ankündigte: „Ich werde in einer anderen Abhandlung eine Vorstellung der allgemeinen Prinzipien des Rechtes und der Regierung zu geben versuchen, sowie der verschiedenen Umwälzungen, die sie in den verschiedenen Zeitaltern und Epochen der Gesellschaft durchgemacht haben, und zwar nicht nur insofern es sich um die Gerechtigkeit (oder Rechtspflege) handelt, sondern auch was Verwaltung, Staatseinkünfte und Militärwesen, und alle sonstigen Gegenstände der Gesetzgebung anbelangt."

Smith plante, wie erwähnt, ja neben dem „Wealth of Nations" und der „Theory of Moral Sentiments" noch eine dritte Arbeit über „Jurisprudence", die sein theoretisches Gebäude abschließen sollte. Dieses Werk wurde nie geschrieben (siehe die studentischen Mitschriften). Bei der Gesamtbeurteilung des Systems von Smith müsste es aber eigentlich stets mitgedacht werden. Erst nach gründlicher Analyse des beabsichtigten Gesamtwerkes könnte man, wenn überhaupt, über ein „Adam-Smith-Problem" nachdenken. Nochmals meine Meinung: Alle die genannten verschiedenen Disziplinen und Ansatzpunkte waren Facetten einer konsistenten, umfassenden Weltsicht.

9.3.2.1 Die bei Smith zugrunde liegende Philosophie und Psychologie

Die entscheidende Frage für den Moralphilosophen Smith war: Wie und wodurch wird die zivilisierte menschliche Gesellschaft zusammengehalten? Die Moral wurde in diesem Zusammenhang als ein gesellschaftliches Problem behandelt. Der Ausdruck „moral sentiments" im Titel seines Buches bezog sich auf die Beziehungen zwischen Menschen in einer Gesellschaft. Smith suchte wie sein Freund Hume nach einer innerweltlichen Ethik. Im Gegensatz zu Hume konnte sich Smith aber eine Welt ohne ein göttliches Wirken nicht vorstellen.

Im Werk „The Theory of Moral Sentiments" vertrat Smith diesbezüglich die Auffassung, moralische Billigung bzw. Missbilligung sei letztlich ein Ausdruck der „Sympathie" oder Antipathie, die ein fiktiver und unvoreingenommener Betrachter empfinde. Raphael (1985, S. 14) bezeichnet diese Sympathie als den eigentlichen Kitt der Gesellschaft. Es bedürfe für den menschlichen Zusammenhalt keines mächtigen Staates, der die menschlichen Leidenschaften bezähme. Der Mensch setze seinen Leidenschaften im Allgemeinen selbst Schranken. Die menschliche Eigenschaft, Unrecht vermeiden zu wollen, schränke den Egoismus ein.

Gleich im ersten Satz der „Theory“ schrieb Smith: „Wie selbstsüchtig auch immer der Mensch eingeschätzt werden mag, so liegen doch offensichtlich bestimmte Grundveranlagungen in seiner Natur, die ihn am Schicksal anderer Anteil nehmen und ihm die Anteilnahme an deren Glück notwendig werden lassen, obwohl er keinen anderen Vorteil daraus zieht als das Vergnügen, Zeuge davon zu sein“ (Smith 1949, S. 25).

Dieses Mitgefühl (fellow feeling) nannte Smith „Sympathie”. Der Mensch könne sich dabei mit Hilfe seiner Vorstellungskraft in die Lage eines anderen Menschen versetzen und ihn dadurch letztlich auch verstehen. Man versuche auch sich selbst mit den Augen eines anderen zu sehen. Also als ein idealer, gedachter, unparteiischer Zuschauer.

Recktenwald erläuterte „sympathy“ wie folgt: „Sympathy explains man’s faculty of socialisation and is based on both subrational sentiments (located between reason and the elementary instincts) and the ideal and real spectator, the latter being a personification of the conscience. Both are moral judgements of right and wrong according to the reactions of gratitude and resentment to benefit and harm, respectively, under full or restricted information” (Recktenwald 1978, S. 64). Zwischenfazit: Die Sympathie bei Smith diente dazu, das Wesen des moralischen Urteils, von Zustimmung und Ablehnung, zu erklären.

Laut Smith unterlag das menschliche Verhalten damit folgenden Einflüssen:

(1) Im Menschen selbst der Sympathie mit ihrer Fähigkeit, sich in einen anderen Menschen und dessen Gefühle hinein zu versetzen;

(2) Der Existenz eines unparteiischen Beobachters außerhalb, quasi eine Art gesellschaftliches Über-Ich;

(3) Der Neigung der Menschen zum Tauschen und Handeln.

Von einem schrankenlosen Egoismus, wie ihn Vulgärinterpreten von Smith immer wieder konstatierten, also keine Spur.

Smith war überzeugt davon, dass es dem Menschen angeboren sei, die eigenen Lebensumstände immer wieder verbessern zu wollen.

Die menschliche Natur sei zwar „self-interested" aber nicht „selfish". Recktenwald sprach von einem „geläuterten und kontrollierten Eigeninteresse der Menschen (Recktenwald 1982, S. XIII). Dem stehe nicht entgegen, dass jedes Individuum stark an sich selbst und seinem Wohlergehen interessiert sei. Und dieses Bemühen würde auch den produktiven Entwicklungskräften eines Landes nützen. Allerdings wurde ein Zuviel an Selbstinteresse von Smith genauso missbilligt wie ein Zuwenig, das zu Faulheit führe. Das Eigeninteresse sei subrational zwischen Vernunft und Instinkt angesiedelt (Recktenwald 1986, S. 7).

Das Bemühen um das eigene Wohlergehen kann also laut Smith durchaus entarten: Deshalb müssten ZUSÄTZLICH allgemeine Regeln für ein ethisches Verhalten existieren, denen sich der Einzelne unterwerfen müsse. Die aus diesem Grund aufgestellten Gesetze müssten beachtet und überwacht werden und im Zweifel sogar mit Zwang durchgesetzt werden.

Ein wohlverstandenes Selbstinteresse war für Smith also ein nötiger und auch ethisch korrekter Motor der Entwicklung (allerdings eingeschränkt durch individuelle und generelle Regeln (Gesetze), wofür eine staatliche Institution nötig sei). Hinzu kam noch die positive Rolle der Konkurrenz, die umso wichtiger würde, je größer und damit unpersönlicher die betrachtete Gesellschaft sei.

Nötig für deren Wirken sei ein Abbau von Beschränkungen: „Gibt man daher alle Systeme der Begünstigung und Beschränkung auf, so stellt sich ganz von selbst das einsichtige und einfache System der natürlichen Freiheit her. Solange der einzelne nicht die Gesetze verletzt, lässt man ihm völlige Freiheit, damit er das eigene Interesse auf seine Weise verfolgen kann" (Smith 1982, S. 582).

Ohne sein Zutun verfolge der Einzelne, wie von einer „unsichtbaren Hand“ gelenkt, das Gesamtinteresse der Gesellschaft. Es ging Smith in seinem „Wohlstand der Nationen“ letztlich also auch um die positiven Wirkungen eigeninteressierten Handelns.

Hier will ich kurz einhalten, und die Leistung von Smith unter einem anderen Blickwinkel würdigen: Smith konnte theoretisch untermauern, WIE die scheinbar unendliche und verwirrende Vielfalt anonymer Märkte, Kunden und Produzenten, noch dazu an verschiedenen Orten, koordiniert wurde, so dass am Ende das ökonomische Problem einer effizienten Versorgung der gesamten Gesellschaft gelöst wurde. Eine großartige Leistung, in bestechender Manier durchgeführt. Die dahinter stehende Idee der Wirkung des Marktmechanismus, der bei flexiblen Preisen und trotz des Eigennutzes der Marktteilnehmer durch Konkurrenzdruck die Produktion effizient und bedürfnisgerecht steuert, die Preise auf die Kosten drückt, die Zahl der Anbieter in den jeweiligen Branchen reguliert, und dies alles ohne einen zugrunde liegenden Gesamtplan, war so überzeugend, dass sie in ihren Grundzügen mit Modifikationen bis heute die ökonomischen Lehrbücher dominiert.

Die berühmte unsichtbare Hand war dabei der bildliche Ausdruck, um zu umschreiben, dass aus den unbeabsichtigten individuellen Handlungen als positive Konsequenz eine wohlstandsfördernde soziale Ordnung resultieren könne.

Der Ausdruck „unsichtbare Hand“ kam in den Werken von Smith zweimal vor:

- Einmal in der „Theory of Moral Sentiments“ (Smith 1949, S. 231),

- und dann im „Wealth of Nations“ (Smith 1982, S. 371) im Zusammenhang mit der Erklärung, warum Importrestriktionen in der Kapitalverwendung unnötig sind: „Und er wird in diesem, wie auch in vielen anderen Fällen von einer unsichtbaren Hand geleitet, um einen Zweck zu fördern, den zu erfüllen er in keiner Weise beabsichtigt hat“ (Smith 1982, S. 371) und er schloss dann unzweideutig an: „Alle, die jemals vorgaben, ihre Geschäfte dienten dem Wohl der Allgemeinheit, haben meines Wissens niemals etwas Gutes getan“ (Smith 1982, S. 371).

Die zugrunde liegende Grundidee unbeabsichtigter positiver Wirkungen individueller Handlungen, hier ausgedrückt durch die unsichtbare Hand, war nicht zum ersten Mal bei Smith aufgetaucht. Man denke nur an den bereits behandelten Bernard Mandeville. Die Philosophen der schottischen Aufklärung wiesen allerdings Mandevilles Gleichsetzung von Selbstinteresse mit Gier zurück.

Das Konzept der unsichtbaren Hand beruht laut Vaughn (1987, S. 998) auf drei logischen Schritten:

(1) Menschliche Tätigkeiten führen oft zu unbeabsichtigten und unvorhergesehenen Konsequenzen;

(2) Die Summe dieser unbeabsichtigten Konsequenzen über eine große Summe von Individuen oder eine lange Zeitspanne, gegeben die richtigen Begleitumstände (also Freiheit, Märkte, Geld, Arbeitsteilung, alles in einem evolutionären Prozess entstanden), resultieren in einer Ordnung, die für die Menschen verständlich ist und so erscheint, als wäre es das Resultat einer intelligenten Planung;

(3) Das erreichte Gesamtergebnis steigert die Wohlfahrt aller Teilnehmer.

Der Reichtum der Nationen basierte bei Smith somit nicht auf exakten staatlichen Planungen, sondern auf der Freiheit der Menschen zu tauschen, sich zu spezialisieren und damit die Märkte zu erweitern. Zudem beruhten Wohlfahrtssteigerungen bei ihm nicht auf dem Wohlwollen der Einzelnen, sondern auf ihrer Eigenliebe, allerdings in einem System freien Austausches.

Hierzu muss das berühmte Zitat aufgeführt werden: „Nicht vom Wohlwollen des Metzgers, Brauers und Bäckers erwarten wir das, was wir zum Essen brauchen, sondern davon, dass sie ihre eigenen Interessen wahrnehmen. Wir wenden uns nicht an ihre Menschen- sondern an ihre Eigenliebe, und wir erwähnen nicht die eigenen Bedürfnisse, sondern sprechen von ihrem Vorteil" (Smith 1982, S. 17).

Adam Smith zog also andere Schlüsse aus der Nichtübereinstimmung der Interessen der Individuen und der Gesellschaft als z.B. Hobbes. Er betrachtete den Markt als ein Instrument, mittels dem die Individuen zum Gelingen des menschlichen Zusammenlebens beitragen. Sehr schön beschreiben dies Faber und Manstetten: „Das Wohl der Gemeinschaft, verstanden als Wohlstand jedes einzelnen, wird weder durch eine unmittelbare naturgemäße Ausrichtung jedes einzelnen auf dieses Wohl (im Sinne des Aristoteles), noch durch eine gewaltsame Zähmung der Bestrebungen der Individuen (wie Hobbes sie vorsah), sondern (falls bestimmte Rahmenbedingungen erfüllt sind) gerade durch den Egoismus eines jeden einzelnen gewährleistet. Es ist dies allerdings nicht der rücksichtslose, zerstörerische Egoismus, der die Menschennatur bei Hobbes im „Krieg aller gegen alle" kennzeichnet, sondern Egoismus als das reflektierte Eigeninteresse von Individuen, die wissen, dass sie zur Befriedigung ihrer Bedürfnisse nach Besitz und Ansehen essentiell auf andere angewiesen sind" (Faber, Manstetten 1988, S. 109).

„Unbelastet von moralischen Vorschriften, nur der „Schwerkraft" ihrer „natürlichen Leidenschaften" folgend, stellen Menschen in ihrem Wirtschaften eine Ordnung her, gleich jener der Planeten, die die Harmonie des Sonnensystems jederzeit verwirklichen, ohne sie zu beabsichtigen, nur aufgrund der Gesetze der Schwerkraft. Diese Ethik, paradox formuliert, eine Ethik ohne Ethik, könnte man als eine Ethik des Gewährenlassens bezeichnen" (Faber, Manstetten 1988, S. 109).

Und weiter: „Nicht die Menschen, wie sie sein sollen, sondern die Menschen, wie sie nun einmal sind, haben die notwendigen Eigenschaften, die für ein gutes Leben erforderlich sind. All das gilt nicht uneingeschränkt für das gesamte Gemeinwesen, für das Smith sehr wohl die Notwendigkeit ethischer Normen anerkennt, es gilt nur für eine Sphäre innerhalb dieses Gemeinwesens, und zwar für diejenige, die sich vor allem durch die „Ethik des Gewährenlassens" auszeichnet: dabei handelt es sich um den Markt mit den auf ihm stattfindenden Interaktionen“ (Faber, Manstetten 1988, S. 110).

Bei Ötsch (1993) wird das System von Smith wie folgt charakterisiert:

- Ein sozialphysikalisches Modell, wo die Kräfte des Marktes analog zu Kräften in einem mechanischen System beschrieben werden;

- Ein wohlwollender Gott hat das Universum geschaffen und durch die Naturgesetze reguliert;

- Die unsichtbare Hand mit ihren optimalen Eigenschaften ist letztlich das Ergebnis dieser von Gott geschaffenen Ordnung.

Aber: Bei Smith diente die Analogie zu Newton als heuristische, aber nicht als methodische Analogie.

9.3.2.2. Die zentrale Rolle der Arbeitsteilung bei Smith

Smith unterschied explizit drei Produktionsfaktoren, nämlich Arbeit, Kapital und Boden.

Er schrieb aber in der „Einführung und Plan des Werkes“ zum „Wealth of Nations“ gleich zu Anfang den Satz: „Die jährliche Arbeit eines Volkes ist die Quelle, aus der es ursprünglich mit allen notwendigen und angenehmen Dingen des Lebens versorgt wird, die es im Jahr über verbraucht“ (Smith 1982, S. 3).

Die Arbeitsteilung (und zwar (auch) innerhalb eines Betriebes), die „zwangsläufig, wenn auch langsam und schrittweise, aus einer natürlichen Neigung des Menschen zu handeln und Dinge gegeneinander auszutauschen“ (Smith 1982, S. 16) entstünde, spielte in der Argumentation von Smith eine zentrale Rolle für die Entwicklung des Wohlstandes einer Nation. Dies zeigte sich nicht nur daran, dass Smith das 1. Kapitel seines 1. Buches im „Wealth of Nations“ damit eröffnete: „Die Arbeitsteilung dürfte die produktiven Kräfte der Arbeit mehr als alles andere fördern und verbessern" (Smith 1982, S. 9). Sie war bei ihm quasi der Motor der Entwicklung, wobei der technische Fortschritt einbezogen wurde, und stieße erst dort an ihre Grenzen, wo der Markt nicht mehr ausgeweitet werden könne.

Dabei stellte Smith das Können der Arbeitenden nicht als naturgegeben dar, sondern als Folge der Arbeitsteilung: „Talente, welche erwachsene Menschen unterschiedlicher Berufe auszuzeichnen scheinen, sind meist mehr Folge als Ursache der Arbeitsteilung" (Smith 1982, S. 18).

Ein von ihm gegebenes Beispiel, aus einer Stecknadelmanufaktur entnommen, wurde berühmt: Ein einzelner Arbeiter könne an einem Tag, selbst wenn er fleißig sei, höchstens eine, sicherlich aber keine 20 Nadeln herstellen. Zehn Arbeiter, bei denen jeder auf bestimmte Arbeitsgänge des Produktionsprozesses spezialisiert sei, könnten täglich 48.000 Nadeln produzieren (Smith 1982, S. 10).

Smith legte sich bei der Ermittlung der Produktivität auf die menschliche Arbeit, die die Quelle allen Reichtums sei, fest. Damit setzte er sich in Gegensatz zu den Merkantilisten mit ihrer Heraushebung des Handels als Reichtumsquelle und in Gegensatz zu den Physiokraten mit ihrer alleinigen Betonung der Natur. Je höher ein Land entwickelt sei, umso weiter sei die Spezialisierung fortgeschritten, und damit auch der Wissensstand.

Ein größeres Wirtschaftswachstum setze konsequent eine stärkere Arbeitsteilung und damit einen größeren Markt voraus, wozu auch der Außenhandel beitrüge, der „einen weiten Markt für den Absatz jeder Art öffnet".

Die Arbeitsteilung bewirkte bei Adam Smith:

- Eine Steigerung des Pro-Kopf-Einkommens;
- Zusätzliche Gewinne aus der Spezialisierung;
- Neue Produktionsverfahren und Produkte;
- Zahlung höherer Löhne.

Smith zeichnete insbesondere auch eindrucksvoll nach, wie die Arbeitsteilung gegenseitige Abhängigkeiten in der Gesellschaft nach sich zieht. Hier setzte auch einer seiner Kritikpunkte am Merkantilsystem an. Der merkantilistisch-absolutistische Staat nütze die Vorteile der internationalen Arbeitsteilung nicht aus.

Lange vor der Einführung der Fließbandarbeit sah Smith aber bereits prophetisch die Schattenseiten einer zu weit getriebenen Arbeitsteilung: „Entseelung“ und „Monotonie“, die zu einer geistigen Verkümmerung der Arbeiter führen könne: „Jemand, der tagtäglich nur wenige einfache Handgriffe ausführt, die zudem immer das gleiche oder ein ähnliches Ergebnis haben, hat keinerlei Gelegenheit, seinen Verstand zu üben… So ist es ganz natürlich, dass er verlernt, seinen Verstand zu gebrauchen, und so stumpfsinnig und einfältig wird, wie ein menschliches Wesen nur eben werden kann… Ein solch monotones Dasein erstickt jeden Unternehmungsgeist… Selbst seine körperliche Tüchtigkeit wird beeinträchtigt…“ (Smith 1982, S. 662).

Hier schwang bei dem klassisch geschulten Smith fast so etwas wie eine antike Sorge um eine Ausbreitung des Banausentums mit. Als Konsequenz empfahl er eine allgemeine Schulpflicht auch für Frauen, also eine Art Volksbildung für alle.

9.3.2.3 Die Einstellung von Smith zu Markt und Staat

Das Spannungsfeld zwischen individueller Freiheit und sozialer Ordnung war für Smith eines seiner wichtigsten Themen. Smith resümierte, dass wenn man alle staatlichen Beschränkungen aufheben würde, sich eine freie und gerechte Gesellschaft von selbst einstellen würde. Er charakterisierte sein politisches System im „Wealth of Nations“ ziemlich allgemein als „natural system of perfect liberty and justice“ bzw. „the liberal plan of equality, liberty, and justice“.

Smith wandte sich dabei nicht generell gegen Staatseingriffe, war also kein „radikaler Liberaler“, der gegen jede Form von Staatstätigkeit war, sondern er war nur gegen bestimmte Staatseingriffe. Smith wies dem Staat durchaus eine wichtige Rolle auch für das Wirtschaftsleben zu, und zwar bei den Aufgaben, die von Privaten nicht oder nicht hinreichend gut erfüllt werden könnten. Der Staat habe die Aufgabe, dem Markt durch die Justiz seine Spielregeln zu setzen und zudem einige öffentliche Güter bereit zu stellen: Verteidigung, Verkehrswege, innere Sicherheit, Bildung. Schädlich seien Eingriffe des Staates bei der Steuerung der Produktion, denn dies könne der Markt viel besser. „Der einzelne vermag ganz offensichtlich aus seiner Kenntnis der örtlichen Verhältnisse weit besser zu beurteilen, als es irgendein Staatsmann oder Gesetzgeber für ihn tun kann, welcher Erwerbszweig im Lande für den Einsatz seines Kapitals geeignet ist und welcher einen Ertrag abwirft, der den höchsten Wertzuwachs verspricht" (Smith 1982, S. 371).

Man muss bei Smith also unterscheiden zwischen seinen (zumeist negativen) Meinungen zu staatlichen Eingriffen in das laufende Wirtschaftsgeschehen (in den Marktmechanismus) und seiner (positiven) Meinung zur Existenz eines Staates überhaupt mit genau definierten Aufgaben: Landesverteidigung, Justiz und ausführende Organe, Verkehrseinrichtungen, Nachrichteneinrichtungen, Bildungswesen, Gesundheitswesen, Versorgungsbetriebe, Geld- und Münzwesen. Hier war er, unter Berücksichtigung der externen Effekte für die Allgemeinheit, der Meinung, man solle diese Bereiche dem Staat überlassen.

Abgeschafft werden sollte nicht der Staat, wohl aber eine Reihe von wohlfahrtshemmenden Gesetzen, wie z.B. Barrieren bei Kauf und Tausch, bei Vererbung und Schenkung. Zudem votierte Smith für eine Abschaffung des Zunftzwanges und privater Monopole. Er wollte eine freie Berufswahl und einen freien Handel ermöglichen, und war daher für die Abschaffung aller Gesetze, die diese einschränkten („Armengesetze" und „Ausbildungsgesetze für Lehrlinge", Abschaffung von in- und ausländischen Handelsschranken). Grundsätzlich schmälere jede gruppenspezifische Interessenpolitik den allgemeinen Wohlstand, eine Erkenntnis, die mir in heutiger Zeit aktueller denn je erscheint.

Allerdings schlug Smith in einigen Fällen, und dies spricht für seine praktische, ideologiefreie Position, sogar explizit begrenzte staatliche Interventionen vor. So z.B. Gütestempel zum Schutz der Konsumenten (heute bezüglich einer Kennzeichnungspflicht für Nahrungsmittel verwirklicht). Er akzeptierte in Ausnahmefällen sogar zeitlich begrenzte Monopole: Patente, Urheberrechte, Handelsmonopole im risikoreichen Fernhandel. Trotz seines Eintretens für Handelsfreiheit erlaubte er in allerdings bezüglich ihrer Vor- und Nachteile für die Gesamtwirtschaft streng geprüften Fällen sogar Einfuhrzölle und Exportverbote. Im Übrigen dämme der Markt mit seinem Wettbewerb Machtpositionen ein. Wo der Markt nichts ausrichten könne (Marktversagen), wie bei den öffentlichen Gütern und Monopolstellungen, sei der Staat gefordert. „In heutiger Terminologie könnte man sagen, dass Smith für einen „schlanken Staat" eintritt" (Rothschild 2004, S. 43). Nachdenkenswert ist folgende Warnung von Smith: „Große Nationen werden niemals durch private, doch bisweilen durch öffentliche Verschwendung und Misswirtschaft ruiniert. In den meisten Ländern werden nämlich alle oder nahezu alle öffentlichen Einnahmen dazu verwendet, um unproduktive Leute zu unterhalten" (Smith 1982, S. 282).

Auch wenn sich Smith mit politischen Strukturen beschäftigte und mit den Prinzipien, wie die Institutionen öffentliche Güter finanzieren sollten, brachte er keine Analyse des politischen Verhaltens (public choice). Es lassen sich auch Ansätze zu (gerade heutzutage dringend notwendigen) Theorien für ein Staatsversagen aus seinem Werk entnehmen.

Gemäß der üblichen Einteilung der Staatsaufgaben in der moderneren Finanzwissenschaft: Allokation, Distribution, Stabilisierung, gehörten die Überlegungen von Smith im Wesentlichen zum ersten Punkt: Allokation.

Alle Institutionen, wenn sie effizient und gerecht arbeiten sollen, müssten positive und negative Anreize (incentives und disincentives) einrichten (Belohnungen für Erfolg und Strafen für Misserfolg). Der Einbau dieser positiven und negativen Anreize sei sehr wichtig. Fehlten sie, würden die Ziele „Effizienz" und „Gerechtigkeit" in ihr Gegenteil verkehrt.

Smith hatte im Übrigen bereits (berechtigte!) Bedenken, dass öffentliche Institutionen Selbstzwecke entwickeln könnten und sich damit von ihren eigentlichen Zwecken und den Bedürfnissen der Nutzer entfernten. Smith war, wie an mehreren Stellen seines „Wealth of Nations" nachzulesen ist, skeptisch gegenüber den Politikern, die er als „geschickt, listenreich und schlau" charakterisierte, nicht hingegen gegenüber dem „Gesetzgeber", den er grundsätzlich positiv skizzierte.

Freihandel ohne staatliche Restriktionen würde über den Mechanismus von Angebot und Nachfrage die Produktion und den Verbrauch regulieren, und sei für beide Partner, wenn auch nicht immer im gleichen Ausmaß, grundsätzlich vorteilhaft. Zudem vergrößere der Freihandel den Markt, und: je größer der Markt, umso größer die Arbeitsteilung.

Zünfte seien Barrieren für eine freie Wirtschaftsordnung: „Der Vorwand, Zünfte seien notwendig, um ein Gewerbe besser zu überwachen und zu lenken, entbehrt jeder Grundlage. Die wirkliche und wirksame Aufsicht über einen Handwerker übt nicht seine Zunft sondern seine Kunden aus" (Smith 1982, S. 113). 1776 genauso aktuell wie 2005!

Aber Smith sah auch mögliche Schattenseiten eines freien Marktes, vor allem in Bezug auf die Arbeitsbedingungen. Er riet sogar zur Gründung von Gewerkschaften. Zeitlos scheint mir sein Misstrauen gegenüber einem vernunftgeleiteten Verhalten von Politikern zu sein, fehlten hier ja (man wäre heute geneigt zu sagen: „meistens") Wettbewerb, Risiko und ein das Fehlverhalten bestrafender Markt.

Smith stellte in seinem 5. Buch „Die Finanzen des Landesherrn oder des Staates" „vier allgemeine Grundregeln" der Besteuerung auf: Er forderte vom Steuersystem eines guten Staates, dass es verlässlich, praktikabel, gerecht (gleiche Lasten für gleiche Belastbarkeiten) und wirtschaftlich in der Erhebung sei. Er trat für eine allgemeine Steuerpflicht ein, präferierte dabei aber die (regressiv wirkenden) Verbrauchssteuern.

Smith war strikt gegen eine Schuldenmacherei des Staates, weil dies die anleihenfinanzierten privaten Investitionen behindere, eine Thematik, die von der neueren Makroökonomik unter der Überschrift „Crowding Out“ aufgenommen wurde. Er verurteilte einen bewusst herbeigeführten Staatsbankrott, und mehr noch einen gezielten Währungsverfall, um die staatlichen Verpflichtungen zu erleichtern.

9.3.2.4 Die Wert- und Preislehre von Adam Smith

Das Austauschverhältnis zweier Waren hänge von den Herstellungskosten ab, und außerdem von der Nützlichkeit. Ein wichtiger Gesichtspunkt dabei sei die Knappheit: Wasser sei deshalb billig, weil es häufig vorkomme, Diamanten hingegen teuer, weil sie knapp seien. Auf Dauer würden allerdings die Produktionskosten den Tauschwert bestimmen.

Für den Austausch der Waren fand Smith als invariables, exaktes und „allgemeingültiges“ Wertmaß die Arbeitsmengen, und zwar bei der Herstellung die Menge an „embodied labour“, bei der Arbeitsmenge, über die man durch eigene Arbeit am Markt verfügen könne, die „commanded labour“. Smith erwähnte dabei auch die Probleme, die durch die verschiedenen Typen (Qualitäten) von Arbeit beim Vergleich entstünden.

In seiner ersten primitiven Entwicklungsstufe der Jäger und Sammler wurde für die Tauschwertmessung nur die bei der Erstellung (Erbringung) der Ware notwendige Arbeit als Wertmaßstab herangezogen (Smith 1982, S. 42). Die „embodied labour“ entspräche der „commanded labour“. Entscheidend sei, dass in dieser primitiven Entwicklungsstufe Kapital und Boden keine Rolle spielten, und damit auch nicht anteilig den Tauschwerten hinzugefügt werden müssten. In dieser ersten Entwicklungsstufe könne man damit die Werte mit den Arbeitswerten gleichsetzen.

Der explizite Bezug auf die Entwicklungsstufe der Jäger und Sammler ist deshalb von Belang, weil Smith stets die Geschichtlichkeit der Institutionen und Entwicklungsstufen betonte. Eine einfache

Verallgemeinerung seiner Kostentheorie zu einer Arbeitswertlehre widersprach seinem hoch entwickelten historischen Verständnis. „Nur auf der untersten Entwicklungsstufe gehört der gesamte Ertrag der Arbeit dem Arbeiter“ (Smith 1982, S. 42). Bei den höheren Stufen müssten auch Kapital und Boden entlohnt werden.

In einer Geldwirtschaft würden die Tauschwerte in Geldpreisen gemessen. Smith unterschied hier folgerichtig zwischen Nominal- und Realwerten. Da der Geldwert aber schwanke, zog Smith als stabileren Wertmesser die Arbeit heran, die als stabiles Wertmaß die realen Einkommen zeitunabhängig zu berechnen erlaube.

Smith unterschied weiter zwischen einem Marktpreis und einem „natürlichen Preis“. Ersterer bilde sich kurzfristig, durchaus geprägt von Zufällen, aus Angebot und Nachfrage, zweiterer beinhalte die Produktionskosten (Lohn, Gewinn, Rente): „Eine Ware wird dann zu dem verkauft, was man als ihren natürlichen Preis bezeichnet, wenn der Preis genau dem Betrag entspricht, der ausreicht, um nach den natürlichen Sätzen die Grundrente, den Arbeitslohn und den Kapitalgewinn zu bezahlen, welche anfallen, wenn das Produkt erzeugt, verarbeitet und zum Markt gebracht wird“ (Smith 1982, S. 48/49). „… der natürliche Preis ist gleichsam der zentrale, auf den die Preise aller Güter ständig hinstreben“ (Smith 1982, S. 51). Wichtig war nun, wie sich der (aus der jeweiligen Situation entstandene) aktuelle Marktpreis langfristig zu seinem natürlichen Preis, dem Kostenpreis, verhielte. Die Lösung war: Die Konkurrenz sorge dafür, dass der Marktpreis längerfristig mit dem natürlichen Preis übereinstimme. Moderner ausgedrückt: Die Konkurrenz drücke den Marktpreis auf die durch die Produktionskosten determinierte Preisuntergrenze, den „auf längere Sicht tiefsten Preis“, zu dem der Anbieter noch anbieten wird. Ein Gleichgewicht wäre dann erreicht, wenn alle Waren zu ihrem natürlichen Preis verkauft würden, und auch jeder Produktionsfaktor seinen natürlichen Preis erhielte.

Allerdings sah Smith Hindernisse auf dem Weg zu diesem Gesamtgleichgewicht: Wettbewerbshemmnisse, keine Freizügigkeit bei den Produktionsfaktoren, Monopole, Staatseingriffe, Zünfte, keine freie Wahl der Beschäftigung. Zum Monopol kann man lesen: „Der Monopolist versorgt nämlich den Markt ständig mangelhaft und befriedigt die effektive Nachfrage niemals ganz, so dass er seine Ware weit über dem natürlichen Preis verkaufen kann, wodurch seine Einkünfte, ob Lohn oder Gewinn, beträchtlich über die natürliche Höhe steigen" (Smith 1982, S. 54).

Die Marktpreise hatten im System von Smith also eine geringere, weil nur vorübergehende, Bedeutung als die natürlichen Preise. Unter dem Gesichtspunkt der die Reproduktion verkörpernden natürlichen Preise sind die aktuellen Marktpreise eigentlich nur Störungen, denn letztlich tendiere das System immer wieder auf die natürlichen Preise zu.

Kontroversiell wird in der Dogmengeschichte immer noch diskutiert, ob Smith ein früher Arbeitswerttheoretiker war oder nicht (siehe auch die obigen Bemerkungen). Gefördert wurde die Debatte durch einige Bemerkungen von Smith, die auf einen Arbeitswerttheoretiker hinzuweisen scheinen, so z.B.:

- „Arbeit ist demnach das wahre oder tatsächliche Maß für den Tauschwert aller Güter" (Smith 1982, S. 28);

- „Oft fällt es nämlich schwer, das Verhältnis zweier verschiedener Arbeitsmengen zueinander zu ermitteln" (Smith 1982, S. 29).

In dieser Debatte schwangen meines Erachtens aber immer auch (zu viele) politische Untertöne mit. War Smith ein Anhänger der Arbeitswertlehre, so rückte ihn das in die Nähe von Karl Marx, ein Zustand, den eine Reihe von Ökonomen zumindest vor dem Fall der Sowjetunion wohl als nicht akzeptabel einstufte. Deshalb wurde zuweilen „beschwichtigend" die Meinung vertreten, bei Smith kämen die Ansätze zur Arbeitswertlehre aus einer allgemeinen philosophischen Grundhaltung, im Stile: „Letztlich steckt hinter jedem Gut die menschliche Arbeit". Meine Meinung dazu ist: Da Smith eine rechenhafte Arbeitswertlehre nur für das früheste Stadium seiner Gesellschaftsstufen, nämlich für die Stufe der Jäger und Sammler vorsah, kann man ganz ohne politische Hintergedanken zumindest von einer ausgeprägten, auf die späteren Gesellschaftsstufen angewandten, allgemeinen Arbeitswertlehre als Wertlehre nicht sprechen. Dass Smith allerdings Ansätze für eine Arbeitswertlehre bot, kann und sollte ebenfalls nicht geleugnet werden.

Also: Die einfache Arbeitswertlehre galt nur für die frühen Gesellschaftsformen, mit der Existenz von privatem Besitz an Kapital und Land müssen die Arbeiter einen Teil ihres Produktes an die Kapitalbesitzer und Landeigentümer abgeben. Dann ist die einfache Arbeitswertlehre aber nicht mehr anwendbar. „Der Wert einer Ware entspricht dann nicht so viel Arbeitszeit, wie in ihr enthalten ist (das wäre nach der Arbeitswertlehre der Fall), sondern so viel, wie Lohnarbeitszeit mit der Ware gekauft werden kann“ (Carstensen, Schefold 1994, S. 73).

Smith postulierte, analog zu neueren Nutzentheorien mit ihrem Unersättlichkeitsaxiom, dass die Wünsche der Menschen „scheinbar allesamt ohne Grenzen sind“ (Smith 1982, S. 143). Wenn man genauer sucht, findet man auch noch weitere Versatzstücke der moderneren Mikrotheorie, so z.B. Anklänge an den Veblen-Effekt: „Die meisten wohlhabenden Leute haben die größte Freude an ihrem Reichtum, wenn sie ihn offen zeigen können“ (Smith 1982, S. 149) und dann folgt die Idee, dass der hohe Preis eines seltenen Stückes, das nur Wohlhabende sich leisten können, für diese den Anreiz zum Kauf dieses Stückes gerade erhöht.

Smith unterschied zwischen produktiver und unproduktiver Arbeit, allerdings abweichend von den Physiokraten: Wenn jemand Dienstleistungen liefere, die aus dem Einkommen von anderen entlohnt würden, trage er netto nichts mehr zum Gesamteinkommen bei. Der Wert dieser Arbeit würde zudem gleich verbraucht. Arbeite jemand hingegen in einem Unternehmen und würde er damit aus dessen Kapital bezahlt, gehe die Leistung in das Produkt ein, sie würde mit dem Verkauf dieser produzierten Güter in das Unternehmen zurückgeschleust (Smith 1982, S. 272). Also eine Unterscheidung, die (modern gesprochen) an der Stellung der jeweiligen Arbeit in der VGR ansetzt. „Unproduktive Arbeiter leben ebenso vom Einkommen anderer wie jene, die überhaupt nichts tun“ (Smith 1982, S. 274).

Anders geartet war die Unterscheidung zwischen (gesellschaftlich) wertvoll und produktiv. Künstler seien gemäß obiger Definition zwar unproduktiv, ihre Dienste aber trotzdem erwünscht und gesellschaftlich wertvoll. Hier sprach wohl der gebildete Kunstliebhaber Smith.

Auch bezüglich der Smithschen Unterscheidung zwischen produktiver und unproduktiver Arbeit entwickelte sich eine heftige Debatte, die noch zusätzlich durch die unterschiedliche Rezeption der Beteiligten verwirrt wurde. Es wurden eine „value version“ und eine „storage version“ unterschieden. Weitere Ausführungen zu diesem bis heute kontroversen Thema bitte ich der entsprechenden Spezialliteratur zu entnehmen.

Der ganze „Wealth of Nations“ war mit Überlegungen zum Außenhandel durchzogen. Zu den Vorteilen des Außenhandels führte Smith an:

(1) Die produktivitätssteigernde und damit wohlstandsmehrende Wirkung durch die zunehmende Arbeitsteilung;

(2) Die Möglichkeit eines Verkaufes von inländischen Produktionsüberschüssen, die im Inland keine Nachfrage fänden, und deren Tausch gegen ausländische Güter, die im Inland nachgefragt würden.

Genauer: „Die Einfuhr von Gold und Silber ist nicht der wichtigste, noch viel weniger der einzige Nutzen, den ein Land aus seinem Außenhandel zieht. Zwischen welchen Plätzen er auch betrieben wird, allen bringt er zweierlei verschiedene Arten Gewinn. Der Außenhandel exportiert jenen überschüssigen Teil des Ertrags aus Boden und Arbeit, nach dem im Lande keine Nachfrage besteht, und führt wiederum dafür das ein, wonach im Inland ein Bedarf besteht. Durch ihn erhält sein Überschuss erst einen Wert, indem er ihn nämlich gegen irgendetwas eintauscht, was Teile des Bedarfes decken und zur erhöhten Lebensfreude beitragen kann. Auch hilft der Außenhandel mit, dass die Arbeitsteilung nirgendwo im Handwerk oder Gewerbe durch die Enge des Inlandsmarktes daran gehindert wird, sich im höchsten Grad zu vervollkommnen“ (Smith 1982, S. 363).

Dabei entsteht allerdings zunächst eine logische Schwierigkeit: Wie kann es bei einem funktionierenden Preismechanismus und unbegrenzten Wünschen zu einer Überproduktion kommen bzw. wieso wandert das eingesetzte Kapital nicht von der Produktion dieser Güter ab in profitablere Verwendungen? Smith argumentierte, worauf Kurz (1990, S. 246) hinweist, hier historisch, indem er ausführte, bei der Erzeugung im Verbund mit anderen Gütern (Kuppelproduktion) sei eine Überproduktion einzelner Produkte möglich.

9.3.2.5 Die Verteilung bei Adam Smith

Neben den Ursachen für das Wirtschaftswachstum wurde auch die Verteilung der mit diesem Wachstum einhergehenden Einkommen von Smith angesprochen.

Lohn, Gewinn und Rente waren Preise für die Nutzung der drei Produktionsfaktoren: Arbeit, Kapital und Boden. Auch hierfür gab es „natürliche“ Preise, wobei jeder der drei Produktionsfaktoren jeweils gesonderte Überlegungen erforderte. Somit regelten die Gleichgewichtspreise auf den einzelnen Märkten und der gesamten Wirtschaft auch die Einkommensverteilung.

Dabei stellte Smith akribisch fest, dass es auch Produktion gebe, bei der keine Grundrente in den Preis eingehe (Beispiel Seefischerei). Schließlich gebe es sogar eine Produktion nur mit Arbeitskosten: Das Sammeln bunter Kieselsteine an den schottischen Küsten (Smith 1982, S. 465). Normalerweise seien aber alle drei Kostenfaktoren bei der Produktion beteiligt. Nachdem man die (modern gesprochen) Abschreibungen auf die Produktionsmittel und die Lohneinkommen vom Bruttooutput abgezogen habe, ergebe sich der zur Verteilung für die Rente und den Gewinn verfügbare Betrag (Surplustheorie).

Die Arbeiter müssten ihr Produkt mit den Kapitaleignern (capitalists) und den Grundeigentümern (landlords) teilen. Die Grundherren „ernten, wo sie nie gesät haben". „Von allen drei Klassen brauchen sie allein weder Arbeit noch Mühe aufzuwenden, um ein Einkommen zu erhalten (Smith 1982, S. 211). Sie verlangten aber als eine Art Monopolpreis eine Grundrente, also ein Einkommen für ihr Eigentum am Grund, das die Arbeiter zu tragen hätten. Bezüglich der Verwendung dieser Grundrenten war Smith eher kritisch: Statt sie zu sparen oder in Verbesserungen ihres Landes zu investieren, verprassten die Grundherren ihr arbeitsloses Einkommen.

Die Rente sei eine Folge der Preise in der Landwirtschaft und nicht Ursache dieser Preise (Smith 1982, S. 127). Hieran sieht man, verglichen mit dem Lohn, die andere Stellung der Rente bezüglich der Preisgestaltung.

Die Zinstheorie von Smith war eine realwirtschaftliche Theorie, und dies obwohl bereits vor ihm die Zins- und Inflationstheorie auf hohem Niveau standen. Streissler (1981, S. 42) vermutet, dass Smith das Geld nicht passte, es roch zu sehr nach Merkantilismus. Das Geld hatte bei Smith nur die Funktion als Tauschmittel.

Auch jegliche KURZFRISTIGE makroökonomische Theorie versagte sich Smith. Wiederum Streissler in Abwandlung eines berühmten Zitats von Keynes: „In the short run we would all be mercantilists" (Streissler 1981, S. 42/43).

In seiner Einschätzung der Kapitalisten war Smith zwiegespalten: Er warnte, ihren Forderungen nicht zuviel Gehör zu schenken, denn sie seien oft selbstsüchtig und versuchten, die Öffentlichkeit zu täuschen. Vor allem dürften Industrielle und Kaufleute nicht bei der Gesetzgebung mitwirken, weil sie Gesetze erlassen würden, die ihren Zielen förderlich seien, aber nicht unbedingt dem Wohle der Gesellschaft. Auch der Vorstellung, die Einkommen der Kapitalisten sei eine Art Lohn für ihre Mühen, erteilte Smith eine Absage: ihr Einkommen würde bei freier Konkurrenz im Verhältnis zum Umfang des jeweils eingesetzten Kapitals als eine Art Kapitalverzinsung erzielt, also letztlich ebenfalls ein Besitzeinkommen. Aber die Erzielung dieses Einkommens sei im Gegensatz zum Einkommen der Grundeigentümer gerechtfertigt: Es würde gespart und investiert, wie überhaupt die Kapitalisten die Triebkräfte des Fortschritts seien. Aus dem Kapital werde versucht, weiteres Kapital zu erzielen und dann anzulegen, was den Wohlstand mehre, von dem letztlich auch die Arbeiter profitierten.

Der Gewinn wüchse dabei proportional zur Größe des eingesetzten Kapitals. Die einzelnen Kapitalien (wobei Smith zwischen Umlaufvermögen und Anlagevermögen unterschied) erwirtschafteten eine gleiche Profitrate. Smith unterstellte zudem grob, dass heimische und auswärtige Gewinne in etwa gleich seien. Er führte nicht explizit aus, ob ins Ausland geflossenes Kapital negativ zu beurteilen sei. Natürlich gelte, dass ein Kaufmann einheimische Gesetze und Handelspartner besser kenne als ausländische und deshalb bei ähnlichen Gewinnchancen den Binnenhandel vorziehen würde.

Die Arbeiter besäßen praktisch kein Eigentum. Somit seien für sie die Beschäftigungsmöglichkeiten und der dabei erzielte Lohn die entscheidende Größe für ihr Wohlergehen. Man dürfe niemanden daran zu hindern suchen, sich durch seine Arbeit erhalten zu wollen. Dass es den Arbeitern nicht so gut ginge, wie den anderen Schichten der Gesellschaft, war dabei unwidersprochen. Aber es ginge ihnen unter den Bedingungen einer liberalen Ordnung doch relativ besser als in anderen Gesellschaften.

Bei den Auseinandersetzungen um die Einkommensverteilung befänden sich die Unternehmer in der besseren Lage: Sie könnten einmal wegen ihres Vermögens länger warten (Smith 1982, S. 58), eine Idee, die später Erich Preiser in seine Überlegungen aufnahm, und sie könnten sich wegen ihrer kleineren Zahl auch leichter absprechen als die Arbeiter. Die Lohnuntergrenze würde durch einen Subsistenzlohn bestimmt, der gerade die Erhaltung der Arbeitskraft ermögliche. Dies gelte aber nicht für expansive Phasen schnell wachsenden Arbeitskräftebedarfs. Hier geriete die Solidarität der Unternehmer ins Wanken, einzelne Unternehmer scherten aus und zahlten höhere Löhne.

Im Übrigen sei es nicht die absolute Höhe des nationalen Wohlstandes, sondern seine kontinuierliche Zunahme, von welcher ein Anstieg der Arbeitslöhne abhänge (Smith 1982, S. 61). Dabei würden hohe Löhne die Arbeiter fleißiger, gewissenhafter und schneller machen, und auch die Fortpflanzung fördern (Smith 1982, S. 70/71).

Daneben ging Smith auf die Lohnstruktur ein, wobei er ausführlich die Ungleichheiten der Entlohnung bei verschiedenen Tätigkeiten diskutierte (so z.B. wegen dem Grad an Unannehmlichkeit, der Dauerhaftigkeit der Ausübung, Unsicherheiten etc.). Einschränkend muss man allerdings hinzufügen, dass Adam Smith in seiner Verteilungstheorie immer den Gedanken eines Wirtschaftens unter Sicherheit unterstellte.

Smith bezog das Humankapital einer Gesellschaft, „die Fähigkeiten, die sich alle Einwohner oder Mitglieder der Gesellschaft erworben haben und mit Nutzen verwerten“ (Smith 1982, S. 232), in seine Analyse mit ein.

9.3.2.6 Entwicklung und Wachstum bei Smith

Im Rahmen seiner historischen Entwicklung von Gemeinwesen unterschied Smith vier aufeinander folgende Zustände, die auch von ökonomischen Fakten und insbesondere verschiedene Formen des Eigentums geprägt würden:

- „The Age of Hunters“: Jäger und Sammler (praktisch ohne Privateigentum und deshalb auch ohne Staat und Regierung);
- „The Age of Shepherdes“: Hirten (Privateigentum am Vieh, Ungleichheiten, deshalb Einrichtung einer Regierung);
- „The Age of Agriculture“: Ackerbau (Privateigentum vor allem am Boden, stärkere Ungleichheiten, Regierung notwendig, allerdings wegen der Macht von „Feudalherren“ oft schwach);

- „THE AGE OF COMMERCE“: Handel und Gewerbe (starke gegenseitige Abhängigkeiten, Regierung notwendig).

Bei Smith führten die unterschiedlichen Arten der Existenzsicherung, also der verschiedenen produktiven Tätigkeiten, zu jeweils entsprechenden unterschiedlichen rechtlichen und sozialen Konsequenzen. Die stärksten sozialen Konsequenzen hätte allerdings der Übergang zur vierten Stufe, der Stufe von „Handel und Gewerbe“. Hier verschwinde die Autarkie und die Märkte gewännen eine zentrale Rolle im Wirtschaftsleben. Wegen der Arbeitsteilung im Gefolge der Tauschhandlungen der Menschen steige auch die Effizienz der Produktion, also die Produktivität.

Smith war allerdings bezüglich seiner Stufentheorie nicht so dogmatisch wie Karl Marx oder später die historische Schule, wenngleich er seine Stufen durchaus als gegeben, von den produktiven Kräften abhängig, und zwangsläufig ansah. So konnten bei ihm einzelne Gemeinschaften auf einem Entwicklungsniveau stehen bleiben und es konnten auch gemischte Formen entstehen.

Der theoretische Entwurf von Smith bezüglich der Entwicklungstendenzen mündete in einen unveränderlichen, stationären Zustand, also einer Stagnation weiterer Wachstumskräfte. Verkürzt: Niedrige Löhne, fallende Profite, stockende Akkumulation, zu hohe Kapitalausrüstung, abnehmende Bodenerträge. Diesem materiellen Niedergang stand dabei ein moralischer Niedergang zur Seite. Beispiele für eine rückläufige Entwicklung waren für Smith Bengalen, für eine stationäre Entwicklung China.

Modern klingende Ansätze fanden sich bei Smith in Bezug auf Konsum- und Sparfunktionen. Die Konsumneigung sei je nach Zugehörigkeit zu den drei Einkommensklassen unterschiedlich hoch und von unterschiedlichen Größen abhängig: Bei den Arbeitern hänge sie von deren Lohn ab, bei den Grundbesitzern von dem Aufwand, der in dieser Klasse vorherrsche und bei den Unternehmern von deren Zielen, was sie zur Sparsamkeit anrege.

Bei der Kreislaufvorstellung von Smith bestand ein Zusammenhang zwischen der (modern gesprochen) Verwendungsseite des Sozialprodukts, also Konsum und Investition, und der Aufteilungsseite, also Konsum und Sparen. Dabei könne es zu keiner unfreiwilligen Arbeitslosigkeit kommen. Was gespart würde, würde auch wieder für Investitionen ausgegeben.

Smith verwandte seine Kreislaufgrößen auch für die Erklärung des Wachstumsprozesses, allerdings jetzt in ihrem zeitlichen Ineinandergreifen. Entscheidend sei die Ersparnis, sie sei für die Investition unabdingbare Voraussetzung. Die Investitionen setzten den Wachstumsprozess in Gang: technischer Fortschritt, höhere Nachfrage nach Arbeitskräften und damit höhere Löhne, Vermehrung der Bevölkerung, Ausweitung der Märkte, stärkere Arbeitsteilung, erhöhtes Einkommen. Daraus nähme wieder die Sparneigung zu. Das Ende dieses Wachstumsprozesses sei allerdings, wie schon erwähnt, ein stationärer Zustand, zurückzuführen auf die natürliche Ausstattung eines Landes (Boden, Klima etc.), mit niedrigen Löhnen und Gewinnen und damit einem Ende weiterer Investitionen. Smith wollte den Wohlstand der Nationen nicht wie die Merkantilisten durch Bestandsgrößen, sondern durch die Stromgröße „reales Pro-Kopf-Produkt" messen, auch dies eine weit reichende Idee.

9.3.2.7 Rezeption und Wirkung von Smith

Bei der vorangehenden Darstellung konnte ich, trotz deren Umfang, nur auf einen Teil der Überlegungen von Adam Smith eingehen. Es finden sich noch viele weitere Themen angedeutet oder genauer ausgeführt: Abschreibungen, Brutto- und Nettoprodukt eines Landes, Umlaufgeschwindigkeit des Geldes, Mindestreserven von Banken, Papiergeld, das Greshamsche Gesetz, Hörgelder für Studierende, Steuerüberwälzung.

Adam Smith gilt vielen Ökonomen als „Gründervater", ja als „Übervater" der Ökonomik. „Er wird mit Recht als der Begründer der Wirtschaftstheorie als eine eigenständige Wissenschaft angesehen" (Rothschild 2004, S. 25). Gemäß dem Bonmot von Boulding: Er war der Adam und der Schmied der systematischen Ökonomik. Recktenwald weist seinen Ideen den Rang eines Paradigmas im Sinne von Kuhn zu (Recktenwald 1982, S. LXXIV).

Smith konnte in der Mitte des 18. Jahrhunderts bereits auf die Arbeiten einer Reihe von Vorgängern zurückgreifen, die er, wie damals üblich, nicht namentlich zitierte: Locke, Petty, vor allem Cantillon, Hume, Mandeville, Turgot, und die Physiokraten. Er wollte den „Wealth of Nations“ sogar Quesnay widmen, der aber vorher (1774) verstarb.

So verdankte Smith z.B.:

- Den Unterschied zwischen Marktpreis und natürlichem Preis: Cantillon;

- Die Tendenz des Preises im Wettbewerb zum Kostenpreis: James Steuart;

- Die Dreiklassentheorie der Verteilung: praktisch allen bedeutenden Ökonomen des 18. Jahrhunderts.

Dass Smith die Leistungen seiner Vorgänger zuweilen verschwieg, oder sie so raffiniert verfälschte, dass er sie dann umso leichter widerlegen konnte, kann anhand der Originale der betreffenden Autoren gezeigt werden. Seine Leistung wird dadurch aber meines Erachtens nicht geschmälert. Er war der richtige Mann zur richtigen Zeit, um die vielen vorhandenen einzelnen Beiträge und Ideen, empirisch abgestützt und geordnet, in eine überzeugende Gesamtschau, ein System, einzubringen und dies in einer ansprechenden Sprache und mit gut gewählten Beispielen. Besonders nachhaltig wirkte, dass er seine wirtschaftspolitischen Meinungen theoretisch untermauern konnte, viele Themen behandelte und das alles in einem großen Werk. Zudem enthielt dieses Werk visionäre Abschnitte, die anstehende Probleme bereits überzeugend andachten und oft auch Vorschläge dazu machten.

Man kann also ohne Übertreibung feststellen, dass sein Werk im Wortsinne Bahn brechend war und zu den einflussreichsten Büchern für die Entwicklung der Gesellschaft gehörte. John Kenneth Galbraith konstatierte trocken: „Wie Das Kapital und die Bibel erfreut sich der Wohlstand der Nationen der Auszeichnung, eines der drei Bücher zu sein, auf die sich die Menschen nach Belieben berufen dürfen, ohne das Gefühl zu haben, sie sollten es gelesen haben“ (nach Recktenwald 1986, S. 29). Schumpeter schrieb hierzu unter seinem dogmenhistorischen Aspekt rein analytischer Leistungen: „Obgleich also der Wealth of Nations keine wirklich neuen Ideen enthielt... ist es trotzdem eine große Leistung und verdient voll und ganz seinen Erfolg. Das Wesen dieser Leistung und die Ursachen ihres Erfolges sind nicht schwer zu verstehen. Die Zeit war reif für eine derartige Koordination... Sein geistiges Format war dazu angetan, das aus vielen Quellen fließende unhandliche Material zu meistern und es mit starker Hand der Herrschaft weniger, logisch zusammenhängender Prinzipien zu unterwerfen: Der Baumeister, der fest und ohne Rücksicht auf Kosten baute, war auch ein großer Architekt. Seine eigenen Grenzen kamen seinem Erfolg zugute“ (Schumpeter 1965, S. 245/246).

Smith stützte mit seinen Überlegungen die aufkommende bürgerliche Gesellschaft, insbesondere mit der Forderung nach einer vollen Gewerbe- und Handelsfreiheit. Er trat gegen die einseitige Vorrangstellung des Handels auf, wie sie zuweilen im Vulgärmerkantilismus betont wurde. Zugleich wandte er sich aber auch gegen die einseitige Betonung des Agrarsektors durch die Physiokraten. Smith erkannte bereits prophetisch die Konturen der zu seiner Zeit erst entstehenden Industrie- und Marktgesellschaft und es gelang ihm, deren Wirkungsweise theoretisch zu analysieren, eine große zukunftsgerichtete Leistung.

Samuelson (1990, S. 112) bezeichnet Smith als leuchtenden Stern am Himmel der Wirtschaftswissenschaften, ja als „Aristoteles der Wirtschaftswissenschaft“. Sein unschätzbarer Verdienst liege in der Erstellung einer „Orientierungskarte“ (Samuelson 1990, S. 113), die nicht den Weg nach Utopia wiese, sondern Wege der Vernunft zu wirtschaftlichem Fortschritt.

Denkt man an seine Preistheorie und deren Verknüpfung mit der Verteilungstheorie, an seine Wachstumstheorie, die konsumtheoretischen Ansätze, an seine Kreislaufvorstellungen, an die Abgrenzungsversuche zwischen Privaten und Staat, und insbesondere daran, dass er dies alles in ein umfassendes konsistentes Theorieschema einbrachte, dann versteht man die vielen positiven Urteile über ihn. Hinzu kommt die ungebrochene Aktualität vieler seiner Einsichten, die Verknüpfung von Analytik und Historie, und dies alles in einer überzeugenden, normalen, nicht abgehobenen Sprache vorgetragen.

Erich Streissler (1981, S. 13 ff, S. 45) stellt in seinem gründlich recherchierten Beitrag über Adam Smith folgende Charakteristika der Werke von Smith heraus:

(1) Die Freihandelsdoktrin im Außenhandel;

(2) Der optimistische Fortschrittsglaube;

(3) Ein strikter Antimerkantilismus und sein herbes Urteil über den Kaufmannsgeist;

(4) Seine Monopolfeindlichkeit;

(5) Sein Ruf nach Gewerbefreiheit;

(6) Die Betonung der Sparsamkeit als wichtigster Wachstumsursache;

(7) Der Gedanke einer automatischen Tendenz der Marktwirtschaft zur Vollbeschäftigung der Ressourcen (invisible hand als beschäftigungsmaximierender Prozess);

(8) Smith identifizierte Produktionsfaktoren und Verteilungsempfänger;

(9) Smith war der erste Wachstumstheoretiker, der erste Theoretiker des technischen Fortschritts und zunehmender Niveauerträge, fast der erste Kapitaltheoretiker der Nationalökonomie.

Man muss bei der Lektüre eines Autors aus dem 18. Jahrhundert aber immer bedenken, dass nicht alles, was für uns aufgrund der langen dazwischen liegenden Zeitspanne ungewöhnlich oder neuartig klingt, auch für das 18. Jahrhundert selbst die gleichen Attribute verdient. So schreibt Streissler treffend: „Es ist für das Verständnis der Wertungen bei Adam Smith wichtig zu erkennen, dass Monopolablehnung und Verurteilung des politischen Einflusses von Kaufleuten seit dem Anfang des 17. Jahrhunderts so sehr Gemeinplätze des englischen Gesellschaftsdenkens waren, dass kein Ökonom vermeiden konnte, diesen Ideen zu huldigen“ (Streissler 1981, S. 15).

Das Urteil über Smith war nach all dem Gesagten erstaunlicherweise nicht bei allen Autoren positiv. John Stuart Mill etwa bescheinigte seinem Werk, es sei „in many parts obsolete, and in all, imperfect“ (Mill, 1848, zitiert nach Recktenwald 1978) und Schumpeter schrieb trotz seines oben zitierten Lobes: „Aber ungeachtet dessen, was er von Vorgängern lernte oder nicht lernte, ist es eine Tatsache, dass der „Wealth of Nations“ keine einzige analytische Idee enthält, die im Jahre 1776 völlig neu gewesen wäre“ (Schumpeter 1965, S. 244/245).

Gustav Schmoller hatte Aversionen gegen Smith, was umso erstaunlicher ist, weil die historische Schule ja (auch) starke ethische Axiome anmeldete, während Eucken und Erhard viel aus seinem Werk für die Gestaltung ihrer Wirtschaftsordnungen zogen.

Unvermeidlich wurde Smith entsprechend dem auf dem jetzigen Stand der Theorie aufbauenden Typ von Dogmengeschichte „modernisiert“: Seine ökonomischen Aussagen wurden in mathematischer bzw. geometrischer Form wiedergegeben, unter anderem von Paul A. Samuelson und Samuel Hollander.

Smith erging es im Übrigen wie vielen bedeutenden Ökonomen und Philosophen vor und nach ihm: Er wurde gnadenlos vulgarisiert, subtilere Ideen und Formulierungen wurden vernachlässigt, es fand eine Art „Glättungseffekt“ oder besser „Einschleifungseffekt“ statt. Oft gehen auch die Meinungen der gebildeten Öffentlichkeit, was im „Wealth of Nations“ stehen würde, und dem, was Adam Smith tatsächlich schrieb, auseinander. So wird immer wieder die berühmte „unsichtbare Hand“ genannt, obwohl sie im „Wealth of Nations“ ja, wie ausgeführt, nur einmal vorkam (im 2. Kapitel des 4. Buches, Recktenwald 1982, S. 371, unter der Kapitelüberschrift: „Einfuhrbeschränkungen für ausländische Güter, die im Lande selbst hergestellt werden können“) und zur Zeit von Smith, man denke an die Gothic Novels, die einige unsichtbare Hände enthielten, kein so ungewöhnliches Bild wie heutzutage war.

Die oben angesprochene teilweise platte Vulgarisierung, manchmal hat man sogar das Gefühl, der Autor habe den „Wealth of Nations“ überhaupt nicht gelesen, wird zuweilen durch aus dem Zusammenhang gerissene Zitate „gestützt“.

Solche platten Aussagen sind etwa:

(a) „Der Mensch sei bei Smith ein egoistisches Wesen, das nur an sich selbst denke, und nur für andere arbeite, um sein Einkommen zu erhöhen, bzw. Smith habe einen ungebremsten Egoismus in der Wirtschaft vertreten“;

Tatsächlich reduzierte Smith den Menschen aber gerade nicht auf seinen, zweifellos vorhandenen, Eigennutz.

(b) „Smith verherrliche den Kapitalismus, bzw. Smith sei ein eifriger, ja der eifrigste und früheste Verfechter eines Manchester-Liberalismus gewesen“;

Tatsächlich war Smith, schon als ein Vertreter der schottischen Aufklärung, gegenüber den Usancen der Unternehmer im Geschäftsleben recht kritisch eingestellt, wie entsprechende Passagen seines Werkes klar zeigen. Zudem stellte er in seinen Überlegungen viel zu oft auf die Belange der Arbeiter ab, um die obige These glaubhaft zu machen.

(c) „Smith habe ein materialistisches Weltbild vertreten“;

> Als Beleg hierfür wird üblicherweise seiner Vier-Stufen-Theorie eine materialistische Geschichtsauffassung unterlegt. Diesem Argument kann ich nicht folgen. Die Vier-Stufen-Theorie präsentiert sich keinesfalls als zwangsläufig im Sinne eines deterministischen Geschichtsverständnisses. Zudem war eine Untersuchung der Ursachen des Aufstiegs und Niederganges von Nationen bei den damaligen schottischen Historikern ein beliebtes Thema, und nicht nur spezifisch für Adam Smith.

Die Bedeutung von Adam Smith in den Augen zeitgenössischer Ökonomen wurde klar dokumentiert anlässlich der imposanten 200-Jahre-Feiern anlässlich des Erscheinens seines „Wealth of Nations". Es erschienen zahlreiche Aufsätze teilweise von prominenten Ökonomen und neue Bücher über ihn, es wurden Smith-Symposien und Konferenzen abgehalten. Man gewinnt fast den Eindruck, dass es das wesentliche Bemühen dieser vielen Publikationen renommierter Ökonomen war, zu zeigen, dass Adam Smith „anders" war als üblicherweise dargestellt, kein Apologet eines uneingeschränkten kapitalistischen Systems und bedenkenlosen „Laissez faire", sondern wesentlich sozialer und durch seine Einschränkungen wesentlich komplexer.

Um den Einfluss von Smith auf Politiker und Regierende zu zeigen, genügt die folgende Anekdote: Sir Keith Robert, Industrieminister im ersten Kabinett von Margret Thatcher (1979), ließ an seine höheren Beamten eine Leseliste verteilen, die sowohl den „Wealth of Nations" als auch die „Theory of Moral Sentiments" enthielt. Deutlicher kann man die ungebrochene Aktualität von Adam Smith wohl kaum demonstrieren.

9.3.3 DAVID RICARDO (1772-1823)

VITA VON RICARDO

1772:	Geboren in London als drittes Kind (von 17(!), andere Quellen sprechen sogar von 23(!) Kindern) eines aus Holland eingewanderten wohlhabenden sephardisch-jüdischen Börsenmaklers. Beide Eltern hatten starke religiöse Bindungen;
1783-1785:	Wahrscheinlich Besuch der angesehenen Talmud-Tora, dem Gymnasium der jüdisch-portugiesischen Gemeinde in Amsterdam;
1785:	Rückkehr nach England; Unterricht bei selbst ausgewählten Privatlehrern;
1786:	Ricardo wurde bereits mit 14(!) Jahren in das Börsenwesen eingeführt und erhielt von seinem Vater weit reichende Vollmachten;
1788:	Ricardo brachte zwei jüngere Brüder nach Holland, ein Beweis für seine Selbständigkeit;
1793:	Ricardo heiratete gegen den Willen seiner Eltern eine Quäkerin (Priscilla Ann Wilkinson). Dies führte zum Bruch mit seiner Familie und zu seiner Enterbung, Trennung von seinem Vater. Es wurde ihm aber aufgrund des Einflusses wichtiger Börsenmitglieder erlaubt, unabhängig als Börsenmakler weiter zu arbeiten;
1797:	Mit 25 Jahren hatte Ricardo durch geschickte Börsengeschäfte, vor allem mit Staatsanleihen, damals wegen ihrer großen Kursschwankungen eine sehr riskante Angelegenheit, bereits ein großes Vermögen (bei seinem Tod ca. 700.000 Pfund bei einem Anfangskapital

	von 800 Pfund) erworben. So machte er z.B. später durch Käufe von Staatsanleihen vier Tage vor Waterloo (1815) einen gewaltigen Gewinn;
1798:	Ricardo widmete sich den Studien: Mathematik, Chemie, Mineralogie und Geologie. Er wurde eines der Gründungsmitglieder der „Geological Society“;
1799:	Ricardo las im südenglischen Kurort Bath anlässlich eines Kuraufenthaltes seiner Frau eher zufällig den „Wealth of Nations“ von Adam Smith, der ihn sehr fesselte. Er begann sich daraufhin für die Ökonomik zu interessieren;
1809:	Anonyme Veröffentlichungen von Ricardo in Form von Briefen im „Morning Chronicle“;
1817:	Publikation der 1. Auflage seines Hauptwerkes „On the Principles of Political Economy and Taxation“, das einen großen Erfolg hatte;
1818:	Ricardo sagte vor dem „Commons Committee on the Usury Laws“ aus, wobei er für die Abschaffung dieser Gesetze plädierte;
1819:	Ricardo wurde als Parteiloser Mitglied des Parlamentes für Portarlington;
1822:	Reise mit der Familie nach Holland, Deutschland, Schweiz, Italien und Frankreich;
1823:	Ricardo starb unerwartet mit 51 Jahren an den Folgen einer Ohrenerkrankung auf seinem Landsitz Gatcomb Park (Gloucestershire).

Ricardo misstraute seinen eigenen Fähigkeiten. So war es nur dem fortgesetzten Drängen seiner Freunde, vor allem von James Mill, zu verdanken, dass er seine Gedanken veröffentlichte. Seiner geistigen

Unabhängigkeit und seiner Gradlinigkeit beim Äußern seiner Gedanken war es wohl zuzuschreiben, dass er sich auch als Parteiloser einen großen Einfluss und Respekt im Parlament und in der Öffentlichkeit erwarb.

Es wirft ein bezeichnendes Licht auf Ricardo, dass er als reicher Mann und später selbst Gutsbesitzer, gegen die Interessen der Gutsbesitzer auftrat, und als Banker gegen die übertriebenen Gewinne der Banken.

Wie immer, muss man bei der Einschätzung der theoretischen Überlegungen eines Autors auch seine Zeitumstände berücksichtigen und mitdenken, so auch bei Ricardo. Hier waren es vor allem das starke Bevölkerungswachstum, die beginnende Industrialisierung, das Vorherrschen des Pachtsystems in der Landwirtschaft, die Kontinentalsperre, der Wiederaufbau nach den Napoleonischen Kriegen, die immer wichtigere Rolle des Außenhandels, die Preissteigerungen.

Zu Ricardos Freunden gehörte seit der „Bullion Controversy“ James Mill, der ihn immer wieder zu Publikationen ermunterte ja drängte und ihm half, seine „Veröffentlichungsscheu“ zu überwinden. Er empfahl Ricardo auch, trotz dessen Bedenken, ins Parlament einzutreten.

Ein enger Freund wurde Thomas Robert Malthus, mit dem er viele ökonomische Diskussionen führte, ca. 80 Briefe austauschte und den er auch häufig persönlich traf.

Robert Dorfman gibt die allgemeine Auffassung wieder, dass die Zusammenarbeit zwischen Ricardo und Malthus „the most remarkable and most fruitful collaboration in the history of economics“ (Dorfman 1989, S. 154) gewesen sei. Anrührend und bezeichnend war Ricardos letzter Brief an Malthus: „And now, my dear Malthus, I have done. Like other disputants, after much discussion we each retain our own opinions. These discussions, however, never influence our friendship. I could not like you more than I do if you agreed in opinion with me” (Dorfman 1989, S. 162). Zwei Wochen später war Ricardo tot.

Das Erstaunliche und Faszinierende an Ricardos Persönlichkeit war, dass er zwar als Mann der Praxis zu einem großen Vermögen kam, dass er aber auch der Verfasser eines der abstraktesten aller Systeme der Politischen Ökonomie war. Er begegnete Leuten, „die nur etwas für Tatsachen, nichts aber für die Theorie übrig haben“ mit Skepsis: „Sie sind kaum imstande, ihre Fakten zu sortieren. Sie sind notwendigerweise leichtgläubig, weil sie kein Bezugssystem besitzen.“ Nichts sei so praktisch, wie eine gute Theorie.

Die Kehrseite der Medaille war allerdings, dass Ricardos Hauptwerk, die „Principles“, sehr schwierig zu lesen und vor allem zu verstehen war.

Werke von Ricardo

„The High Price of Bullion – A Proof of the Depreciation of Bank Notes“ (1810, eine genauere Darstellung seiner Argumente in den Artikeln aus dem Jahre 1809, 1811 erlebte diese (erweiterte) Schrift bereits eine 4. Auflage). Dieses Traktat führte zur Bullionkontroverse.

Darin stellte Ricardo fest, dass die Hauptursache der stattfindenden Geldentwertung in einer zu großen Menge an ausgegebenen (uneinlöslichen) Banknoten bestanden hätte. Dabei war der Sachverhalt der Uneinlöslichkeit für Ricardo besonders wichtig. Solche Banknoten würden vom Ausland nicht akzeptiert und könnten somit auch nicht zu einem automatischen Zahlungsbilanzausgleich mit den notwendigen deflatorischen Wirkungen führen.

„Die Entwertung der Banknoten wird auf ihre Vermehrung bei Inkonvertibilität zurückgeführt. Dies ist der quantitätstheoretische Kern der Currency-Theorie“ (Ziegler 1998, S. 119), die in England 1844 mit der Peelschen Bankakte (volle Golddeckung der Banknoten) siegte. Eine automatische Anpassung der zirkulierenden Geldmenge an den kommerziellen Bedarf leugnete Ricardo.

Drei anonyme Briefe im „Morning Chronicle" im Rahmen der „Bullion Controversy" (1810), in denen er seine Argumente verteidigte;

„An Essay on the Influence of a Low Price of Corn on the Profits of Stock" (1815);

„Proposals for an Economical and Secure Currency – With Observations on the Profits of the Bank of England" (1816);

In dieser Schrift warf Ricardo bereits die später immer wichtiger werdende Frage auf, ob eine Notenbank noch unabhängig sei, wenn der Staat in großem Umfang an sie verschuldet sei. Die Konsequenzen dieser Überlegungen gingen dann in seine späteren Schriften (Übertragung des Rechtes, Banknoten auszugeben, an eine unabhängige Nationalbank) ein. Letztlich ging es Ricardo darum, einen Vorschlag vorzulegen, wie man die Notenausgabe unter Kontrolle halten könne.

„On the Principles of Political Economy and Taxation" (1817, und weitere Auflagen: unwesentlich verändert 1819, wesentliche Veränderungen 1821);

Inhaltsangabe gemäß meiner ins Deutsche übersetzten 3. Ausgabe (1821):

Kapitel I: Über den Wert

Kapitel II: Über die Rente

Kapitel III: Über die Bergwerksrente

Kapitel IV: Über den natürlichen und den Marktpreis

Kapitel V:	Über den Lohn
Kapitel VI:	Über den Profit
Kapitel VII:	Über den auswärtigen Handel
Kapitel VIII:	Über Steuern
Kapitel IX:	Steuern auf Rohprodukte
Kapitel X:	Steuern auf die Rente
Kapitel XI:	Zehente
Kapitel XII:	Grundsteuer
Kapitel XIII:	Steuern auf Gold
Kapitel XIV:	Gebäudesteuern
Kapitel XV:	Profitsteuern
Kapitel XVI:	Lohnsteuern
Kapitel XVII:	Steuern auf andere Waren als Rohprodukte
Kapitel XVIII:	Armensteuern
Kapitel XIX:	Über plötzliche Veränderungen der Handelswege
Kapitel XX:	Die unterschiedlichen Eigenschaften von Wert und Reichtum
Kapitel XXI:	Wirkungen der Akkumulation auf Profit und Zins
Kapitel XXII:	Exportprämien und Einfuhrverbote
Kapitel XXIII:	Über Produktionsprämien

Kapitel XXIV: Adam Smiths' Lehre über die Grundrente

Kapitel XXV: Über den Kolonialhandel

Kapitel XXVI: Über Brutto- und Netto-Revenue

Kapitel XXVII: Über Währung und Banken

Kapitel XXVIII: Über den komparativen Wert von Gold, Getreide und Arbeit in reichen und armen Ländern

Kapitel XXIX: Steuern, die vom Produzenten bezahlt werden

Kapitel XXX: Über den Einfluss von Nachfrage und Angebot auf die Preise

Kapitel XXXI: Über Maschinerie

Kapitel XXXII: Malthus' Ansichten über die Rente

Nur die ersten 7 Kapitel handelten eigentlich von den Grundsätzen der Politischen Ökonomie, die nächsten 11 Kapitel (von VIII bis XVIII) behandelten Steuern und ab Kapitel XVIII wurden verschiedene Sachverhalte abgehandelt. Von den wichtigen 7 ersten Kapiteln waren 6 Kapitel der Werttheorie und der Verteilungstheorie gewidmet, das siebte Kapitel dem Außenhandel.

„Funding System" (1820 für die Encyclopaedia Britannica, worin er unter anderem gegen die Abkehr des Sinking Fund von seinem ursprünglichen Zweck einer Verringerung der Staatsschuld schrieb);

„On Protection to Agriculture" (1822);

„Plan for the Establishment of a National Bank" (posthum 1824);

Ricardo wollte das Privileg der Papiergeldausgabe der Bank of England einer „National Bank" anvertrauen. Diese National Bank sollte unabhängig von der Regierung sein und sollte als „general banker to all the public departments" handeln. Die National Bank dürfe der Regierung nicht direkt Geld leihen, sondern nur auf dem offenen Markt operieren. Damit werde die Ausgabe von Papiergeld durch die Regierung verhindert und die Bank of England könne nicht mehr die Gewinne durch die Ausgabe von Papiergeld einstreichen;

Zusätzlich existieren Briefe von Ricardo, so z.B. an Malthus (1810-1823) und andere;

Seine „Principles" wurden bereits 1821 ins Deutsche übersetzt: „Die Grundsätze der politischen Oekonomie oder der Staatswirthschaft und der Besteuerung".

9.3.3.1 Die Werttheorie bei Ricardo

Wie Schumpeter (1965, S. 718/719) richtig feststellte, nimmt das Wertproblem als Hauptwerkzeug der Analyse eine „Schlüsselposition" in jeder reinen Theorie ein, die mit einem rationalen Schema arbeitet.

Ich beziehe mich hier bei der Darstellung seiner Werttheorie im Wesentlichen auf die späteren Einsichten Ricardos, wie sie der dritten Auflage der „Principles" zugrunde lagen.

Ricardo übernahm von Adam Smith die Einteilung in Gebrauchswert und Tauschwert, wobei ihn vor allem der Tauschwert interessierte. Wenn man von Raritäten und Sammlerstücken absähe, bestimme sich der Wert eines (reproduzierbaren) Gutes gemäß einer allgemeinen Regel aus der Arbeit, die zu seiner Produktion nötig sei. Die Arbeit war dabei aber nicht alleinige URSACHE sondern vielmehr MASSSTAB des (Tausch-)Wertes. Eine Ware sei im Verhältnis zu anderen teuer oder billig, je nachdem, ob zu ihrer Produktion insgesamt relativ viel oder wenig Arbeit nötig sei.

Es gäbe aber Ausnahmen bzw. Modifikationen von dieser allgemeinen Regel. Ricardo begann sein Kapitel I „Über den Wert": „Der Wert einer Ware oder die Quantität einer anderen Ware, gegen die sie ausgetauscht wird, hängt ab von der verhältnismäßigen Menge an Arbeit, die zu ihrer Produktion notwendig ist, nicht aber von dem höheren oder geringeren Entgelt, das für diese Arbeit gezahlt wird" (Ricardo 1979, S. 9). Dann fuhr er im 4. Abschnitt dieses ersten Kapitels unter der Überschrift „Der Grundsatz, dass die auf die Produktion von Waren verwendete Menge Arbeit deren relativen Wert bestimmt, wird durch die Anwendung von Maschinen und anderem fixen und dauerhaften Kapital erheblich modifiziert" (Ricardo 1979, S. 27) fort, Modifikationen von der allgemeinen Regel vorzustellen.

Dahinter steht ein durch den Einbezug von Kapital verursachtes grundsätzliches Problem: Unter der Voraussetzung der Konkurrenz müsse die Profitrate in allen Verwendungen gleich sein. Verschiedene Industrien setzten aber verschiedene Kapitalmengen pro Arbeiter ein. Daraus folgt, es gibt verschiedene Einsatzverhältnisse von Kapital zu Arbeit, und damit verschiedene Anteile an Profit im Nettoprodukt. Ein Unterschied in der Profitrate ziehe unterschiedliche relative Preise nach sich. So könnten arbeitsintensiv produzierte Waren (niedriger Quotient Kapital/Arbeit) im Preis relativ zu kapitalintensiv produzierten Waren (hoher Quotient Kapital/Arbeit) sinken, wenn die Profitrate steige. Veränderungen der Verteilung würden somit Veränderungen der relativen Preise der Güter bewirken bzw. anders formuliert: Güter, die mit dem gleichen Arbeitsaufwand erstellt wurden, tauschten sich dann nicht Eins zu Eins aus. Die Arbeitswertlehre wäre nur dann ganz korrekt, wenn der Grad der Kapitalintensität in allen Industrien gleich wäre.

Ricardo musste konzedieren, dass eine „reine" Arbeitswerttheorie nicht ganz korrekt sei. Blaug äußert sogar die Meinung: „Die ricardianische Kritik an der Arbeitswerttheorie ist für deren Geschichte von größerer Bedeutung als Ricardos positiver Beitrag", und weiter: „Er zeigte als erster, weshalb die Arbeitskosten-Theorie nicht in vollem Umfang die relativen Preise von produzierbaren Gütern bei vollständiger Konkurrenz erklären kann" (Blaug 1971, S. 186). Ricardo sah hierfür zwei Auswege: Einmal argumentierte er, dass die Betriebe ohnedies Kapital ungefähr proportional zur Arbeitsmenge einsetzen würden und dass die Modifikation somit empirisch nicht sehr bedeutend sei. Zum anderen versuchte er, eine Ware zu finden, die einen

Durchschnitts-Kapitaleinsatz pro Arbeiter verwendet, genauer eine Ware „die in Bezug auf beide wesentlichen Preisdeterminanten (Arbeitszeit und Dauer des Kapitalvorschusses) unter durchschnittlichen Bedingungen produziert wird“ (Schefold, Weihrauch 1987, S. 386), also einen „unveränderlichen Wertstandard“, der nicht bei Veränderungen der Verteilung variiert. Hätte man solch einen unveränderlichen Wertmaßstab, könnte man bei zwei Waren, die sich in ihrem relativen Wert zueinander änderten, feststellen, welche davon sich wirklich im Wert verändert hat. Ricardo fand diesen Standard nicht. Das Problem beschäftigte ihn aber bis zu seinem Tod.

Ricardo erweiterte dabei das von Adam Smith für die primitive Entwicklungsstufe der Jäger entwickelte einfache Beispiel der Jagd auf einen Hirsch und auf einen Biber, indem er einerseits die Zeit berücksichtigte, die zur Herstellung der Jagdwaffen (Werkzeuge) benötigt würde und andererseits auch den Verbrauch der Waffen (Werkzeuge). Moderner formuliert: Je mehr Güter mit einer Maschine hergestellt werden könnten, umso geringer sei der Wertanteil der Maschine pro produziertem Stück.

Man muss nach dem bisher Gesagten also vorsichtig sein, Ricardo einfach als primitiven Arbeitswerttheoretiker abzustempeln. Eigentlich vertrat er, ähnlich Adam Smith, mehr eine Produktionskostentheorie.

Malthus und Say wiesen die Werterklärung Ricardos zurück: Malthus hielt das Verhältnis von Angebot und Nachfrage für die Wertermittlung für entscheidend, Say stellte insbesondere auf die Bedeutung des Gebrauchswertes ab.

9.3.3.2 Die Verteilung bei Ricardo

Gleich am Anfang dieses Kapitels muss ich die Erwartungen fortgeschrittener Leser dämpfen: Ich will in dieser Einführung nicht auf das „Kornmodell" von Ricardo eingehen, und bitte dies bei Interesse in dem Beitrag von Schefold/Weihrauch (1987) nachzulesen.

Im Zentrum der Überlegungen Ricardos stand die Frage, wie sich das Gesamtprodukt einer Volkswirtschaft zwischen Arbeitern, Kapitaleignern und Grundherren verteilt: „Die Produkte der Erde … werden unter drei Klassen der Gesellschaft verteilt, nämlich die Eigentümer des Bodens, die Eigentümer des Vermögens oder des Kapitals, das zu seiner Bebauung notwendig ist, und die Arbeiter, durch deren Tätigkeit er bebaut wird… Das Hauptproblem der Politischen Ökonomie besteht im Auffinden der Gesetze, welche diese Verteilung bestimmen. So sehr die Wissenschaft auch durch die Schriften von Turgot, Stuart, Smith, Say, Sismondi und anderen bereichert wurde, so geben sie doch eine wenig befriedigende Erklärung der natürlichen Bewegung von Rente, Profit und Lohn" (Ricardo 1979, S. 3).

Die Grundrente entstand nach Ricardo (eigentlich nach Malthus, dem Ricardo diese Theorie verdankte und dies auch direkt erwähnte), weil es unterschiedliche Qualitäten von Böden bzw. unterschiedlich günstige Lagen gebe und unterstellt wurde, in der Landwirtschaft finde kein technischer Fortschritt statt. Wenn genügend Böden hervorragender Qualität existierten, müsse keine Grundrente gezahlt werden: „Bei der ersten Besiedelung eines Landes, in dem es eine Fülle reichen und fruchtbaren Bodens gibt, von dem nur ein sehr geringer Teil für den Unterhalt der vorhandenen Bevölkerung bebaut zu werden braucht oder mit dem der Bevölkerung zur Verfügung stehenden Kapital tatsächlich bebaut werden kann, wird es keine Rente geben" (Ricardo 1979, S. 50). Die Knappheit von Boden wurde für das Folgende aber vorausgesetzt. Bei wachsender Bevölkerung und damit wachsendem Nahrungsbedarf müssten immer schlechtere Böden zur Produktion herangezogen werden, die einen größeren Arbeitseinsatz erforderten. Ein Mehrertrag könne wegen des Gesetzes des abnehmenden Ertragszuwachses und ohne technischen Fortschritt also nur mit erhöhten Kosten erzielt werden. Schließlich müsse sogar der Boden herangezogen werden, auf dem kaum etwas wächst, wie z.B. Äcker im Gebirge, deren Bearbeitung sehr hohe Arbeitskosten erfordere. Damit würden die Produkte teurer. Der Preis für die Nahrungsmittel sei aber einheitlich, d.h. das Getreide von guten Äckern sei genauso teuer wie das Getreide von schlechten Äckern. Der Preis für Getreide würde damit stets vom schlechtesten Boden bestimmt. Die Eigentümer der fruchtbareren Böden könnten wegen der gestiegenen Preise und ihrer geringeren Arbeitskosten eine Grundrente erzielen. Der Eigentümer eines kargen Bodens erhielte danach weniger Rente als der eines fruchtbaren Bodens: „Mit jedem Schritt in der Entwicklung der Bevölkerung, der ein Land veranlasst, auf Böden schlechterer Qualität zurückzugreifen, um ihm die Deckung seines Nahrungsmittelverbrauches zu ermöglichen, wird die Rente auf den gesamten fruchtbaren Boden steigen“ (Ricardo 1979, S. 52). Ricardo unterschied also nach ihrer Fruchtbarkeit mehrere Kategorien Land. Die Rente entsteht bei ihm letztlich aus der Knappheit des guten Bodens. Weil sich die Rente aus der unterschiedlichen Beschaffenheit der Böden ergibt, kann man sie auch als „Differentialrente“ bezeichnen. Sie erschiene in drei Formen: Fruchtbarkeitsrente, Intensitäts- und Lagerente, je nach dem Faktor, der den jeweiligen Boden gegenüber dem gerade noch bearbeiteten Grenzboden auszeichnete. Die Rente war bei Ricardo nicht eine der Ursachen des Preises, sondern dessen Folge: „Der Preis des Getreides ist nicht hoch, weil eine Rente gezahlt wird, sondern eine Rente wird gezahlt, weil der Preis des Getreides hoch ist“ (Ricardo 1979, S. 56). Durch diese Stellung wurde die Rente aus dem Wertproblem ausgeklammert.

Zu Beginn von Kapitel V unterschied Ricardo zwischen einem natürlichen Lohn und einem Marktlohn: „Wie alle anderen Dinge, die gekauft und verkauft wurden und deren Menge sich vergrößern und verringern kann, hat auch die Arbeit ihren natürlichen und ihren Marktpreis“ (Ricardo 1979, S. 74). Der natürliche Preis der Arbeit bestimme sich danach, was die Arbeiter für ihren Lebensunterhalt und ihre Fortpflanzung benötigten, so dass ihre Zahl weder weniger noch mehr würde. Der Marktpreis der Arbeit sei der tatsächliche Preis, der dafür gezahlt würde.

Bei Ricardo waren die Nahrungsmittelpreise mit dem Lohn verknüpft. Wie dargestellt, könne die Arbeiterschaft auf einem „natürlichen“ Lohnniveau gerade ihre Arbeitskraft erhalten und reproduzieren. Zudem war hier ein brutaler Mechanismus eingebaut, der den Lohn immer wieder auf den natürlichen Lohn drückte. Steige der Lohn, habe die Arbeiterschaft mehr, als sie zum normalen Leben benötige und vermehre sich, was das Arbeitsangebot ausweite und die Löhne drücke. Falle das existierende Lohnniveau unter das natürliche Lohnniveau, würde der Hunger wegen zu wenig Nahrungsmitteln und im Gefolge davon Seuchen das Arbeitsangebot verringern und damit das Lohnniveau wieder erhöhen.

Dieser brutale Mechanismus griff auf die Bevölkerungstheorie von Malthus zurück. Dabei war der natürliche Preis der Arbeit nicht als ein für alle Mal konstant gedacht. Er könne vielmehr in verschiedenen Ländern, da er von den Gewohnheiten und Sitten der Bewohner abhänge, unterschiedlich sein und auch im Zeitablauf variieren. Ricardo erkannte, wie langfristig dieser Mechanismus angelegt war. Er konzedierte: „Trotz der Tendenz der Löhne, sich ihrer natürlichen Rate anzugleichen, kann ihre Marktrate in einer sich entwickelnden Gesellschaft für unbestimmte Zeit dauernd darüber liegen“ (Ricardo 1979, S. 76).

Letztlich sei aber langfristig die Situation der Rentenbezieher am besten. Bei wachsender Bevölkerung und ohne technischen Fortschritt stiegen die Lebensmittelpreise und damit die Renten und Löhne, die Arbeiter blieben aber real auf ihrem natürlichen Lohnniveau, und die Eigentümer von Kapital verlören, denn sie müssten höhere Nominallöhne zahlen und damit einen immer größeren Teil ihres Profites abgeben. „Die natürliche Tendenz des Profites ist also zu fallen“ (Ricardo 1979, S. 101).

Die Kapitalisten seien also, obwohl sie der Motor der wirtschaftlichen Entwicklung seien, die eigentlichen Verlierer. Die Arbeiter sind auf ewig zu einem Leben am Existenzminimum verdammt und die Rentenbezieher gewännen, wobei die steigenden Renten indirekt über die Schlüsselgröße einer sinkenden Profitrate den ökonomischen Fortschritt behinderten. Allerdings konzedierte Ricardo, dass

Verbesserungen der landwirtschaftlichen Techniken und der Außenhandel diesen Verfall immer wieder aufhalten würden und dass England noch weit von einem stationären Zustand entfernt sei. Der Profit war nach Ricardo ein Residualeinkommen nach Abzug der Grundrente und des Arbeitslohnes. Eine düstere pessimistische Sicht der Dinge, die die wirtschaftliche Entwicklung in einem stagnativen, stationären Zustand enden sah.

Ricardo betrachtete die von ihm herausgefundenen Bewegungen in der funktionellen (nicht der personellen) Verteilung (und in der Produktion) als ökonomische GESETZE. Benachteiligungen von gesellschaftlichen Klassen wurden als zwar bedauerlich aber unausweichlich betrachtet. Es sei nachgetragen, dass Ricardo keine kritischen Aussagen zur bestehenden politischen Ordnung machte. Dies muss man sich bei einer Interpretation immer vor Augen halten. Erst der Status als ökonomische Gesetzmäßigkeiten gab den pessimistischen Erkenntnissen Ricardos ihre Wucht.

Bezüglich der Wirkungen des Einsatzes von fortschrittlicheren Maschinen änderte Ricardo seine Auffassung. Während er zunächst annahm, dass die dadurch möglichen sinkenden Produktpreise allen nützen würden, stellte er in der dritten Auflage seiner „Principles of Political Economy and Taxation“ (1821) fest, dass dadurch entweder die Löhne fallen müssten oder Arbeiter freigesetzt werden würden. Trotzdem war er nicht gegen den Einsatz besserer Maschinen: Sie förderten die Kapitalbildung und würden auch die englische Wettbewerbsfähigkeit aufrechterhalten.

Ricardos Überlegungen zu den Steuern umfassten zwar 11 Kapitel seiner „Principles“ und es wurden viele Arten von Steuern angesprochen (siehe das Inhaltsverzeichnis der „Principles“ unter WERKE VON RICARDO), er kam aber nur zu wenigen allgemein gültigen Aussagen.

Ricardo wollte die Steuern auf alle Klassen außer auf die Arbeiter aufteilen. Hier dachte er, dass wegen seiner Subsistenzlohntheorie direkte Lohnsteuern bei gleich bleibendem Reallohn nur die Nominallöhne um den gleichen Betrag erhöhen würden. Getragen werden könnten sie nicht von den Arbeitern selbst, sondern von den Kapitalisten. Indirekte Steuern auf Lohngüter würden die Lohngüterpreise und damit wegen der Subsistenzlohntheorie wieder die Nominallöhne erhöhen.

Es sei noch nachgetragen, dass Ricardo gegenüber den Wirkungen von Staatsausgaben skeptisch war. Fragen des öffentlichen Kredites behandelte er in seinen „Principles“ nicht.

9.3.3.3 Die Haltung Ricardos in der Debatte um die Korngesetze

Zur Zeit Ricardos war die Frage der Getreidezölle für England außerordentlich bedeutend und wurde auch in der Öffentlichkeit heiß diskutiert. Die Gutsbesitzer, die das Parlament kontrollierten, hatten sich mit dem Instrument der Getreidegesetze (Corn Laws), die gleitende Zölle auf die Einfuhr von Getreide legten, eine wirksame Waffe gegen einen Import billigen Getreides nach England geschaffen. Auch der Export von Getreide bei Überschussproduktion war betroffen. Im Gefolge der Napoleonischen Kriege, zusätzlich mit schlechten Ernten, wurde die Lage kritisch. Der Getreidepreis überstieg die finanziellen Möglichkeiten der Arbeiterschaft. Im Gegensatz zu den Gutsherren wollten die Kapitalisten einen niedrigeren Getreidepreis, denn die Lebensmittelpreise hatten einen entscheidenden Einfluss auf die Lohnzahlungen, die sie zu leisten hatten.

Malthus eröffnete 1814 die Debatte zwischen ihm und Ricardo mit zwei Pamphleten: „An Inquiry into the Nature and Progress of Rent“ und „Grounds of an Opinion on the Policy of Restricting the Importation of Foreign Corn“, mit denen er die Aufrechterhaltung der Getreidezölle stützte. Ricardo antwortete 1815 mit seinem „Essay on the Influence of a Low Price of Corn on the Profits of Stock“.

Gemeinsam war beiden Kontrahenten:

- die Bevölkerungstheorie von Malthus und damit die Erklärung der Höhe der Reallöhne;

- die Überlegung, dass die Profitrate in der Landwirtschaft durch die Produktivität des schlechtesten bebauten Landes bestimmt würde;

- die Annahme der Gleichheit der Profitraten aller Sektoren unter der Voraussetzung der Konkurrenz;

- die Rententheorie von Malthus.

Trotz dieser gemeinsamen theoretischen Auffassungen kamen sie aber wirtschaftspolitisch zu entgegengesetzten Forderungen. Die Diskussion half beiden, ihre Theorien zu präzisieren und besser zu verstehen. Im Übrigen war die Wirkung auf die damalige Wirtschaftspolitik gering. Aber die Wirkung auf das ökonomische Denken war „enormous and enduring … the friendly but intense debate between Malthus and Ricardo during the Corn Laws controversy set the course that English economics followed for the rest of the nineteenth century" (Dorfman 1989, S. 159).

Wenn man laut Ricardo die Getreidezölle beseitige, würden die Preise der Grundnahrungsmittel und in der Folge die Geldlöhne (nicht die Reallöhne) sinken. Die Bebauung der schlechtesten inländischen Böden könne aufgegeben werden, die Grundrenten fielen, die Profitrate stiege an und mit ihr die Neigung und Fähigkeit zu weiterer Akkumulation. Man hätte damit eine Atempause erreicht. Längerfristig könne aber der Fall der Profitrate (und damit der Akkumulation) nur durch Innovationen in jenen Sektoren abgewendet werden, die direkt oder indirekt an der Produktion von Lohngütern beteiligt seien. Generell war Ricardo (in den Spuren von Smith) der Auffassung, man solle den Markt, auch wenn er nicht perfekt sei, am besten sich selbst überlassen.

Es sprach für die Konsequenz und den Glauben Ricardos an seine eigene Theorie, dass er selbst Wertpapiere verkaufte und ein Landgut erwarb.

Die Debatte um die Korngesetze war übrigens nicht der einzige strittige Punkt in den Auseinandersetzungen zwischen Ricardo und

Malthus. Ricardo vertrat inhaltlich das Saysche Gesetz. Eine allgemeine Überproduktion sei außer in Übergangsphasen unmöglich. Überangebote eines Gutes würden automatisch durch Unterangebote eines anderen Gutes ausgeglichen werden.

Malthus vertrat die Auffassung, dass die Gesamtnachfrage geringer als der gesamte Output bei Vollbeschäftigung sein könne. Dies war der Grund, warum Keynes 100 Jahre später Malthus als einen Vorläufer bezeichnen konnte und in seiner „Allgemeinen Theorie" auch ausführlich zitierte (Keynes 1936, S. 306 f).

9.3.3.4 Die Geldtheorie bei Ricardo

Die geldtheoretischen Schriften Ricardos fielen in die Zeit des Endes der Napoleonischen Kriege. England erlebte eine Phase der Kriegsinflation und des Wiederaufbaues. Ricardo plädierte für eine Rückkehr zur Goldwährung, von der England 1797 bis 1821 abgegangen war. Seine geldtheoretischen Überlegungen waren in großem Ausmaß von der Geldwertverschlechterung und der schwierigen wirtschaftlichen Situation beeinflusst.

Ricardo schrieb 1809, dass die Inflation in England ein Resultat der exzessiven Notenausgabe der Bank of England sei. Er führte sie also letztlich auf quantitätstheoretische Zusammenhänge zurück. Ricardo wies als Quantitätstheoretiker dem Geld eine Tauschmittelfunktion zu. Dabei bestritt er nicht, dass die Umlaufgeschwindigkeit des Geldes sich ändern könne, und zwar aufgrund sich ändernder Zahlungsgewohnheiten und aufgrund von Änderungen im monetären System. Deshalb könne man die Umlaufgeschwindigkeit als institutionelles Datum betrachten.

Ricardo leugnete aber, dass die Größe der Geldmenge einen Einfluss auf die Umlaufgeschwindigkeit und die Produktionsmenge habe. Allerdings könnten Geldmengenänderungen reale Wirkungen über die damit verbundenen Preisänderungen haben. So seien die Nominallöhne relativ unbeweglich und deshalb könne ein Preisanstieg die Reallöhne drücken und damit eine größere Beschäftigtenzahl und einen größeren Output hervorrufen. Solche Effekte seien allerdings nur vorübergehend, insbesondere weil durch diese Vorgänge auch die Realeinkommen und die Ersparnisse sänken. Im Allgemeinen gilt bei ihm aber, dass „money cannot call forth goods". Eine größere Geldmenge würde schließlich nur das Preisniveau treffen, und dabei unterschied Ricardo unter Einbezug außenwirtschaftlicher Mechanismen noch die Wirkungen bei Goldgeld und Papiergeld.

Ricardo war der Meinung, dass das beste Währungssystem dadurch gekennzeichnet sei, dass es dem Geldwert am wenigsten Variabilität erlaube. Es sei zwar kein vollständig unveränderbarer Standard möglich, aber Gold sei die geeignetste Annäherung. Ricardo präferierte für England ein System, wo Papiergeld genutzt würde, und dieses Papiergeld solle zu einem festen Kurs frei konvertierbar in ungemünztes Gold sein. Wenn das Preisniveau steigen würde, solle man die Geldmenge verringern.

Ricardo wollte also das Papiergeld nicht abschaffen. Nochmals: Nach einer einmaligen Verringerung der zu großen umlaufenden Papiergeldmenge sollte für die verbleibenden Banknoten eine Einlösung in Goldbarren (nicht in Goldmünzen) möglich sein.

9.3.3.5 Aussagen zum Aussenhandel von Ricardo

Ricardo vertrat, entgegen den zu seiner Zeit praktizierten Auffassungen, die Idee eines freien Handels ohne Zollmauern. Theoretische Begründung für seine Auffassung war das berühmte „Theorem der komparativen Kostenvorteile", das zeigen sollte, dass sich der Handel sogar dann lohne, wenn eines der beiden handelnden Länder alle Güter günstiger produzieren könne als das andere Land.

Als Beispiel wählte Ricardo die beiden Güter Wein und Tuch und die beiden Länder England und Portugal, wobei jedes Land jeweils nur ein Gut liefern solle. Portugal könne zwar BEIDE Güter, gemessen in Arbeitszeit, billiger produzieren. Da aber das Verhältnis der

Produktivitäten in der Produktion der beiden Güter in den beiden Ländern verschieden sei, lohne sich der Handel trotzdem.

Wenn Portugal Wein produktiver erzeugen könne als Tuch, also Portugal einen komparativen Kostenvorteil bei Wein habe, dann solle sich Portugal auf den Weinanbau beschränken und das Tuch aus England importieren, denn Portugal benötige weniger Arbeit für die exportierte Menge an Wein als wenn es das importierte Tuch selber herstellen müsse. Und umgekehrt sähe es für England aus: Die in England notwendige Arbeitsmenge für das zu exportierende Tuch sei geringer als die für einen Anbau eigenen Weines benötigte Arbeitsmenge. Wenn sich also jedes der beiden Länder auf das RELATIV billiger zu produzierende Gut konzentriere, würden beide Länder vom Außenhandel profitieren. Unabdingbare Voraussetzung war allerdings die Existenz vollkommener Konkurrenz im Außenhandel.

Je größer die Spezialisierung, umso größer die Gewinne. Wie die Gewinne allerdings zwischen den beiden Ländern verteilt würden, hänge von den Preisen ab, zu denen die zwei Güter exportiert bzw. importiert würden. Ricardos Theorem wies die Grenzen der Preisverhältnisse aus. Komparative Kostenvorteile müssten im Übrigen nicht automatisch zum Außenhandel führen. Wenn das Preisniveau z.B. in England zu hoch wäre, könnte kein Tuch nach Portugal verkauft werden. Da aber England nach wie vor Wein importierte, würde der Goldexportpunkt erreicht und die englischen Importe mit Gold bezahlt. Dies würde das Preisniveau in England senken und das portugiesische Preisniveau erhöhen. Der Vorgang würde so lange fortgesetzt, bis ein neues Gleichgewicht erreicht würde.

Hier wurden also quantitätstheoretische Überlegungen in Bezug auf das Gold angestellt. Ob und wie dies mit einer Arbeitswertlehre (bezüglich der Produktion von Gold und dessen daraus resultierendem Wert) konsistent ist, muss fortgeschritteneren Untersuchungen überlassen bleiben.

Der entscheidende Unterschied zum Handel aufgrund absoluter Kostenunterschiede war, dass hier nicht die jeweiligen Kosten alleine sondern deren Verhältnisse verglichen wurden, also die relativen Kostenunterschiede.

Voraussetzungen für das Funktionieren des einfachen Theorems der komparativen Kosten sind:

- Vollkommene Konkurrenz (Freihandel);

- Keine Skalenerträge;

- Keine Handelsbarrieren bzw. Transportkosten;

- Es werden zwei Volkswirtschaften und zwei Güter betrachtet;

- Die beiden Güter sind in beiden Ländern jeweils identisch (homogen);

- Die Produktionsfaktoren im jeweiligen Land sind mobil;

- Kapital ist international immobil.

Der Außenhandel könne, wenn Lohngüter zu einem geringeren Preis importiert würden, als die Herstellung im Inland kostet, die Reallöhne senken und die Profite und damit die Akkumulation steigern, also wachstumsfördernde Wirkungen haben.

Zentral für Ricardos außenwirtschaftliche Argumente war, wie bereits angedeutet, das Theorem des automatischen Zahlungsbilanzausgleichs. Bei einem Überschuss der Importe gegenüber den Exporten stiegen die Devisenkurse schließlich so stark, dass nach einiger Zeit Goldexporte des defizitären Landes vorteilhaft werden. Dies löst im Goldexportland (Warenimportland) deflatorische Wirkungen aus, im Goldimportland (Warenexportland) inflatorische Wirkungen. Damit sinken im Warenimportland die Preise, was die Warenexporte ankurbelt und die Warenimporte erschwert. Da die Effekte im bisherigen Warenexportland genau umgekehrt verlaufen, also steigende Preise und damit Erleichterung der Warenimporte und Erschwernis der Warenexporte, läuft das System automatisch auf eine Beseitigung des Zahlungsbilanzungleichgewichts hinaus. Voraussetzungen hierfür: Geltung quantitätstheoretischer Zusammenhänge, Goldwährung und uneingeschränkte Waren- und Kapitalströme.

9.3.3.6 Die Wirkungen von Ricardo auf die Nachwelt

Bereits zu Ricardos Lebzeiten war der Widerhall seines Werkes gewaltig. Seine Lehren „eroberten England so vollständig wie die heilige Inquisition Spanien" (Keynes). Die Ökonomik wurde eine populäre Modewissenschaft, und die Damen der Gesellschaft, die Erzieherinnen einstellten, erkundigten sich danach, ob sie die Kinder die Grundzüge der Politischen Ökonomie lehren könnten (Heilbroner 1960, S. 89).

Einen Eindruck davon bekommt man, wenn man das Lob des Zeitgenossen McCulloch für die „Principles" liest: „Außer vielen wertvollen, doch subsidiären Untersuchungen hat Ricardo in diesem Werk die grundlegenden und abgrenzenden Prinzipien des Tauschwertes behandelt und den Gesetzen nachgespürt, welche die Verteilung des Wohlstandes unter die verschiedenen Klassen und Gruppen der Gesellschaft bestimmen. Die Geisteskraft, die sich in diesen Untersuchungen ausdrückt, die Gewandtheit, mit der er höchst komplizierte Probleme löst, der Scharfsinn, den er beim Aufspüren der Wirkungsweise allgemeingültiger Prinzipien unter Beweis stellt, indem er sie von allen Fragen zweitrangiger und zufälliger Natur trennt, ihre entfernten Folgen erkennt und einschätzt, sind niemals übertroffen worden" (McCulloch 1971, S. 175).

Samuelson, nachdem er ihn zunächst als einen der glücklichsten Menschen, die je gelebt haben, charakterisiert, wies ihm dann den oft zitierten Ehrentitel: „He is par excellence an economist's economist" zu. Aber die Nachwelt hatte nicht nur Lob für Ricardo. Die neoklassischen Theoretiker standen der klassischen Theorie mit ihrem Höhepunkt Ricardo naturgemäß skeptisch gegenüber, entstand doch die Neoklassik als Reaktion auf die Schwächen der klassischen Theorie. Kenneth J. Arrow zitiert Jevons: „Dieser fähige aber querköpfige

Mensch, David Ricardo, lenkte den Zug der ökonomischen Wissenschaft auf eine falsche Schiene“ (nach Arrow 1988, S. 44).

George J. Stigler bezeichnete ihn als „wirkungsvollen Diskussionsredner“. Seiner Logik bescheinigte er allerdings nur, sie sei eher „streng in ihren Vereinfachungen gewesen als ausgezeichnet in ihrer Strenge“ (Stigler 1971, S. 179), ein zweischneidiges Urteil. Stigler fuhr in seiner Einschätzung fort: „Ricardo hat diesen Bestand an Wissen nicht stark erweitert: seine einzige Ergänzung zu Smith Werk war die systematische, doch nur partielle Erkenntnis der abnehmenden Erträge… Ganz gewiss aber gebührt Ricardo nicht der Ruhm, große induktive Generalisierungen entdeckt zu haben“ (Stigler 1971, S. 179).

Die Einschätzung der Nachwelt bezüglich der Gesamtleistungen von Ricardo bis auf den heutigen Tag war und ist also nicht einhellig. Sie schwankt von dem genialen ersten abstrakten Ökonomen, der einen neuen Denkstil der Beschäftigung unseres Faches eingeleitet habe, bis hin zu dem an der Realität vorbei theoretisierenden Ökonomen, der die ganze ökonomische Analyse auf einen Irrweg gebracht habe. Dass seine Theorien zur Grundlage Marxscher Überlegungen wurden und die Marxisten ihn dementsprechend lobten und die Neoricardianer zudem eine vehemente Kapitalismuskritik vertraten, hat die Rezeption im „bürgerlichen Lager“ zumindest in der Zeit des kalten Krieges deutlich negativ beeinflusst.

Marx stand tatsächlich in großen Teilen seines Werkes unter dem Einfluss von Ricardo. Er sah in ihm den „letzten großen Repräsentanten der klassischen Ökonomie“. „Kein anderer Ökonom hat Marx in seinen positiven Erkenntnissen wie in seinen Fehlern, Irrtümern und Unzulänglichkeiten eine solche Ausgangsbasis für die Entwicklung der eigenen Theorien geboten“ (Bondi 1979, S. XXXVI). Der Marxist Gerhard Bondi nennt denn auch Ricardo den „bedeutendsten Denker, den die Bourgoisie auf dem Gebiet der ökonomischen Theorie aufzuweisen hat“. Mit seinem Tod „starb auch die politische Ökonomie überhaupt als bürgerliche Wissenschaft“ (Bondi 1979, S. XII).

Allerdings schränkt Bondi ein, Ricardo „muss daher überall dort scheitern, wo der Schlüssel zur Lösung eines Problems in einer historischen Betrachtung liegt“ (Bondi 1979, S. XXIII).

Aber auch bei neutralerer Sicht der Dinge muss man wohl der Kritik zustimmen, dass eine Reihe der Annahmen Ricardos schon zu seiner Zeit „wirklichkeitsfremd“ (Recktenwald 1988, S. 6) waren, so z.B. ein technischer Fortschritt von Null inmitten einer Zeit voller technologischer Neuerungen. Die Entwicklung der englischen Wirtschaft stand „in unversöhnlichem Gegensatz (Schefold, Weihrauch 1987, S. 463) zu den wichtigsten Prognosen Ricardos, der Anteil der Rente am Nettoprodukt fiel (aufgrund des technischen Fortschritts in der Landwirtschaft), der Lebensstandard der Arbeiter stieg bei wachsender Bevölkerung, was das Konzept eines „natürlichen Lohnes“ obsolet machte.

Friedrich von Hermann urteilte: „… seine Resultate (sind) oft nur unter Beschränkungen richtig, die ihnen fast allen Wert der Wahrheit nehmen“. Schumpeter bezeichnete die Vorgehensweise Ricardos, aus seinen abstrakten, auf vielen Voraussetzungen beruhenden theoretischen Argumenten praktische Schlussfolgerungen abzuleiten, als „Ricardianisches Laster“. Auch rügte er, Ricardo hätte so viele Variable als exogen gegeben angenommen, dass sie genügten, die verbleibende Analyse trivial werden zu lassen.

Ricardo, der bereits mit der Methode der komparativ-statischen Analyse arbeitete, stellte seine oft sehr komplizierten Schlussfolgerungen ohne direkte Verwendung mathematischer Methoden dar, auch wenn daraus eine schwierig zu lesende „verbale Mathematik“ resultierte.

Sicher ist, dass seine Außenhandelstheorie, allerdings in wesentlich verfeinerter Form, bis heute die Außenwirtschaftstheorie mitprägt. Besonders wichtig war die Saat seiner Idee, dass nicht alle Klassen gleichmäßig am wachsenden Reichtum einer Volkswirtschaft partizipierten.

Bei Ricardo waren es die Grundherren und die Kapitalisten, die in einem unüberbrückbaren Gegensatz zueinander stünden. DIE INTERESSEN DES EINZELNEN WAREN NICHT MEHR AUTOMATISCH DIE INTERESSEN DER ALLGEMEINHEIT.

Mit dem Werk von Piero Sraffa „Warenproduktion mittels Waren“ (Cambridge 1960) entstand vor allem in Cambridge, zusammen mit einigen italienischen Ökonomen, eine ganze Theorierichtung, die Neoricardianer. Sie versuchten, seine Wert- und Verteilungstheorie zu einem alternativen allgemeinen Gleichgewichtssystem auszubauen. „Was alle Varianten neo-ricardianischen Denkens verbindet, ist eine grundsätzlich ablehnende Haltung dem Kapitalismus gegenüber, zudem die Tendenz, die … Entwicklung der neoklassischen Schule als den Versuch zu interpretieren, die Aufmerksamkeit von der marxistischen Kritik und dem vermeintlich zerstörerischen Charakter ricardianischen Gedankenguts abzulenken“ (Arrow 1988, S. 50/51).

9.3.4 THOMAS ROBERT MALTHUS (1766-1834)

VITA VON MALTHUS

(Hierbei stieß ich bei meinen Recherchen auf unterschiedliche Jahresangaben zu bestimmten Ereignissen im Leben von Malthus. Ich hielt mich an eine neuere, gut fundierte Quelle: den Kommentarband zu Malthus, in dem auch der Artikel von Samuels, Henderson 1986 publiziert wurde.)

1766: Geboren als sechstes von sieben Kindern in Dorking. Sein Vater Daniel Malthus wurde bei seinem Ableben 1800 im „Gentleman's Magazine" als ein „exzentrischer Charakter im wahrsten Sinne des Wortes" beschrieben. Er war ein Bekannter von David Hume und bis zu seinem Tod ein leidenschaftlicher Bewunderer von Rousseau, den er drei Mal traf (Keynes 1956, S. 130);

1774: Im Alter von acht Jahren als Privatschüler von dem anglikanischen Geistlichen Richard Graves (1715-1804) unterrichtet;

1782: Unterricht durch Gilbert Wakefield (1756-1801), einem ketzerischen Geistlichen (Keynes 1956, S. 133), der sich wegen theologischen Streitigkeiten von der anglikanischen Kirche zurückgezogen hatte und der 1799 sogar eingesperrt wurde, weil er öffentlich gewünscht hatte, die Französische Revolution sollte auf England übergreifen, nachdem dieses erobert worden sei;

1784: Student am Jesus College (Wakefield war Fellow am Jesus College gewesen) an der Universität Cambridge: vor allem Mathematik, Theologie, Geschichte auch Naturphilosophie.

„Robert Malthus soll am College eine Vorliebe für Cricket und Schlittschuhlaufen gehabt haben, er erhielt Preise für

	Lateinisch und englische Deklamation“ (Keynes 1956, S. 136).
1788:	Lektüre von Gibbons „Decline of the Roman Empire“; Abschluss seines Studiums an der Universität Cambridge in Mathematik mit Auszeichnung (9. Wrangler). Geistliche Weihe und damit Eintritt in den geistlichen Stand;
	Ernennung zum Hilfsgeistlichen in Okewood, Gemeinde Albury (Surrey);
1792:	Master of Arts;
1793:	Wahl zum Fellow am Jesus College (nur möglich, wenn man eine geistliche Weihe hatte); Das Fellowship war mit einem kleinen Einkommen verbunden, setzte ein Junggesellendasein voraus und beinhaltete keine Lehrverpflichtungen;
1798:	Anonyme Veröffentlichung von „An Essay on the Principle of Population”;
1799:	Reisen nach Skandinavien und Teile von Russland, die anscheinend einen starken Einfluss auf die Beweisführungen seiner späteren Auflagen des „Essay“ hatten;
1800:	Pitt ließ das neue Armengesetz, vermutlich auch aufgrund des Werkes von Malthus, fallen;
1802:	Reisen nach Frankreich und der Schweiz;
1803:	Anstellung im Pfarramt von Walesby, Lincolnshire;
1804:	Heirat von Harriet Eackersall, einer Cousine 3. Grades;
	Geburt eines Sohnes Henry Malthus (gestorben 1882);
1805:	Antritt als Professor für allgemeine Geschichte, Politik, Handel und Finanzen am East India College, Hertford. Seine

Studenten nannten ihn „Pop“ (Keynes 1956, S. 146);

1806: Geburt des 2. Kindes Emily Malthus (gestorben 1885);

1807: Geburt des 3. Kindes Lucy Malthus (gestorben 1825);

1811: Beginn der Freundschaft mit David Ricardo;

1819: Mitglied der Royal Society;

1821: Gründungsmitglied des Political Economy Club;

1834: Mitbegründer der „Statistical Society“;

Nach kurzer Krankheit Tod in Bath.

Von Malthus wurde behauptet, dass er schon in seiner Jugend das Streitgespräch um seiner selbst willen geschätzt hätte. Nachzutragen ist, dass Malthus eine Hasenscharte und damit einen Sprachdefekt hatte, was ihm einige standesgemäße Berufsmöglichkeiten verschloss: Anwalt, Offizier, Prediger.

Bonar berichtete, dass er in seiner Jugend humorvoll gewesen sei, dass „indes nach 1798 oder spätestens 1800 auch sein Humor aus seinen Schriften“ verschwunden wäre (Bonar 1971, S. 121). „In seinen Ansichten über das Leben und das weitere Schicksal der Menschheit wandelte er sich vom Pessimisten zu einem maßvollen Optimisten“ (Bonar 1971, S. 122). „Seine Gefühle waren wohlwollend, seine Gemütsart milde und umgänglich, seine Natur zuverlässig und herzlich“ (Keynes 1956, S. 146).

Ein typisches Beispiel für seine Bescheidenheit und seine wissenschaftliche Redlichkeit ist die folgende Stelle aus einem Brief an Ricardo aus dem Jahre 1815: „Wenn Sie zu meinen Ansichten Stellung nehmen, dann sollten Sie allein Ihrer Eingebung folgen. Sind meine Meinungen falsch, dann würde ich sie gerne widerlegt sehen, da ich aber überzeugt bin, dass sie im Wesentlichen von richtigen Voraussetzungen ausgehen, erwarte ich keine Nachsicht. Es ist mir gleich, ob meine Meinungen heftig angegriffen werden; Ihr Urteil kann mich nicht verletzen, wenn es nicht ein Ausdruck Ihrer Verachtung ist, und dies – ich weiß es – empfinden Sie mir gegenüber nicht. Tun Sie daher, als ob ich Ihnen völlig fremd wäre, und schenken Sie mir Beachtung oder nicht. Wie Sie es für richtig halten“ (zitiert nach Empson 1971, S. 125/126). Empson berichtete weiter über ihn, er würde zwar durch Schmähungen nicht verletzt werden, sei aber für Lob recht empfänglich gewesen. Berühmt waren auch die Abendgesellschaften der Familie Malthus, an denen oft bedeutende Wissenschaftler teilnahmen.

WERKE VON MALTHUS

„The Crisis, a View of the Recent Interesting State of Britain, by a Friend to the Constitution" (1796);

Hierin wurde bereits die „wirksame Nachfrage" angesprochen, die Preise und Gewinne in erster Linie bestimmte.

„An Essay on the Principle of Population, as it affects the future improvement of society; with remarks on the speculations of Mr. Godwin, Mr. Condorcet and other writers“ (anonym erschienen 1798);

Das Werk entstand als Ergebnis der Diskussionen mit seinem Vater über die von diesem geschätzten, optimistischen Utopien von William Godwin (1756-1836). Sein Vater regte ihn an, seine Gedanken in Schriftform zu publizieren.

„Die erste Auflage, ein Oktavband von 50.000 Worten, ist ein von der zweiten Auflage, die 5 Jahre später im Quartformat erschien, fast völlig verschiedenes und für die Nachwelt wertvolleres Buch… Der erste Essay ist nicht nur in der Methode apriorisch und philosophisch, sondern er ist auch im Stil kuhn und rechnerisch, mit viel Bravura in Sprache und Gefühl. In den späteren Ausgaben dagegen muss die politische Philosophie vor der politischen Ökonomie zurückweichen“ (Keynes 1956, S. 139).

„An Investigation of the Cause of the Present High Price of Provisions” (anonym erschienen 1800);

„On the Principle of Population” (2. Auflage 1803);

„A Letter to Samuel Whitbread, Esq., M.P. on his Proposed Bill for the Amendment of the Poor Laws” (1807);

„Depreciation of Paper Money” (Edinburgh Review 1811);

„Pamphlets on the Bullion Question” (Edinburgh Review 1811);

„Observations on the Effects of the Corn Laws” (1814);

„Grounds of an Opinion on the Policy of Restricting the Importation of Foreign Corn” (1815);

„An Inquiry into the Nature and Progress of Rent, and the principles by which it is regulated” (1815);

„Essay on Population” (5. Auflage 1817);

„Principles of Political Economy, considered with a view to their practical application” (1820);

„Tooke – On High and Low Prices” (Quarterly Review 1823);

„Population” (Encyclopaedia Britannica 1824);

„Definitions in Political Economy” (1827);

„Principles of Political Economy, considered with a view of their practical application” (posthume 2. Auflage 1836).

THESEN VON MALTHUS

Ziel seiner Politischen Ökonomie war für ihn, die Gesellschaft zu Wohlstand und Glück als Ausdruck ihrer Moralität zu bringen.

Ich halte mich bei der Gliederung dieses Kapitels (9.3.4), das Malthus gewidmet ist, an eine Aufteilung von Helmut Winkler (1996), nämlich entlang den Stationen der Auffassungen von Malthus, die sich im Zeitablauf änderten:

- Eine Frage des Glaubens (1798): Die unvermeidliche Bevölkerungskrise;

- Eine Frage der Moral (1803): Der altbekannte Lösungsmechanismus;

- Eine Frage der Politik (1817): Der erweiterte Lösungsmechanismus;

- Eine neue Glaubensfrage (1820/36): Die industrielle Krise.

Es waren gerade diese häufigen Änderungen seiner Auffassungen und Ratschläge, die die Politiker, die klare Handlungsanweisungen erwarteten, verwirrte. Vielleicht lässt sich auch von daher erklären, dass man immer wieder versuchte, seine Überlegungen in einfachen, griffigen, und nicht mit so vielen Einwendungen und Abschwächungen versehenen, Thesen zu formulieren. Mit all den mittlerweile bekannten Problemen, die derartige Vereinfachungen mit sich bringen.

9.3.4.1 EINE FRAGE DES GLAUBENS (1798): DIE UNVERMEIDLICHE BEVÖLKERUNGSKRISE

Der vollständige Titel seines ersten großen Werkes aus dem Jahre 1798 lautete: „An Essay on the Principles of Population, as it Affects the Future Improvement of Society with Remarks on the Speculations of Mr. Godwin, M. Condorcet and other Writers".

Das Werk ging von zwei Hauptannahmen aus:

(1) Der Sexualtrieb des Menschen sei konstant und stets vorhanden. Er würde ohne Hemmnisse zu einem exponentiellen Wachstum der Menschheit führen.

Belege hierfür fand Malthus seiner Auffassung nach in den Vereinigten Staaten: „Die Bevölkerung eines Landes verdoppelt sich, wenn sie nicht gehemmt wird, zumindest alle 25 Jahre“ (Die Originalstellen von Malthus werden im Folgenden zitiert nach der Übersetzung von Winkler 1996).

(2) Die Nahrungsmittel wüchsen nicht mit der gleichen Rate wie die Bevölkerung.

Malthus berief sich hier auf das im 18. Jahrhundert akzeptierte Gesetz des abnehmenden Bodenertragszuwachses, das von einer Knappheit bebaubarer Böden und insbesondere von einer nur begrenzten Zunahme der landwirtschaftlichen Produktivität ausging.

Bringt man die beiden Annahmen in einen Zusammenhang, so folgt daraus: Die Bevölkerung tendiere dazu, immer schneller zu wachsen als die Versorgung mit Nahrungsmitteln. Dabei illustrierte Malthus diese Aussage anhand zweier Reihen. Für die Versorgung mit Nahrungsmitteln gelte die arithmetische Reihe: 1, 2, 3, 4, 5…, für die Bevölkerung hingegen die geometrische Reihe: 1, 2, 4, 8, 16… Das Ergebnis war eindeutig, das Wachstum der Bevölkerung liefe der Versorgung mit Nahrungsmitteln davon, je weiter man in die Zukunft extrapoliere, umso stärker öffne sich die Schere zwischen den beiden Größen. Die Nahrungsmittelproduktion pro Kopf müsse ab einem Zeitpunkt (in der nahen Zukunft) drastisch sinken und schließlich unter das Existenzminimum fallen. Samuels und Henderson (1986, S. 21/22) bemängeln allerdings, dass dieser Begriff „Existenzminimum“ nicht genau definiert würde. Dann sei eine Katastrophe unvermeidlich. Äußerst unerfreuliche Faktoren würden vor allem für die ärmeren Schichten auftreten, die „positive checks“: Seuchen, Hungersnöte, Kriege, Elend. Dadurch würde die Größe der

Bevölkerung wieder an die Möglichkeiten der Nahrungsmittelproduktion angepasst. Dies sei ein unvermeidbares universelles Gesetz. Es existierten aber auch vorbeugende Maßnahmen bei der Familienplanung, die „preventive checks". Diese würden mit zunehmender Entwicklung der Gesellschaften sogar an Bedeutung gewinnen. Leider verleiteten sie, wie die Erfahrung zeige, die Menschen zu einem lasterhaften Lebenswandel. In der Formulierung von Malthus: „Die Laster der Menschheit sind eifrige und fähige Handlanger der Entvölkerung. Sie stellen die Vorhut im großen Heer der Zerstörung dar, oftmals vollenden sie selbst das entsetzliche Werk. Sollten sie aber versagen in diesem Vernichtungskrieg, dann dringen Krankheitsperioden, Seuchen und Pest in schrecklichem Aufgebot vor und raffen Tausende und Abertausende hinweg. Sollte der Erfolg immer noch nicht vollständig sein, gehen gewaltige, unvermeidbare Hungersnöte als Nachhut um und bringen mit einem mächtigen Schlag die Bevölkerungszahl und die Nahrungsmenge der Welt auf den gleichen Stand" (Malthus zitiert nach Winkler 1996, S. 24).

Malthus bot in seinem ersten Werk keine Heilmittel an, er wies im Gegenteil darauf hin, dass Leid und Elend nur „Warnschilder Gottes seien, die den Menschen anzeigen, wann sie den Pfad der Naturgesetze verlassen" (Malthus zitiert nach Winkler 1996, S. 26). Dieses Bevölkerungsprinzip trage nur dazu bei, dass „der Geist der Menschen aufblühe" und sei „ein notwendiger Prozess, um träge, chaotische Materie zum Geist zu erwecken, um Erdenstaub in Seele zu verwandeln, und dem Erdenkloß einen himmlischen Funken zu entlocken" (Malthus zitiert nach Winkler 1996, S. 26/27).

Gedacht war seine Arbeit auch als Kritik an den seines Erachtens zu positiven Vorstellungen utopischer Philosophen, insbesondere an William Godwin (1756-1836), aber auch an Condorcet. In der Aufbruchsstimmung der Französischen Revolution (vor deren späteren Auswüchsen) herrschte in gebildeten Kreisen ein Harmonieglaube: Fortschritt bedeute eine unaufhaltsame Vervollkommnung der Menschen. Das Glück steige zudem mit der Anzahl an Menschen. Unter diesen Aspekten stellte das Werk von Malthus einen gewaltigen Tabubruch dar, eine scharfe Absage an den Fortschrittsoptimismus. Tenor der Malthusschen Überlegungen war, dass letztlich nicht gesellschaftliche Institutionen am Elend schuld seien, sondern Naturgesetze.

Um die unausrottbaren Triebe, die ja auch zum Glück der Menschen beitrügen, in den Griff zu bekommen, existierten Privateigentum und Ehe, sowie Sittenregeln und Moralgesetze.

Eine Konsequenz seiner Erkenntnisse war für Malthus der Kampf gegen die englische Armengesetzgebung. Die Armut sei ja kein bloßes Problem von Verteilung bzw. Umverteilung, sondern eine Folge der Reproduktion. Gebe man den Armen zusätzliche Geldmittel, werde dadurch einerseits der Arbeitsfleiß gehemmt und andererseits das Bevölkerungswachstum angekurbelt. Damit verkehre sich aber die Absicht der Unterstützung der Armen in ihr Gegenteil. Malthus schlug stattdessen die Errichtung von Bezirksarmenhäusern und Arbeitshäusern vor, die keine Anreize zu ihrer Inanspruchnahme bieten sollten.

Malthus war zwar kein Vertreter eines Nullwachstums. Die Armen würden aber bei der Weiterentwicklung der Gesellschaft mehr Bevölkerungswachstum, Druck auf die Nahrungsmittelproduktion, Weiterentwicklung des menschlichen Geistes, schlecht abschneiden. Das industrielle Wachstum Englands zeige, dass sich die Lage der Arbeiter durch diesen Prozess verschlechtert habe: Schlechtere Arbeitsbedingungen, geringere Sicherheit der Arbeitsplätze im industriellen Sektor. Generell sei eine Investition im Agrarsektor einer Investition im industriellen Sektor vorzuziehen.

Winkler fasst wie folgt zusammen: „Die Bevölkerung reagiert auf jede Ausweitung des Nahrungsmittelspielraums mit einem überproportionalen Wachstum, welches einen mehr oder weniger lange dauernden Bevölkerungszyklus initiiert, der mit schlimmen Notlagen der Bevölkerung einhergeht und schließlich die Menschen wieder auf ihr Existenzminimum zurückwirft“ (Winkler 1996, S. 44).

Die Überlegungen, die Malthus hier vorlegte, waren zu seiner Zeit zwar nicht gänzlich neu. Er stellte sie allerdings dramatisch in einer provozierenden Form vor, was ihm sogleich eine große Aufmerksamkeit sicherte. Allein in den ersten fünf Jahren nach Erscheinen existierten bereits mehr als 20 Streitschriften dazu. Trotz existierenden demographischen Erhebungen (bereits 1694 durch Gregory King) existierten bis 1801 keine präzisen Volkszählungen in England. Zur Zeit der ersten Veröffentlichung von Malthus fehlten also verlässliche statistische Daten.

Deutlich waren auch der moralische Ton und der religiöse Hintergrund der Malthusschen Überlegungen. Malthus unterschied nicht klar zwischen positiven und normativen Aussagen.

9.3.4.2 Eine Frage der Moral (1803): Der altbekannte Lösungsmechanismus

Die zweite Auflage des „Essay on Population“ war nicht nur wesentlich umfangreicher, enthielt mehr empirische Daten und war etwas hoffnungsvoller, sondern hatte auch eine etwas andere Stoßrichtung. Dies ging zum Teil schon aus dem Untertitel des Werkes hervor: „A View of its Past and Present Effects on Human Happiness, with an Inquiry into our Prospects respecting the Future Removal or Mitigation of the Evils which it Occasions”. Nunmehr ging es neben dem Auffinden der Gründe für das menschliche Unglück auch um Möglichkeiten zu dessen Beseitigung.

Zwar blieb die Grundaussage des „Essay“ aus dem Jahre 1798 erhalten und damit auch die Idee einer Bevölkerungsgrenze, bedingt durch Knappheit und sinkende Grenzerträge des Bodens. Die Hemmnisse, die die Bevölkerung hinderten, ihre Größe langfristig über den durch die vorhandenen Nahrungsmittel vorgegebenen Rahmen hinaus zu erhöhen, waren wiederum die vorbeugenden Hemmnisse (preventive checks) und die nachwirkenden Hemmnisse (positive checks).

Winkler fasst die Wirkungen dieser Hemmnisse lapidar zusammen: „Je stärker die nachwirkenden Hemmnisse, desto höher ist ceteris paribus die Sterberate... Je stärker die vorbeugenden Hemmnisse, desto niedriger ist ceteris paribus die Geburtenrate“ (Winkler 1996, S. 74).

Die vorbeugenden Hemmnisse boten jetzt aber grundsätzlich die Chance, die Bevölkerung nahe an die Bevölkerungsgrenze heran wachsen zu lassen, ohne gleich die verheerenden nachwirkenden Hemmnisse in Gang zu setzen. Dabei seien die vorbeugenden Hemmnisse zuweilen auch gesellschaftlich etabliert, durch religiöse und kulturelle Ge- und Verbote. Malthus trat allerdings gegen jede Art von Empfängnisverhütung auf: „Die Folge jeder Art ungeregelten Geschlechtsverkehrs, der die Geburt von Kindern verhindert, besteht offenbar in der Schwächung der besten Empfindungen des Herzens und einer sehr fühlbaren Erniedrigung des weiblichen Charakters“ (Malthus zitiert nach Winkler 1996, S. 75).

Es sei allerdings statthaft und sinnvoll, sich der Ehe zu enthalten und dabei eine streng sittliche Lebensführung einzuhalten bzw. spät zu heiraten. Dem Verantwortungsbewusstsein des Einzelnen wurde also ein breiter Raum eingeräumt. Winkler spricht bezüglich des Unterschiedes zwischen der ersten und zweiten Auflage des „Essay“ meines Erachtens zu Recht von einem qualitativen Sprung vom „spirituellen Optimismus“ zu einem „materiellen Optimismus“.

Interessant ist, dass Malthus für das entwickeltere Europa ein stärkeres Vorhandensein derartiger kluger Enthaltsamkeit diagnostizierte als für unzivilisierte Gegenden, und damit auch mehr „preventive checks“. Je niedriger der Entwicklungsstand einer Gesellschaft sei, umso weniger „preventive checks“ existierten und umso stärker seien die aufeinander folgenden Schwankungen zwischen Wohlergehen und Elend.

Im Zuge seiner Argumentation hielt Malthus fest:

(1) Je größer der Wohlstand und damit der Luxus und angenehme Lebensverhältnisse, umso geringer der Bevölkerungsdruck. Denn wenn man anfinge, Luxusgüter (z.B. Fleischkonsum) zu erwerben, wolle man von diesem Luxus nicht mehr herunter,

und gründe deshalb keine Familie, weil sonst dieser Luxuskonsum nicht mehr möglich wäre;

(2) Ein Luxusbedarf der Arbeiter schaffe zudem eine stabilere Nachfrage und verbessere damit die Sicherheit des Absatzes;

(3) Ein hoher Kornpreis sei sinnvoll: Wenn Lebensmittel teuer seien, bedeute dies eine spätere Heirat;

(4) Der Staat solle nun (1803) eine aktive Rolle in der Wirtschaftspolitik übernehmen;

(5) Trotzdem solle der Staat aber die Initiativen der Privaten nicht hemmen;

(6) Preisregulierungen seien abzulehnen;

(7) Jegliche staatliche Unterstützung der Armen bringe nur noch mehr Arme hervor;

(8) Wirklich Hilfsbedürftigen würde durch freiwillige Gaben geholfen werden;

(9) Malthus vertrat entgegen der Auffassung von flüchtigen Lesern kein Null- oder Minuswachstum der Bevölkerung. Er vertrat vielmehr die Idee einer optimalen Bevölkerung (mit geringen Geburten- und Sterberaten).

Wichtige Erkenntnisse der zweiten Auflage 1803 waren:

(1) Familienplanung und sittliche Enthaltsamkeit waren nun als „preventive checks" möglich. Laster könnten nun grundsätzlich vermieden werden;

(2) Die Entwicklung des menschlichen Geistes erhielt nun eine „Bedeutungsverlagerung vom Jenseits in Richtung Diesseits" (Winkler 1996, S. 97);

(3) Die ökonomische Sphäre war nunmehr der politischen Sphäre vorgelagert: Ökonomische Gesetzmäßigkeiten seien stärker als politische Gesetze, weil sie das gleiche Gewicht wie Naturgesetzlichkeiten hätten.

Wenn man die zweite Auflage (1803) des „Essay" mit der ersten Auflage vergleicht, fällt zunächst ihr wesentlich größerer Umfang auf. Leider wurde dies erkauft mit viel Redundanz, einigen Unklarheiten und dadurch auch stellenweise Langeweile. Dies war der Lektüre nicht gerade förderlich. Viele der negativen Einstellungen gegenüber Malthus gründeten wohl auch nicht auf einer eingehenden Lektüre, sondern eher auf aufgeschnappten Vorurteilen und Vorverurteilungen.

9.3.4.3 Eine Frage der Politik (1817): Der erweiterte Lösungsmechanismus

1817 erschien die fünfte Auflage des „Essay on Population". Auch hier wurde die Bevölkerungstheorie nicht verändert und wiederum waren es die Ausbreitung des Industriesystems und die Armenunterstützungen, die für die krisenhaften Schwankungen und die Verarmung verantwortlich waren. Neu war hingegen, dass Malthus nun auch kurzfristige Lösungen explizit ins Auge fasste.

Solange sich die Bevölkerung innerhalb der Subsistenzmittelgrenze entwickle, spiele die Industrie als Arbeitsnachfrager eine wichtige Rolle. Überhaupt gestand er nun der industriellen Entwicklung sogar einen positiven Einfluss auf den Geist und den Charakter zu.

Nach wie vor beharrte er aber auf seiner Erkenntnis: Die Grundnahrungsmittel (Kornpreise) sollten teuer sein. Denn dadurch würde der Ackerbau angeregt. Die Realeinkommen, ausgedrückt in Luxusgütern, stiegen. Zudem nützten hohe Nahrungsmittelpreise den Grundbesitzern, und dies war für ihn die staatstragende Schicht. Auch sollte keine Abhängigkeit vom Ausland existieren. „1817 stellt er dann auch dezidiert fest, dass teure Lebensmittel niemals Armut hervorrufen würden“ (Winkler 1996, S. 118).

Nach wie vor plädierte Malthus für eine Abschaffung der Armengesetze, aber nun nicht mehr abrupt, sondern nur mehr „sehr allmählich“. Nun wurden auch exogen ausgelöste Krisen zugelassen: So kämen die Soldaten und Matrosen aus den Napoleonischen Kriegen zurück, die Steuern würden gesenkt (weil die Kriegsausgaben entfielen), und damit fiele Nachfrage aus und es käme zu Unterbeschäftigung.

Malthus schlug dafür – unerwartet – vorübergehende staatliche Beschäftigungsprogramme für Arbeitslose vor: Öffentliche Aufträge im Straßenbau und in der Nahrungsmittelproduktion. Interessant war, dass Malthus sogar schon an eine Art Struktureffekt dachte: Wenn Arbeitslosigkeit in einem Industriezweig herrsche, dürfe der Staat diese Arbeitslosen nicht in dem gleichen Industriezweig beschäftigen. Dies führe sonst zu einer noch stärkeren Ausweitung der Produktion in einem ohnedies schon mit Übersättigung konfrontierten Industriezweig und setze weiter Beschäftigte frei.

Malthus akzeptierte jetzt (1817) auch die Auswanderung als „vorübergehende Abhilfe“, um kurzfristige Schwankungen auf dem Arbeitsmarkt aufzufangen.

9.3.4.4 Eine neue Glaubensfrage (1820/36): Die industrielle Krise

Dieser Abschnitt beschäftigt sich mit den „Principles of Political Economy considered, with a view to their practical application“ (1820). Neben dem Versuch, eine einheitliche Sprache und einheitliche Definitionen für die Politische Ökonomie zu prägen, war es das Anliegen von Malthus, einige Hauptgesetze der Politischen Ökonomie aufzudecken und vorzustellen.

Malthus war von einem unvermeidlichen stationären Endzustand der Wirtschaft ohne Wachstum überzeugt. Dieser stationäre Zustand sei aber unter normalen Umständen noch in weiter Ferne.

Zukunftsweisend war die Vorstellung von Malthus bezüglich der Rolle der effektiven (wirksamen) Nachfrage, auch wenn sie laut Keynes nicht hinreichend klar formuliert war. Diese Nachfrage sei die letzte Ursache der Produktion, sie bestimme letztlich deren Rentabilität. „Nur wenn der Wille und die Fähigkeit zur Nachfrage zusammentreffen, ist eine wirksame Nachfrage zu erwarten" (Winkler 1996, S. 156). Auch das Wirken des Sayschen Theorems wurde nun eingeengt: Die Produktion der Waren schaffe automatisch ihre eigene Nachfrage „when properly distributed". Diese drei Worte relativierten das Saysche Gesetz aber erheblich.

Betont wurde für die Entstehung von Krisen auch die Rolle des Sparens, das als Konsumverzicht die Schlüsselgröße für Wirtschaftswachstum war. Und hier sah Malthus eine Gefahr beim Übergang vom Krieg zum Frieden. Durch die damit einhergehenden Steuersenkungen stiegen die Einkommen und daraus würde vermehrt gespart. Die private Nachfrage könne die staatliche kriegsbedingte Nachfrage nicht ersetzen. Dies führe zu einem empfindlichen Nachfragemangel, und dies gleichzeitig mit einem erhöhten Arbeitsangebot durch die zurückgekehrten Soldaten und Matrosen, was die Löhne drücke, und damit wiederum die daraus resultierende Nachfrage. Diese Unterkonsumtionstheorie wurde durch die damalige wirtschaftliche Realität bestätigt.

Winkler weist meines Erachtens zu Recht auf die Ähnlichkeit der Gesetze beim Wirtschafts- und Bevölkerungswachstum hin. „In beiden Fällen legt die „wirksame Nachfrage nach Waren" den Grundstock, um einerseits die Gewinne der Unternehmer, andererseits die Löhne der Arbeiter anzukurbeln. Und in beiden Fällen sind Überreaktionen der Wirtschaftssubjekte, einerseits in Form von Ersparnis (Kapitalwachstum), andererseits in Form von Fortpflanzung (Bevölkerungswachstum) zu befürchten, die mitunter unangenehme Zyklen in Gang setzen" (Winkler 1996, S. 169).

Entscheidend für eine angemessene Größe der effektiven Nachfrage war bei Malthus die Existenz einer breiten Mittelklasse. Dieser Mittelstand sei der Garant einer hinreichend großen effektiven Nachfrage. Aber auch die Regierung wurde gefordert, sie müsse in schweren Krisenzeiten (durch Überproduktion) für eine entsprechende Nachfrage sorgen.

Malthus durchleuchtete auch die Rolle der Unternehmer: Sie sparten ihr Einkommen und legten es in Maschinen und/oder Arbeitskräften an.

Nochmals: Eine Krise entstünde, wenn das Güterangebot so groß sei, dass die Nachfrage nicht mitkäme, der Gewinn der Unternehmer sinke, die Unternehmer daraufhin kein Kapital mehr investieren wollten. Die Produktion ginge dann auf ein niedrigeres Niveau zurück. Dieser Kreislauf war laut Malthus sehr empfindlich. Die Unternehmer steigerten ihre Produktion zu rasch, wenn Gewinne existierten, und sie drosselten ihre Produktion zu rasch, wenn die Gewinne ausblieben.

9.3.4.5 Die Rezeption von Malthus

Im europäischen Ausland erhielt Malthus viel Beachtung und Zustimmung. So wurde sein Werk 1807 ins Deutsche und 1809 ins Französische übersetzt.

Für die Entstehung des Werkes und seine Rezeption in England müssen die zeitgenössischen wirtschaftlichen und sozialen Gegebenheiten mitberücksichtigt werden: Zwar stieg ab 1700 die landwirtschaftliche Produktion stark an, aber ca. 1750 nahm auch die Bevölkerung stark zu. Ab 1780 waren die ersten größeren Anzeichen der industriellen Revolution spürbar.

1700 bis ca. 1750 ging es den Leuten prinzipiell gut, erst ab 1750 veränderte sich dieser Zustand zunehmend. Ein Schlüsseldatum war das Jahr 1772: Ab diesem Zeitpunkt wurde England zum Getreideimporteur.

Allenthalben machte sich nun ein starker Pessimismus breit, und zwar sowohl als Pessimismus bezüglich der Bevölkerungsentwicklung als auch als allgemeiner ökonomischer Pessimismus.

Genährt wurde dieser Pessimismus auch durch:

- Die Erhebung der Kolonisten in den amerikanischen Kolonien;
- Die französische Revolution mit ihren blutigen Exzessen;
- Die immer schmutziger werdenden Städte;
- Man nahm wegen ihrer größeren räumlichen Konzentration in den Städten mehr Arme wahr;
- Hungeraufstände.

Man wusste zu dieser Zeit mangels verlässlichen Daten auch nicht genau: sinkt oder steigt die Bevölkerung? Deshalb gab es einen Bevölkerungspessimismus in beiden Richtungen:

- Zu wenig Menschen (z.B. für das Militär);
- Zu viele Menschen (z.B. Hungersnöte).

Die Gegner von Malthus im Lande selbst, die sich nach dem immer größeren Erfolg seines Werkes zu formieren begannen, kamen aus den folgenden Lagern:

(1) Menschenfreunde, die seine harten und oft polemischen Folgerungen nicht mittrugen (wie man anhand einer berühmten Formulierung 1803 bezüglich der von der Natur gedeckten Tafel sehen kann, die ich hier wiedergeben will): „Ein Mensch, der in eine schon vollbesetzte Welt hineingeboren wird, der von seinen Eltern nicht jenen Unterhalt bekommen kann, der ihm rechtmäßig zusteht, und dessen Arbeit die Gesellschaft nicht bedarf, dieser Mensch hat keinen Anspruch auf den kleinsten Teil an Nahrung und hat tatsächlich kein Recht, dort

zu sein, wo er ist. An der mächtigen Festtafel der Natur ist kein Gedeck für ihn bereit. Die Natur sagt ihm, sich hinweg zu scheren und wird ihren eigenen Befehl schnell ausführen, es sei denn, dass er das Mitleid einiger ihrer Gäste erregt. Wenn nun diese Gäste aufstehen und Platz für ihn machen, erscheinen sofort andere Eindringlinge, um dieselbe Gunst zu erlangen. Die Kunde vom Schmaus für alle, die kommen, füllt die Halle mit weiteren Bewerbern. Die Ordnung und Harmonie des Festes wird gestört, die vorherige Fülle an Essen verwandelt sich in Knappheit, die Fröhlichkeit der Gäste wird zunichte gemacht durch den Anblick von Elend und Abhängigkeit im ganzen Saal und das flehende Geschrei jener, die zu Recht empört sind über die verschwundenen Leckerbissen, die ihnen versprochen waren. Die Gäste erkennen ihren Fehler zu spät, sie haben die Befehle der Natur missachtet, die, da sie alle ihre Gäste ausreichend versorgen will und weiß, dass sie nicht eine unbeschränkte Anzahl befriedigen kann, aus Menschlichkeit allen weiteren Ankömmlingen den Zutritt verweigerte, als die Tafel voll war“ (Malthus zitiert nach Winkler 1996, S. 104/105).

Es überrascht angesichts der aufgeheizten Atmosphäre nicht, dass die Malthusschen Überlegungen in Anlehnung an „laissez faire“ boshaft mit „laissez mourir“ charakterisiert wurden.

Im Übrigen ließ Malthus, wohl auf Anraten von Freunden, die schärfsten Stellen (so auch das zitierte Gleichnis von der Festtafel) 1806 weg.

(2) Es wurde ihm Blasphemie unterstellt, denn Malthus hatte in der zweiten Auflage ja gefordert, man solle in die Bevölkerungsentwicklung eingreifen und damit, so seine Gegner, Gottes Plan verändern.

Diese Unterstellung wurde gemacht, obwohl Malthus explizit erklärte, sein Bevölkerungsmechanismus widerspreche nicht der Bibel, sondern sei mit ihr vereinbar. Trotzdem war diese Wahrnehmung religiöser Personen nicht ganz unfundiert.

Trotz persönlicher Religiosität von Malthus war seine Bevölkerungstheorie eher säkular-empirisch angelegt.

(3) Sozialisten: Karl Marx lehnte Malthus, den „Pfaffen und geschickten Plagiarius“ unmissverständlich ab. Malthus betrachte das Elend der arbeitenden Klassen und generell die Klasseneinteilung als notwendig und sei damit ein Apologet der bestehenden englischen Zustände. Zudem empfehle er dem Proletariat fälschlicherweise Geburtenbeschränkung als Heilmittel gegen das kapitalistische Elend.

Nochmals: Die zeitgenössische Aufnahme der Werke von Malthus litt vor allem unter den ständigen Änderungen seiner Auffassungen. Er hatte kein einfaches, ein für alle Mal festgelegtes, einprägsames Gesamtsystem anzubieten, und sein „Prinzip der Verhältnismäßigkeit“ tat ein Übriges, einmal gemachte Aussagen permanent zu relativieren. Ein Beispiel dafür ist die folgende Aussage: „Im großen und ganzen und unter den gegenwärtigen Umständen vielleicht ja; ich stelle mir aber vor, dass es bestimmte Umstände geben könnte, unter welchen es sich anders verhält.“ Weitere Schwierigkeiten für eine angemessene zeitgenössische Aufnahme waren das Fehlen tauglicher Statistiken und die ständige Vermengung normativer und positiver Aussagen.

Nachteilig für Malthus wirkten sich auch Übervereinfachungen und dogmatische Forderungen von Anhängern aus. So gesehen wirkten seine Anhänger für ihn oft fataler als seine Gegner.

Der pessimistische Grundzug bei Malthus gestützt auf unausweichliche Naturgesetze ließ die Ökonomik von der heiter optimistischen, belehrenden Sicht eines Adam Smith in den Augen vieler Zeitgenossen zu einer trostlosen Wissenschaft (dismal science) werden.

„Von dem armen Malthus berichtet einer seiner Biographen, James Bonar: „Er war der am meisten geschmähte Mann seiner Zeit. Selbst Bonaparte war für seine Mitmenschen kein größerer Feind. Er verteidigte die Pocken, die Sklaverei und den Kindesmord, er verurteilte öffentlich Volksküchen, Frühehen und Armenunterstützung und hatte die Unverschämtheit, zu heiraten, nachdem er gegen das Übel der Familie gepredigt hatte." Bonar schrieb weiter: „Schon zu Beginn schenkte man Malthus Beachtung. 30 Jahre lang regnete es Widerlegungen" (Heilbroner 1960, S. 87).

Ein besonders aufschlussreiches und amüsantes, ja geradezu lehrreiches Kapitel im Rahmen der Rezeption von Malthus, das wiederum zeigt, dass man es bei diesbezüglichen Recherchen oft nicht so genau nahm und dass es oft mehr auf den emotionalen Effekt als auf den Wahrheitsgehalt von Feststellungen ankam, war die Zahl von Kindern, die man Malthus zusprach bzw. andichtete. Gerade wer wie er als Moralist sexuelle Enthaltsamkeit predigte, war auf diesem Gebiet natürlich angreifbar. So stellten seine Gegner zunächst höhnisch fest, dass Malthus bereits 10 Monate nach Erscheinen der zweiten Auflage selbst heiratete.

Bezüglich der Zahl der Kinder von Malthus bringt Winkler folgende kleine Tabelle, in der sich vermutlich ohne Schwierigkeiten noch weitere Autoren für die fehlenden Kinderzahlen finden ließen (Winkler 1996, S. 204, Ergänzungen von mir):

Autoren	**Datum**	**Kinderzahl**
Christopher Herold	1966	14
Michael P. Fogerty	1958/59	11
James Bonar	1971	6
Ch. Gide/ Ch. Rist	1923	4
Patricia James	1979	3
Juri Semionow	1936	2
Karl Marx	1864	0

Neuere seriöse Recherchen haben die Zahl von 3 Kindern von Malthus ergeben.

„Malthus Analyse beeinflusste Charles Darwin und Alfred Russell Wallace, in ihrer unabhängig voneinander entwickelten Idee von der natürlichen Auslese als der entscheidenden Komponente der Evolutionstheorie" (Samuels, Henderson 1986, S. 17).

Keynes sah in Malthus einen Vorläufer seiner Auffassungen und den größten klassischen Ökonomen. So schrieb er, dass „die vollständige Herrschaft … von Ricardo über einen Zeitraum von hundert Jahren ein Unglück für den Fortschritt der Wirtschaftswissenschaft gewesen ist" (Keynes 1956, S. 151/152). Keynes bezog sich dabei auf die Rolle der effektiven Nachfrage, die Ablehnung des Sayschen Gesetzes, die Rolle des Sparens und auf die Überlegungen zur kurzen Frist bei Malthus.

Bezeichnend ist, dass Malthus mit seiner Bevölkerungstheorie im Zeitablauf immer wieder aufgenommen, modifiziert und vor allem in Handlungsanweisungen umgesetzt wurde. So entstand in der zweiten Hälfte des 19. Jahrhunderts ein Neo-Malthusianismus, der Malthussche Ideen verwendete, um über kleinere Familiengrößen (auch durch Unterricht in Empfängnisverhütung), Kinderverwahrlosung, Kindestod und Kindesaussetzung in armen Familien zu verhindern. So wäre auch im kapitalistischen System ein besseres Leben für die Arbeiter möglich. Malthus erschien hier als Wohltäter der Menschheit, freilich nicht in den Augen orthodoxer Marxisten.

Im 20. Jahrhundert drehte sich die Argumentation in den entwickelten Industrieländern dann um. Jetzt war der Geburtenrückgang eine Gefährdung, Geburtenkontrolle kontraproduktiv. In der Gegenwart spielen der Generationenvertrag, Überalterung der reicheren industriellen Gesellschaften und die Übervölkerung in den Entwicklungsländern mit ihren ökologischen Schäden eine große Rolle. Und wiederum wird auf Malthus zurückgegriffen.

So berühmt Malthus übrigens mit seiner Bevölkerungstheorie wurde, so wenig wurden seine „Principles“ aus dem Jahre 1820 beachtet. Dies war zum einen darauf zurückzuführen, dass:

- Malthus die Grundbesitzer überbewertete, diese Schicht aber bereits zu seiner Zeit im Abstieg begriffen war;

- Malthus fast überall eine Tendenz zum Ausgleich (Vermeidung von zu viel oder zu wenig) eingebaut hatte. Dadurch wurden seine Empfehlungen aber teilweise vage;

- vor allem aber, dass Ricardo als sein theoretischer Antipode den wissenschaftlichen Durchbruch schaffte.

9.3.5 Jean-Baptist Say (1767-1832)

Vita von Say

1767:	Geboren als Sohn eines protestantischen Kaufmannes in Lyon. Erwerb naturwissenschaftlicher Kenntnisse bei Pater Lefevre in Lyon;
1776-1783:	Ausbildung im Internat Ecully bei Lyon, wo neue Methoden erprobt wurden;
1783-1789:	Abbruch dieser Ausbildung. Kaufmännische Lehrzeit bei verschiedenen Institutionen im Inland und im Ausland (Paris, kaufmännische Studien zusammen mit seinem Bruder Horace in England, wo er auch die englische Sprache erlernte, dadurch Adam Smith im Original lesen konnte, und die expandierende englische Wirtschaft, mit deren eindrucksvollen Begleiterscheinungen: blühende Industrie, revolutionäre Erfindungen, Erschließung weltweiter Absatzmärkte, beobachtete, dann Angestellter einer Lebensversicherungsgesellschaft in Frankreich);
1789:	Publikation von „La Liberté de la Presse";
1792:	Freiwilliger im Champagne-Feldzug in einer „Compagnie des arts" zusammen mit Künstlern;
1793:	Heirat der Tochter eines Rechtsanwaltes;
1793-1799:	Chefredakteur der ab April 1794 erschienenen Zeitschrift „La Décade Philosophique Littéraire et Politique, par une Société de Républicains";
1799-1806:	Mitglied im Ausschuss für Finanzen des Tribunats. Aufgabe dieses Tribunats war, zumindest in der Früh-

	zeit der napoleonischen Herrschaft, die Beaufsichtigung der Gesetzgebung und des verfassungsmäßigen Handelns der Regierung. Da der geistig unabhängige Say die napoleonische Herrschaft und deren Aktivitäten aber letztlich ablehnte, wurde er schließlich vom Tribunat ausgeschlossen;
1803:	Publikation von „Traité d'Économie Politique", das ein Erfolg wurde und ihn in Europa bekannt machte. In den USA wurde es ein Riesenerfolg. Laut Comte, Daire, Say (1971, S. 142/143) versuchte Napoleon persönlich, Say zu einer 2. Auflage des Traité zu veranlassen, mit einem ihm genehmen Inhalt. Say weigerte sich, irgendetwas gegen seine persönlichen Auffassungen zu publizieren. Die Machthaber untersagten daraufhin (wohl wegen den Überlegungen zur Handelsfreiheit) eine 2. „eigene" Auflage des „Traité". Erst als Napoleon gestürzt wurde, konnte 1814 eine 2. wesentlich verbesserte Auflage erscheinen;
1806-1813:	Ausscheiden aus dem Staatsdienst und freiwilliger Verzicht auf ihm angebotene Ämter. Seine Ideen zum Freihandel waren in der Napoleonischen Zeit nicht opportun. Zum Unterhalt seiner Familie Betreiben einer Baumwollspinnerei außerhalb von Paris;
1813:	Rückkehr nach Paris, nachdem sich Say wegen Meinungsverschiedenheiten mit seinem Geschäftspartner seinen Anteil auszahlen ließ;
1814:	Zweijährige Regierungsmission in England (Untersuchung des englischen Wirtschaftssystems), woraus 1815 die Publikation von „De l'Angleterre et des Anglais" resultierte;
1815:	Erscheinen des „Catéchisme d'Économie Politique", in dem die Politische Ökonomie für jedermann verständlich dargestellt werden sollte, ein großes Anlie-

	gen von Say. Auch von diesem „Catéchisme" erschienen mehrere Auflagen und er wurde in fast alle europäischen Sprachen übersetzt;
1817-1832:	Lehrstuhl für „Industrielle Ökonomie" (das Wort „Politische Ökonomie" erschreckte die Regierenden) am Conservatoire des Arts et Métiers;
1830:	Professor für Politische Ökonomie am Collège de France;
	Tod seiner geliebten Frau. Von diesem Zeitpunkt an ging es mit der Gesundheit Says steil bergab;
1832:	Tod am 16. November.

Say wurde von Zeitgenossen als bescheidener Mann geschildert, der später trotz seines Ansehens in der Öffentlichkeit ein zurückgezogenes Leben mit seiner Familie und einem kleinen Freundeskreis führte. „Hier empfing er einmal in der Woche einige bedeutende Persönlichkeiten und ausländische Nationalökonomen, von denen es keiner versäumte, ihm die Ehre eines Besuches zu erweisen" (Comte, Daire, Say 1971, S. 148).

WERKE VON SAY

„La Liberté de la Presse" (1789);

„Olbie, ou Essais sur les Moyens de réformer les Moeurs d'une Nation". Ein Traktat über ein fiktives Volk, die Olbier, die nach langer Unterdrückung geeignete Mittel ergreifen, ihre Tugend und Moral wiederherzustellen (1800);

„Traité d'Économie Politique" (1803, mehrere Auflagen);

„De l'Angleterre et des Anglais" (1815);

„Catéchisme d'Économie Politique" (1815);

Übersetzung von Ricardo mit Kommentaren (1819);

„Lettres a M. Malthus, sur différents Sujets d'Économie Politique, notamment sur les Causes de Stagnation du Commerce" (1820);

„Cours complet d'Économie Politique Pratique" (6 Bände, die sich im Wesentlichen auf den Inhalt seines Kollegs stützten 1828);

„Traité d'Économie Politique" (1829, 6. Auflage noch von ihm selbst herausgegeben).

THESEN VON SAY

In der Literatur findet man Say oft dargestellt als einen Ökonomen, dessen Hauptleistung die bloße Verbreitung des Ideengutes von Adam Smith gewesen sei und daneben wird natürlich noch die Entdeckung des nach ihm benannten „Sayschen Gesetzes" als Leistung erwähnt. Beide Behauptungen müssen bei genauerer Betrachtung aber modifiziert werden.

So schreibt Baumol, ein Kenner der Arbeiten von Say, zum zweiten Punkt, dass „es offensichtlich scheint, dass Say keineswegs der Urheber dessen ist, was man heute als das Konzept von Says Gesetz betrachtet. Erst in der zweiten Auflage des Traité hat er es in vollständiger Fassung vorgelegt, und er selbst blieb stets ein schwankender und unzuverlässiger Verfechter der Doktrin" (Baumol 1986, S. 15).

Der Abschnitt „THESEN VON SAY" soll deshalb in zwei Unterabschnitte aufgeteilt werden. Der erste derartige Abschnitt (9.3.5.1) soll sich mit dem Sayschen Theorem beschäftigen, der zweite Abschnitt (9.3.5.2) soll weitere Überlegungen von Jean-Baptist Say würdigen, die zeigen, dass Say nicht nur der „Plagiator" und Verbreiter der Ideen von Adam Smith war, auch wenn viele Ideen von Smith in sein Werk einflossen.

9.3.5.1 Das Saysche Gesetz

Das Aufspüren der Auffassungen von Say zu dem nach ihm benannten Gesetz und der „Theorie der Absatzwege“ bzw. zu den Marktgesetzen überhaupt, ist mühsam, weil Say seine Ausführungen dazu etwas unsystematisch über sein ganzes Werk verteilt hatte.

Baumol zeigt in seinem lesenswerten Artikel, „dass Says Ideen auf diesem Gebiet bedeutend komplexer sind und weit mehr beinhalten als nur die Behauptung, das Angebot erzeuge seine eigene Nachfrage“ (Baumol 1986, S. 26). In der 1. Auflage des „Traité“ (1803) lässt sich das Gesetz in der obigen starken Formulierung überhaupt nicht finden. Erst in der erweiterten 2. Auflage (1814) war dann zu lesen, ein steigendes Angebot (eine gesteigerte Produktion) führe automatisch zu einer gestiegenen Nachfrage, die hinreiche, die gestiegene Produktion letztlich auch abzusetzen. Es könne also keine allgemeine Überproduktion geben, sondern nur eine partielle Überproduktion einzelner Waren, der eine Unterproduktion anderer Waren entspreche. Letztlich kauften sich Produkte immer mit Produkten. Aufgrund der Konkurrenz werde sich jedoch bald wieder ein Gleichgewicht einstellen.

Soweit es Say selbst angeht, hatte sich in den elf Jahren, die zwischen den beiden Auflagen lagen, seine Auffassung also wesentlich von einer schwachen allgemeinen Überlegung: „Gestiegene Produktion führe generell zu gestiegener Nachfrage“ zu der starken Formulierung: „Gestiegene Produktion (gleich gestiegenes Angebot) ziehe automatisch die zu ihrem (seinem) vollständigen Absatz notwendige Nachfrage nach sich“ gewandelt. Wie bereits in dem Zitat von Baumol angedeutet, hielt Say aber nicht dogmatisch an obigem „Gesetz“ fest. Baumol fasst zusammen: „Insgesamt betrachtet ist aber der Begriff „Saysches Gesetz“ irreführend. Obwohl Say eine Menge zu diesem Gegenstand beigetragen hat, wovon vieles auch noch gültig ist, so war er doch weder der Urheber der Idee, noch einer ihrer kompromisslosen Verfechter. (Baumol 1986, S. 36).

Die Grundidee des „Gesetzes“ ließ sich auch tatsächlich bereits bei Adam Smith finden, oder, worauf Experten (wie Baumol) zuweilen hinweisen, bei James Mill. Trotzdem waren seine Überlegungen zu dem „Gesetz“ so umfassend und wichtig, dass die Benennung „Saysches Gesetz“ meines Erachtens nicht ganz abwegig ist.

Direkt ein Schulbeispiel für die Auswirkungen der Rezeption sind die unterschiedlichen Interpretationen des „Gesetzes“ von Say, ob es nun originär von ihm stammt oder nicht. Nach Schumpeter gehörte Jean-Baptist Say zu jenen Autoren, bei denen es erforderlich sei, sie „nicht nur gegen seine Feinde sondern auch gegen seine Freunde und sogar gegen sich selbst zu verteidigen“ (Schumpeter 1965, S. 605).

Das „Saysche Gesetz“ wurde und wird als Identität und damit als Tautologie, als triviale Einsicht, als Hypothese, die aber falsch sei, als gehaltvolle Aussage, die nicht nur empirisch bewährt sei, sondern auch für die Wirtschaftspolitik wichtige Einsichten vermittle, eingestuft. „Das Gesetz erreicht in der Schulsprache alle Noten zwischen ‚mangelhaft‘ und ‚Auszeichnung‘“ (Bombach 1989, S. 286).

Ein Beispiel: Pierre-Louis Reynaud hat 1953 (siehe Reynaud 1971, S. 150) Says Argumentation wie folgt gekennzeichnet:

(1) Würden die Waren nichts kosten, so wäre die Nachfrage ohne Grenzen und der Absatz unendlich groß, die Menschen kämen nur zur Welt, um sie zu verbrauchen;

(2) Es mangelt also nicht am Willen, Güter zu erwerben, sondern es fehlt das Mittel dazu, das Geld;

(3) Geld kommt aber nur in unsere Hände, weil wir selbst Waren anzubieten haben oder einen Teil des Verkaufspreises erhalten;

(4) Was muss man daraus folgern? Da man Produkte mit Produkten kauft, wird jedes Erzeugnis umso mehr Käufer finden, je mehr sich alle anderen Güter vorteilhaft vermehren.

In dieser „schwachen“ Form wird man dem „Gesetz“ nur schwer widersprechen können, wenn man die Unverkäuflichkeit einiger Güter bzw. das mangelnde Käuferinteresse daran einbezieht.

Baumol hat 1977 bezüglich der Frage, „What Say really meant?“ (einer Standardfrage für Rezeptionen) immerhin 8 Gesetzesinterpretationen herausdestilliert (Baumol, Economica 1977, S. 145-161). Besser kann man das Interpretationswirrwarr wohl nicht kennzeichnen. Jeder sucht sich die Interpretation heraus, die er benötigt, um eigene Aussagen zu stützen oder durch Widerlegungen zu festigen.

Als bedeutsam hat sich in dieser Interpretationsdebatte auch die Rolle der Zeitspanne herausgestellt, auf die das „Saysche Gesetz“ angewendet werden solle bzw. müsse: In „langer“ bzw. „sehr langer“ Frist war das Wirken des Gesetzes als empirische Hypothese weniger umstritten als bezogen auf kürzere Fristen.

Bombach weist im Anschluss an Schumpeter noch auf einen weiteren wichtigen Sachverhalt bei der Interpretation des „Gesetzes“ hin: Wenn man das „Gesetz“ so interpretiert, dass INNERHALB der möglichen Gesamtproduktion jeder beliebige Output auch abgesetzt werden kann, bezieht man das „Saysche Gesetz“ auch auf Unterbeschäftigungssituationen. Schließt man diese jedoch aus und fordert, dass der Wettbewerb zur Maximalausbringung (bei Vollbeschäftigung) führe, die dann abgesetzt würde, hat man eine wesentlich stärkere Formulierung des „Gesetzes“ vor sich, übrigens die Formulierung, gegen die Keynes antrat.

Dass Marx und im Gefolge die Marxisten das „Saysche Gesetz“ ablehnten, dürfte nach dem bisher Gesagten klar sein. „Für Marx ist er einfach der ‚fade Say‘“ (Schumpeter 1965, S. 606). Keynes, der sehr geschickt darin war, „Pappkameraden“ aufzubauen, um sie hinterher gekonnt abzuschießen, erhob das „Saysche Gesetz“ zu DEM Lehrsatz der von ihm dann abgelehnten Klassik.

9.3.5.2 Sonstige Überlegungen von Jean-Baptist Say

Say trat immer wieder für ein Nichteingreifen des Staates in die Märkte einer Volkswirtschaft ein. Dies bedeutete aber nicht, Say wäre generell gegen den Staat oder staatliche Tätigkeiten gewesen. So befürwortete er ein staatliches Engagement bei der Zurverfügungstellung bestimmter Güter, wie etwa bei der Infrastruktur und bei der Unterstützung der Forschung. Hier wird die Nähe zu Adam Smith deutlich. Say hat zwar viel für die Verbreitung der Lehre von Adam Smith, den er öfters zitierte und mit den „größten Genies" verglich, auf dem Kontinent beigetragen. „Ich kann gar nicht alle Fortschritte beschreiben, welche die Nationalökonomie dank Smith gemacht hat, ohne daraus ein ganzes Buch zu machen" (Say zitiert nach Reynaud 1971, S. 154). Unter diesem Aspekt kann man ihn zu Recht als einen „Verbreiter" und wegen der Einfachheit, Klarheit und logischen Anordnung seiner Darstellung auch „Popularisator" von Adam Smith bezeichnen. Als Gesamturteil über die Leistungen von Say ist diese Aussage aber nicht haltbar, wie dieser Abschnitt (9.3.5.2) zeigen wird: Produktbegriff, Nutzenwertlehre, Unterscheidung Profit und Zins, Pionierunternehmer und die darauf folgende Rolle der Konkurrenz sind nur einige von kurz abzuhandelnden Beispielen eigenständiger Leistungen von Say.

So sah Say bereits grundsätzlich die Rolle von innovativen Pionierunternehmern und die nachfolgende Imitation durch andere Konkurrenten, die schließlich zu niedrigeren Preisen für die Kunden führe. Die wichtige Funktionen verkörpernden Unternehmer (Organisation der Produktion, Kombination der Produktionsfaktoren) und die Kapitalisten, und damit auch Profit und Zins, wurden unterschieden, eine Unterscheidung, die für spätere Verteilungstheorien fundamental wurde. Die Bedeutung der Industrie wurde von ihm erkannt und die Bedeutung von Grund und Boden, und damit der Renteneinkommen, relativiert, was einen expliziten Bruch mit den Lehren der Physiokraten bedeutete.

Im Hinblick auf die Steuern erkannte Say, dass zu hohe Steuerbelastungen letztlich sogar die gesamten Steuereinnahmen schmälern könnten. Eine zu hohe Steuerbelastung treffe die Nachfrage, dadurch gehe die Produktion zurück und im Gefolge davon die Steuereinnahmen. Ein Steuerparadoxon, das direkt der modernen angebotsorientierten Wirtschaftspolitik entnommen sein könnte.

Das Geld war in den Augen von Say nur ein Transaktionsmedium. Die Größe der Geldmenge spiele bei der Erweiterung der Absatzwege keine Rolle. Da sich die Geldmenge gleichzeitig mit der Warenmenge ändere, sei immer genug Geld vorhanden, um den Kreislauf aufrecht zu erhalten. Ein Horten – wie es später von der keynesianischen Richtung als Gefahr herausgestellt wurde – war für Say wegen des vergebenen Zinsgewinnes nicht vorstellbar. Deshalb wurde die Geltung des „Sayschen Theorems" von späteren Ökonomen auch auf eine Naturalwirtschaft begrenzt, in der es definitionsgemäß keine Kassenhaltung und damit auch kein Horten geben könne.

Kurzfristig seien zwar krisenhafte Zustände mit Arbeitslosigkeit möglich, z.B. durch geänderte Konsumpräferenzen, aber längerfristig tendierten die Märkte und damit die Wirtschaft wieder zum Gleichgewicht. Allerdings verlange die Erreichung eines Gleichgewichtes die totale Freiheit in allen Bereichen der Wirtschaft, alle Zölle, Kontingentierungen und sonstigen wirtschaftlichen Einschränkungen müssten fallen. Eine Auffassung, die der Napoleonischen Wirtschaftsgebarung heftig widersprach.

Schumpeter sah die Leistung von Say neben einigen der bereits genannten Überlegungen vor allem in der Konzeption des ökonomischen Gleichgewichts: „Sein wirklich großer Beitrag zur ANALYTISCHEN (hervorgehoben von mir) Ökonomie ist seine Konzeption des ökonomischen Gleichgewichts, so unklar und unvollkommen es auch formuliert wurde; Says Werk ist das wichtigste Glied in der Kette, die Cantillon und Turgot mit Walras verbindet" (Schumpeter 1965, S. 606).

Say war ein vehementer Verteidiger der bürgerlichen Freiheiten, der Pressefreiheit, der Zollfreiheit, und des Privateigentums und war erklärter Antimilitarist.

Als Grund für die Arbeitslosigkeit wurde die Einführung neuer Maschinen angesprochen. Zwar empfand Say die Arbeitslosigkeit als schlimmes soziales Problem, das aber erfreulicherweise nur kurzfristig sei: Auf längere Sicht würden die neuen Maschinen auch wieder Arbeitsplätze schaffen. Ein allgemeines Überangebot und damit eine lang anhaltende Arbeitslosigkeit könne es nicht geben.

Say brachte die ökonomischen Überlegungen in das griffige Schema: Produktion, Distribution und Konsumtion. Alle drei Produktionsfaktoren (Arbeit, Kapital, Boden) waren für ihn für die Produktion unerlässlich. Quelle des Wertes sei nicht die Arbeit, sondern der Nutzen. Ob man dies bereits als Annäherung an die spätere Grenznutzenschule interpretieren will und kann, bleibe dahingestellt. In jedem Falle war es eine deutliche Abweichung von einer ausschließlichen Kostenbetrachtung.

Immaterielle Güter wurden gleichberechtigt neben materiellen Gütern behandelt, also eine Erweiterung des Produktbegriffes, einschließlich der Nutzung dauerhafter Güter und öffentlicher Einrichtungen. Beim Konsum kam das moralische Empfinden Says zum Tragen: Geiz und Luxus führten zu schlechtem Konsum.

Die Preise, und zwar sowohl die Güter- als auch die Faktorpreise, würden durch die Gesetze von Angebot und Nachfrage bestimmt.

Unter methodologischem Aspekt ist nachzutragen, dass er die Verwendung der Mathematik in der Ökonomik ablehnte. Es ist deshalb nicht weiter verwunderlich, dass ihm auch die exakten, abstrakten, quasi-mathematischen Überlegungen Ricardos zu Produktion und Verteilung missfielen. Say stellte stark auf die praktische Anwendbarkeit ökonomischer Überlegungen ab. Daneben zeichneten sich seine Schriften „durch ein starkes Interesse an den moralischen Konsequenzen des ökonomischen Verhaltens aus“. Sein Stil sei aber „recht humorlos“ (Baumol 1986, S. 22).

Schumpeter stellte heraus: „Seine Argumentation entwickelt sich so klar und eindeutig, dass der Leser kaum auf den Gedanken kommt, dass sich unter der glatten Oberfläche tiefgründige Gedanken verbergen könnten. Dies brachte ihm den Beifall der Menge ein, kostete ihn aber das Wohlwollen derer, die mehr verlangten" (Schumpeter 1965, S. 605).

9.3.5.3 Einige Wirkungen von Say auf die Nachwelt

Say hat mit seinen vielen Ideen, vor allem aber mit seinem Liberalismus und gemäßigten Industrialismus viele Autoren und geistige Strömungen nach ihm beeinflusst, direkt die Liberalen der ersten Hälfte des 19. Jahrhunderts. Erstaunlicherweise hat auch Proudhon, worauf Reynaud (1971, S. 158) hinweist, von Say, den er bewunderte, einige wichtige Ideen übernommen.

Aber auch Gegner haben immer wieder auf sein System als zu zerstörende Ausgangsbasis zurückgegriffen. Unterkonsumtionstheoretiker, die zeigen wollten, wie und wo Kaufkraft verloren geht, verwendeten das Gesetz der Absatzwege als Bezugsgröße. Sie versuchten im Rahmen seiner Konzeption zu zeigen, dass und wo er Unrecht hatte, so dass länger anhaltende Krisen oder konjunkturelle Schwankungen entstehen könnten.

Dass sich zu guter Letzt die modernen Angebotstheoretiker auf ihn als einen ihrer „Ahnherrn" beriefen, wurde bereits erwähnt. Ein Einfluss von Say auf weitere Autoren, der in der Literatur angedeutet wird, lässt sich oft nur sehr indirekt nachweisen oder vermuten.

9.3.6 JOHN STUART MILL (1806-1873)

VITA VON MILL

Bei John Stuart Mill handelt es sich um das Paradebeispiel eines Ökonomen, dessen Thesen ohne Bezug auf seine Vita nicht interpretiert werden können und sollten.

1806:	Geboren als ältester Sohn von James Mill;
1809:	Beginn des unten beschriebenen Erziehungsexperiments;
1820:	Reise nach Südfrankreich (Einladung Benthams), sowie zeitweiliges Wohnen (bei Hin- und Rückreise) bei Say in Paris. Nach seiner Rückkehr Beginn eines Jurastudiums;
1822/23:	Gründung der „Utilitarian Society" durch John Stuart Mill. Diskutiert wurden in dieser Gesellschaft Probleme der Politik, der Ethik und des Rechts. Unterstützt werden sollten Reformbewegungen, wie eine Erweiterung des Wahlrechts, eine Reform des Bildungswesens und die Aufhebung von Handelsbeschränkungen;
1823:	Mill wurde vorübergehend (eine Nacht im Gefängnis) wegen „Verteilens obszöner Literatur" (zur Geburtenkontrolle) verhaftet;
	Aufgabe des Jura-Studiums. Beschäftigung bei der Ostindien-Kompanie als Junior-Angestellter;
1825:	Mitglied der von ihm gegründeten „Debating Society" (1825-1829), die sich mit Politischer Ökonomie befasste;

1826/27:	Tiefe Depression, verstärkt durch eine Überarbeitung;
1830:	Bekanntschaft und Freundschaft mit der verheirateten Harriet Taylor; John Stuart Mill wurde von Thomas Carlyle (1795-1881) zu dieser Zeit beschrieben als „ein schlanker, eher großer und eleganter junger Mann mit einem kleinen klaren Gesicht und einer romanischen Nase, zwei kleinen ernsthaft-lachenden Augen, bescheiden, mit einer bemerkenswerten Präzision des Ausdrucks, enthusiastisch, aber klar, ruhig: kein großer, aber ein deutlich begabter und liebenswerter junger Mann" (nach Gaulke 1996, S. 44). Harriet Taylor (1807-1858), verheiratet mit dem reichen Londoner Kaufmann John Taylor (1796-1849), war zu diesem Zeitpunkt eine gut aussehende (mein eigenes Urteil), energische Frau mit stark feministischen Neigungen.
1836:	Tod des Vaters. Mill war inzwischen bereits zum dritthöchsten Beamten seiner Behörde aufgestiegen;
1849:	Tod des Ehemannes von Harriet Taylor. Harriet pflegte ihren Mann die letzten zwei Monate seines Lebens;
1851:	Heirat von Harriet Taylor, mit der er bereits seit 20 Jahren enger befreundet war;
1853:	Reise mit Harriet nach Südfrankreich;
1854/55:	Erholungsreise nach Frankreich, schließlich durch Südeuropa, 1855 nach Griechenland;
1856-1858:	Leitende Position (Chef des Examiner's Office) in der Ostindien-Kompanie, dann Pensionierung;

1858:	Reise mit Harriet nach Südfrankreich.
	Tod seiner Frau Harriet. Kauf eines Hauses in Avignon, wo das Grab seiner Frau war. Mill verbrachte nun ca. die Hälfte des Jahres mit seiner Stieftochter Helen in Avignon;
1865-1868:	Als Liberaler Mitglied des englischen Unterhauses, obwohl Mill dieses Amt eigentlich nicht anstrebte;
1867:	Rektor der St. Andrews Universität in Edinburgh;
1873:	Tod in Avignon.

Man kann die Persönlichkeit von John Stuart Mill nicht verstehen, ohne seine extreme Erziehung zu berücksichtigen, bzw. besser formuliert, das extreme Erziehungsexperiment, das mit ihm zwangsweise durchgeführt wurde.

Dahinter stand sein Vater, der Nationalökonom, Freund Ricardos, und Historiker James Mill (1773-1836), Verfasser der „History of British India" und den „Elements of Political Economy", Anhänger und Popularisierer (bzw. Radikalisierer) der Thesen von Jeremy Bentham (1748-1832). James Mill war letztlich wohl mit dem von ihm in seinem eigenen Leben Erreichten unzufrieden und damit von einem übertriebenen Ehrgeiz bezüglich seines Sohnes erfüllt. Er übertrug seine Wünsche und Ziele auf seinen Sohn und wollte ihn über eine „geeignete" Erziehung zu einem Genie formen. Dies ging so weit, dass er seinem Freund Sir William Forbes, dem im Juli 1806 ebenfalls gerade ein Sohn geboren wurde, allen Ernstes folgenden Wettstreit vorschlug: „Ich beabsichtige, mit Ihnen ein faires Rennen in der Erziehung eines Sohnes zu beginnen. Lassen Sie uns einen Wettstreit machen, wer von uns beiden in zwanzig Jahren den vollendeteren und tugendhafteren jungen Mann vorzeigen kann… ich bin im Augenblick fest entschlossen zu sehen, was die Macht der Erziehung tun kann" (James Mill 1806 in einem Brief an Sir William Forbes, zitiert nach Gaulke 1996, S. 16).

Inhaltlich beinhaltete dieses straffe, ja brutale Erziehungsprogramm:

1809: Mit DREI Jahren (!) Beginn der Erlernung der altgriechischen Sprache durch Auswendiglernen von Vokabellisten; Originallektüre von Xenophon und Äsop; abends Unterricht in Arithmetik.

Im Weiteren zusätzlich Originallektüre von Herodot, Isokrates und Platon. Studium der englischen Geschichte (Gibbon, Robertson, Hume), Robert Watsons „Philipp der II." und „Philipp der III.", Studium der römischen Geschichte, Plutarch in englischer Übersetzung, zeitgenössische Geschichte und Reisebeschreibungen, „Robinson Crusoe", „Geschichten aus 1001 Nacht", „Don Quijote", Erzählungen von Maria Edgeworth etc.

1814: Mit ACHT Jahren Erlernen von Latein; Originallektüre von Horaz, Titus Livius, Sallust, Ovid, Terenz, Lukrez, Cicero, Tacitus, Quintillianus, Juvenal.

Im griechischen Original wurden gelesen: der ganze Homer, Sophokles, Euripides, Aristophanes, Thukydides, Xenophon, Demosthenes, Äschines, Lysias, Theokrit, Anakreon, Dionysius, Polybios.

Erweiterung der mathematischen Kenntnisse durch Geometrie und Algebra.

1816: Mit ZEHN Jahren Erarbeitung der Differentialrechnung.

1818: Mit ZWÖLF Jahren schrieb John Stuart Mill sein erstes Werk, eine Geschichte der römischen Regierungsgrundsätze, das er aber später vernichtete.

1819: Mit DREIZEHN Jahren wurde John Stuart Mill von seinem Vater in den Grundzügen der Nationalökonomie unterrichtet. Er las Davis Ricardo und Adam Smith.

Diese „Erziehung", über die Mill ausführlich in seiner Autobiographie berichtete, war eingebettet in einen straff geregelten Tagesablauf. Er musste das Gelernte und Gelesene regelmäßig schriftlich und mündlich zusammenfassen sowie Kommentare dazu abgeben. Diese Arbeiten wurden von seinem Vater kritisch überprüft und im Falle von Fehlern unnachsichtig verbessert. Zudem musste er die Erziehung seiner jüngeren Geschwister übernehmen. Auch deren Wissen wurde permanent überprüft.

Vernachlässigt wurde dabei die ganze emotionale Seite. Mill durchlebte keine Kindheit im üblichen Sinne des Wortes, er hatte keine Spielkameraden. Er war, abgesehen von erwachsenen Freunden seines Vaters und seinen Geschwistern, vollständig isoliert: keine kindgerechten Spiele, keine Ferien, es wurde stets nur Leistung von ihm verlangt, und diese Leistung zusätzlich ständig scharf überprüft. Was die Angelegenheit verschärfte: Der Vater war selbst unfähig, Gefühle zu zeigen.

Eine Folge dieser ungewöhnlichen, oder soll man lieber sagen fürchterlichen Erziehung war, dass John Stuart Mill lebenslang nur ein schwach ausgeprägtes Selbstvertrauen besaß (wie hätte er es bei der ständigen Überwachung und Korrektur auch erwerben können). Da er nicht geliebt oder wenigstens anerkannt wurde, war seine Gefühlswelt völlig unterentwickelt, oder besser gesagt: völlig aus dem Gleichgewicht. Es überrascht daher nicht, dass er als eine Art Ausgleich über die Betrachtung der Natur eine teilweise übersteigerte romantische Ader entwickelte (Wordsworth, Coleridge, Carlyle). „Fortan rannte er hinter Gefühlen her wie ein Süchtiger hinter Drogen“ (Biograph Packe 1954, zitiert nach Gaulke 1996, S. 38).

Ein Frankreichaufenthalt wurde zu einer Wende in seinem Leben. Er begann sich (1821) langsam von der überwältigenden Gestalt seines Vaters zu lösen.

Beeinflusst wurde er danach durch die frühsozialistische Schule der Saint-Simonisten (Saint Simon 1760-1825): „Mehr als irgendwelche anderen Autoren brachten mir die Saint-Simonisten Frankreichs eine neue Art politischen Denkens nahe“ (Mill 1988, S. 32), und durch den Positivismus von Auguste Comte (1798-1857).

Mill selbst schrieb in seiner Autobiographie: „Wer immer jetzt oder später über mich und mein Werk nachdenken sollte, darf niemals vergessen, dass es das Produkt nicht eines Intellekts und Gewissens, sondern dreier ist” (Mill zitiert nach Heilbroner 1960, S. 139).

Charakteristisch für den Menschen Mill, und gleichzeitig ein Beleg, warum Mill so beliebt war bzw. so respektiert wurde, ist die folgende kleine Anekdote:

„Als sein großer Rivale auf dem Gebiet der Philosophie, Herbert Spencer, in so bedrängte Verhältnisse geriet, dass er seine Reihe von Veröffentlichungen über die gesellschaftliche Entwicklung nicht vervollständigen konnte, bot ihm Mill die Finanzierung des Projekts an. „Bitte betrachten Sie diesen Vorschlag nicht als einen persönlichen Gefallen“, schrieb er seinem Rivalen, „obwohl Sie mir hoffentlich gestatten würden, ihn Ihnen auch in diesem Fall tun zu dürfen. Aber es ist nichts dergleichen – es ist einfach der Vorschlag, in einem wichtigen, öffentlichen Anliegen zusammenzuarbeiten, dem Sie Ihre Arbeitskraft widmen und dem Sie Ihre Gesundheit geopfert haben“ (Heilbroner 1960, S. 144).

Werke von Mill

Fünf Essays zur Politischen Ökonomie. Der fünfte dieser Essays war „Über die Definition der Politischen Ökonomie” (geschrieben 1831, erschienen 1836 in der „London und Westminster Review“);

„A System of Logic” (2 Bände, 1843);

„Essays on Some Unsettled Questions of Political Economy” (geschrieben 1830/31, publiziert 1844);

„Principles of Political Economy, with Some of Their Applications to Social Philosophy” (2 Bände, 1848);

Das auch für Nichtökonomen gut lesbare Werk (mein eigenes Werturteil) erreichte bis zum Ende des 19. Jahrhunderts 32 Auflagen, zu Lebzeiten Mills bereits 8 Auflagen. Es wurde uneingeschränkt das wichtigste englische Lehrbuch für Politische Ökonomie im 19. Jahrhundert bis zu seiner Ablösung durch Marshalls „Principles of Economics“ (1890). Mill ließ auf eigene Kosten mehrere Auflagen in billigeren Varianten drucken, damit sie sich auch die Arbeiter leisten konnten. Auch diese Auflagen waren immer rasch vergriffen. Mill brauchte übrigens nur 18 Monate, um die fast tausend Seiten abzufassen.

Die folgenden Originalzitate aus den „Principles of Political Economy“ von Mill wurden meiner eigenen Ausgabe „Grundsätze der politischen Ökonomie nebst einigen Anwendungen derselben auf die Gesellschaftswissenschaft“, übersetzt von Adolf Soetbeer, 4. deutsche Ausgabe, I. Band: Leipzig 1881, II. Band: Leipzig 1885, III. Band: Leipzig 1869 entnommen.

„Thoughts on Parliamentary Reform” (1859);

„On Liberty” (1859);

Hierin versuchte Mill, die Grenzen zwischen dem Staat mit seiner Verfügungsgewalt und der persönlichen Freiheit des Individuums auszuloten und neu zu bestimmen.

„Utilitarianism” (1863);

„Auguste Comte and Positivism” (1865);

„England and Ireland” (1868);

„The Subjection of Women” (1869);

„Autobiography” (1873);

Hierzu schrieb Hayek (1951) treffend: „The autobiography is as remarkable for what it leaves out as for what it discusses” (Hayek 1951, S. 17). Man erfahre darin praktisch fast nichts über seine menschlichen Interessen und persönlichen Beziehungen.

„Three Essays on Religion" (1874).

Eine immer wieder gestellte (und vermutlich auch nicht mehr beantwortbare) Frage betrifft den Anteil, den Harriet Taylor direkt und indirekt an den Schriften von John Stuart Mill hatte. Mill selbst wies ihr in seiner Autobiographie einen großen Anteil an seinem Werk zu. So soll das VII. Kapitel des 4. Buches der „Principles": „Von der wahrscheinlichen Zukunft der arbeitenden Klassen" (S. 64-103) fast zur Gänze von ihr stammen. Durch die Extravaganz seiner Sprache und das übertriebene Lob, das Mill Harriet Taylor spendete, erreichte er aber eher das Gegenteil, mehr Unglauben als Überzeugung: „All that excites admiration when found separately in others, seemed brought together in her: a conscience at once healthy and tender; a generosity, bounded only by a sense of justice which often forgot its own claims, but never those of others; a heart so large and loving, that whoever was capable of making the smallest return of sympathy, always received tenfold; and in the intellectual department, a vigour and truth of imagination, a delicacy of perception, an accuracy and nicety of observation, only equalled by her profundity of speculative thought, and by practical judgement and discernment next to infallible" (Mill, Dissertations and Discussions, zitiert nach Hayek 1951, S. 14). Dabei steht es aber außer Zweifel, dass Harriet Taylor ungewöhnliche Begabungen und Eigenschaften besaß, und dass ihr intellektueller Einfluss auf Mill so groß war, wie er es beschrieb.

Auffallend an seinen trotz seines eleganten Stils weitgehend humorlosen Schriften ist, dass er oft versuchte, eigentlich weitgehend unvereinbare Positionen doch in ein Ganzes einzubringen, was zuweilen zu Inkonsequenzen und einer gewissen Unentschiedenheit seiner Argumente führte. „Witz und Humor zeigten sich hauptsächlich in seiner Unterhaltung" (Bain 1988, S. 51).

9.3.6.1 Einige Ausführungen zur philosophischen und politischen Haltung von Mill

Es soll hier nicht versucht werden, die philosophischen Auffassungen und Schriften Mills und ihren Platz in einer Geschichte der Philosophie genauer darzustellen und unter philosophischem Aspekt einzuschätzen und zu beurteilen.

Kursorisch: Ausgangspunkt seiner philosophischen Überlegungen war Benthams Prinzip des „größten Glücks der größten Zahl", also eine utilitaristische Philosophie. Lust, Glück und Nützlichkeit sollten für die Menschen maximiert werden.

Dies lieferte ihm für sein Werk zwar ein Raster und einen Maßstab. Allerdings schwächte er den eindeutigen und radikalen Utilitarismus Benthams so weit ab, dass er kaum mehr anstößig wirken konnte: der Hedonismus wurde gemildert, die Loslösung der Moral von der Religion aufgegeben etc.

Mills Grundauffassung war individualistisch. Bei der Diskussion der gegensätzlichen Pole Freiheit und Ordnung vertrat Mill vor allem die Freiheitsrechte des Individuums. Die individuelle Freiheit sei stets durch die Gesellschaft gefährdet. Sie könne nur gerettet werden durch den Mut zur Individualität. Individuelle Freiheit bestünde aus Gewissensfreiheit, Freiheit der Meinungsäußerung, Freiheit der wirtschaftlichen Aktivitäten, wie z.B. Konkurrenzfreiheit, Gewerbefreiheit, Eigentumsfreiheit. Wichtig war Mill auch die Assoziationsfreiheit, insbesondere die Freiheit, Arbeiterassoziationen zu bilden.

Die Freiheit müsse auch in einer Demokratie verteidigt werden, hier gegen die Tyrannei der Mehrheit. Dies führte Mill zu einem Minderheitenschutz und einer expliziten Verteidigung der Exzentrizität. „Der einzige Teil seines Verhaltens, für den ein Mensch der Gesellschaft verantwortlich ist, ist der, der andere berührt. In dem Teil, der nur ihn selbst berührt, ist seine Unabhängigkeit im rechtlichen Sinne absolut. Über sich selbst, über seinen eigenen Körper und Geist, ist das Individuum souverän" und: „Die Einführung aller weisen und edlen Dinge ist die Sache von Individuen“ (Mill, On Liberty, zitiert nach Gaulke 1996, S. 105 und S. 107).

Oder noch prägnanter: „Das kann keine gesunde Gesellschaft sein, in der Absonderlichkeit als Schande gilt“ (Mill zitiert nach Heilbroner 1960, S. 143).

So „ist Mills Menschenbild, das nicht so sehr – wie bei Smith – von einem von Gott oder der Natur mit Sympathie und Empathie ausgestatteten Menschen ausgeht, sondern vielmehr die Entwicklungsmöglichkeiten der Menschen betont. Erziehung, äußere Umstände und historischer Fortschritt ermöglichen es, die sozialen und kreativen Motivationen und Fähigkeiten der Menschen zu fördern“ (Rothschild 2004, S. 57).

Die Politische Ökonomie habe zwar als „soziale Physik“ die grundsätzliche Möglichkeit, den Menschen hypothetisch als „Homo oeconomicus“ zu betrachten und alle störenden (außerökonomischen) Variablen auszuschließen. Mill war sich aber über die damit gezogenen Grenzen bezüglich der komplexen Motive menschlichen Verhaltens klar. Er gab die Voraussetzung des „Homo oeconomicus“, der immer rational seinen Gewinn maximiert, auf. „Mill's economic man has four distinct interests: accumulation, leisure, luxury and procreation“ und weiter: „But no single theory could reasonably cover the full complexity of human motivation“ (Persky 1995, S. 223).

Auch die oben genannten störenden Variablen unterlägen Gesetzmäßigkeiten, die berücksichtigt werden könnten und müssten. Da diese außerökonomischen, störenden Variablen wichtig seien, bräuchte es unter anderem eine umfassende Bildung der Ökonomen. Ein Ökonom dürfe nicht nur ein Ökonom (im engen Sinne des Wortes) sein.

Mill bemühte sich um die Einbeziehung seiner Aussagen in ein sozialphilosophisches und sozialpolitisches Konzept, eine Sozialphilosophie. So folgten die Menschen in einigen Gesellschaften nicht nur ihren unmittelbaren materiellen Interessen, sondern ihre Handlungen seien nur unter Einbeziehung von landesüblichen historisch gewachsenen Traditionen und Sitten erklärbar. Er warnte deshalb vor vorschnellen Verallgemeinerungen, die historische Dimension und Länderspezifika seien zu berücksichtigen. Hier zeigte sich – z.B. im Unterschied zu Ricardo – die Folge der intensiven Beschäftigung mit Philosophie und Geschichte, die Mill zu der Überzeugung brachte, dass historische und institutionelle Faktoren für ökonomische Analysen unverzichtbar und wichtig seien.

Mill trat für ein allgemeines Wahlrecht ein, auch für Frauen. Allerdings sollte nicht jede Stimme gleich zählen, sondern nach Erziehung und Fähigkeiten gewichtet werden. Hieraus sprach die Furcht Mills vor der Ignoranz und Tyrannei ungebildeter Schichten. So sollte niemand wählen dürfen, der nicht lesen und schreiben könne, der keine Steuern zahle oder von der Sozialhilfe lebe.

Mill wandte sich vehement gegen die Ehegesetze seiner Zeit, die die Frauen entmündigten: „Die Ideen und Einrichtungen, welche den Zufall des Geschlechtsunterschiedes zur Grundlage einer Ungleichheit von gesetzlichen Rechten und einer zwangsweisen Verschiedenheit sozialer Verrichtungen machen, müssen in Bälde als das größte Hindernis des sittlichen, des gesellschaftlichen und sogar des geistigen Fortschritts erkannt werden“ (Mill 1869, S. 71). Dabei ist unbestritten, dass er durch seine Erfahrungen mit Harriet Taylor die Frauen insgesamt stark idealisierte.

Gaulke fasst Mills politische Haltung wie folgt zusammen: „Mills Argumente für die Demokratie sind recht idealistisch, seine konkreten Vorschläge dienen aber eher der Absicherung des Herrschaftssystems gegen den Mehrheitswillen“ (Gaulke 1996, S. 117).

9.3.6.2 Die Trennung von Produktion und Verteilung bei Mill

Wichtig für Mill (und gleichzeitig heiß diskutiert) war seine These des unterschiedlichen Charakters der Produktion und der Verteilung. Die Produktion sei determiniert durch unveränderbare Naturgesetze, die Verteilung hingegen durch vom Menschen gemachte Gesetze. „Wenn die Dinge einmal da sind, so können die Menschen – individuell oder in Gesamtheit – mit ihnen verfahren, wie sie es für gut finden. Sie können dieselben zur Verfügung eines jeden stellen, wie es ihnen gefällt, und unter beliebigen Bedingungen... Die Verteilung des Vermögens hängt daher von den Gesetzen und Gewohnheiten der Gesellschaft ab. Die Regeln, wonach sie bestimmt wird, sind der Art, wie die Meinungen und Gesinnungen des Gemeinwesens solche gebildet haben und in verschiedenen Zeiten und verschiedenen Ländern sehr verschieden; wenn die Menschen es wollten, so könnten sie selbst noch verschiedener sein" (Mill 1881, S. 211).

Während es bei der Produktion um Effizienz ginge, könne man bei der Verteilung grundsätzlich unterschiedliche Wertmaßstäbe anlegen, denen unterschiedliche Gerechtigkeitsideale zugrunde lägen.

John Stuart Mill befreite die Ökonomik damit jedenfalls teilweise aus der Herrschaft starrer Kausalgesetze. Es gäbe in der Verteilung hinreichend Gestaltungsspielräume, die dem freien Willen der Akteure unterlägen. Dies eröffne die grundsätzliche Möglichkeit, die allgemeine Wohlfahrt durch Eingriffe in die Verteilung zu erhöhen. Fragen der Verteilung seien für entwickelte und damit reiche Länder wichtiger als eine Zunahme der Produktion: „Nur in zurückgebliebenen Ländern ist die Vermehrung der Produktion noch eine Sache von Belang; in den am meisten fortgeschrittenen ist es eine bessere Verteilung, die in wirtschaftlicher Hinsicht Not tut" (Mill 1869, S. 61).

Heilbroner (1960) charakterisiert die Folgen der Trennung zwischen Produktion und Verteilung folgendermaßen: „Aber wie auch immer sie sich verhielt, es gab keine ‚korrekte' Güterverteilung – wenigstens keine, mit der sich die Nationalökonomie befassen durfte. Man konnte sich nicht auf ‚Gesetze' berufen, wenn man rechtfertigen wollte, wie die Gesellschaft ihre Produkte verteilte: Es gab einfach nur Menschen, die ihr Vermögen eben so unter sich verteilten, wie sie es für richtig hielten.

Es war eine Entdeckung mit tief greifenden und moralischen Folgen. Denn sie hob die ganze wirtschaftliche Debatte aus dem erstickenden Bereich der unpersönlichen und zwingenden Gesetzmäßigkeit und brachte sie in die Arena der Ethik und Moral zurück“ (Heilbroner 1960, S. 141).

9.3.6.3 Der stationäre Zustand bei Mill und seine „sozialistischen“ Auffassungen

John Stuart Mill sah zwar die Volkswirtschaften letztlich in einen stationären Zustand einmünden. Dies sei aber nicht schlimm, sondern biete umgekehrt die Chance eines gerechteren und kultivierteren gesellschaftlichen Lebens: „Ich kann demnach einen stationären Zustand des Kapitals und Vermögens nicht mit dem unverhohlenen Widerwillen betrachten, den die Volkswirte der alten Schule an den Tag gelegt haben; ich möchte vielmehr glauben, dass derselbe, in ganzen betrachtet, eine sehr bedeutende Verbesserung im Vergleich mit den gegenwärtigen sozialen Verhältnissen sein würde. Ich bekenne, dass ich mich nicht mit dem Lebensideal derjenigen befreunden kann, welche dafür halten, dass fortwährendes Gegeneinanderkämpfen der normale Zustand menschlicher Wesen sei; dass das Sich-Drängen, Stoßen, Schieben, was den dermaligen Typus des sozialen Lebens abgibt, das wünschenswerteste Los der menschlichen Gattung oder irgendetwas anderes sei als ein unerfreuliches Symptom einer Phase des industriellen Fortschritts“ (Mill 1869, S. 60).

Mill sah hier notwendig einen Übergang zu einer Art von „kooperativen Genossenschafts-Sozialismus“, mit einer „Heilung der Fehde zwischen Kapital und Arbeit“, allerdings bei voller Beibehaltung des Privateigentums: „Schließlich, und vielleicht in einer weniger fernen Zukunft als vorausgesetzt werden mag, könnte das Prinzip des Genossenschaftswesens den Weg bilden zu einer Umgestaltung der menschlichen Gesellschaft, bei welcher Freiheit und Selbständigkeit der Individuen mit den moralischen, intellektuellen und wirtschaftlichen Vorteilen einer verbundenen Produktion vereinigt blieben, und welche ohne Gewalttätigkeit oder Beraubung und selbst ohne plötzliche Störungen in den bestehenden Gewohnheiten und Erwartungen, wenigstens auf dem industriellen Gebiete, die besten Wünsche des demokratischen Geistes verwirklichen würde, indem sie der Teilung der Gesellschaft in Fleißige und Müßiggänger ein Ende machte, und alle sozialen Auszeichnungen verschwinden ließe, mit Ausnahme der durch persönliche Dienste und Anstrengungen redlich erworbenen" (Mill 1869, S. 100).

Mill kann unter diesem Aspekt also nicht zu Unrecht als romantisch angehauchter, kulturell verfeinerter Optimist betrachtet werden, für den das neuerdings vielzitierte „Null-Wachstum" durchaus wünschenswerte Eigenschaften hatte. Dies wird auch evident bei seiner Charakterisierung einer glücklichen Gesellschaft: „einen gut bezahlten und wohlhabenden Arbeiterstand, keine enormen Vermögen außer solchen, die während einer einzelnen Lebenszeit erworben und angesammelt wären; aber eine viel größere Klasse als jetzt, nicht allein befreit von größeren Mühen, sondern auch im Genuss hinlänglichen leiblicher wie geistiger Muße, um frei von mechanischen Details die anmutige Seite des Lebens zu pflegen und den minder günstig gestellten Klassen ein Beispiel für deren Pflege zu geben" (Mill 1869, S. 61/62).

Auch unter ökologischem Aspekt hatte Mill einiges zu bieten, das es vielleicht sogar erlaubt, ihn unter die Ahnen eines ökologisch orientierten Wirtschaftens zu zählen: „Es liegt auch nicht viel Befriedigendes darin, wenn man sich die Welt so denkt, dass für die freie Tätigkeit der Natur nichts übrig bliebe, dass jeder Streifen Landes, welcher fähig ist, Nahrungsmittel für menschliche Wesen hervorzubringen, auch in Kultur genommen sei, dass jedes blumige Feld und jeder natürliche Wiesengrund beackert werde, dass alle Tiere, welche sich nicht zum Nutzen des Menschen zähmen lassen, als seine Rivalen in Bezug auf Ernährung vertilgt, jede Baumhecke oder jeder überflüssige Baum ausgerottet würde und dass kaum ein Platz übrig sei, wo ein wilder Strauch oder eine Blume wachsen könnte, ohne sofort im Namen der vervollkommneten Landwirtschaft als Unkraut ausgerissen zu werden,… so hoffe ich von ganzem Herzen, im Interesse der Nachwelt, dass man schon viel früher, als die Notwendigkeit dazu treibt, mit einem stationären Zustand sich zufrieden geben wird" (Mill 1869, S. 62/63).

Allerdings darf bei allen positiven Ausführungen Mills nicht unterschlagen werden, dass er gegenüber dem Staat, dem Liberalismus und gegenüber den Entwicklungen der Industriegesellschaft auch eine durchaus gesunde Skepsis an den Tag legte.

Gaulke (1996) weist meines Erachtens zu Recht darauf hin, dass sich die Auffassungen von Mill zum Sozialismus, dargelegt in den zu seinen Lebzeiten erschienenen Auflagen der „Principles" veränderten. Er teilt die diesbezüglichen Ansichten von Mill in drei Phasen ein:

1. PHASE (vor 1848): Hier wirkte der Sozialismus vor allem moralisch und emotional anziehend auf ihn. Er erkannte allerdings die Schwächen des utopischen Sozialismus;

2. PHASE (vor allem die 3. Auflage 1852): Hier erkannte Mill in seinem Vorwort den Sozialismus als Endziel des menschlichen Fortschritts an;

3. PHASE (1869): Mill begann an die baldige Verwirklichung des Sozialismus zu glauben, allerdings nicht durch Revolution.

Mill selbst bezeichnete sich in seiner Autobiographie als „gemäßigten Sozialisten" und „Demokraten in einer gemäßigten Form" (Mill 1988, S. 33). Eine Kostprobe: „wenn man wählen müsste zwischen dem Kommunismus mit allen seinen Chancen, und dem gegenwärtigen Gesellschaftszustande mit allen seinen Leiden und Ungerechtigkeiten; wenn die Institution des Privateigentums es als notwendige Folge mit sich brächte, dass das Ergebnis der Arbeit so sich verteile, wie wir es jetzt sehen, fast im umgekehrten Verhältnis zur Arbeit – dass die größten Anteile denjenigen zufallen, welche überhaupt nie gearbeitet haben, die nächstgrößten denen, deren Arbeit beinahe nur nominell ist, und so weiter herunter, indem die Vergütung im gleichen Verhältnis zusammenschrumpft wie die Arbeit schwerer und unangenehmer wird, bis endlich die ermüdendste und aufreibendste körperliche Arbeit nicht mit Gewissheit darauf rechnen kann, selbst nur den notwendigsten Lebensbedarf zu erwerben; wenn, sagen wir, die Alternative wäre: dies oder Kommunismus, so würden alle Bedenklichkeiten des Kommunismus, große wie kleine, nur wie Spreu in der Waagschale sein" (Mill 1881, S. 220). Allerdings: „Während ich aber mit den Sozialisten in diesem praktischen Teile ihrer Bestrebungen übereinstimme, weiche ich ganz und gar ab von der am meisten hervortretenden und der heftigsten Seite ihrer Lehre – von ihren Deklamationen gegen die Konkurrenz" (Mill 1869, S. 101).

Weitsichtig war die Befürchtung Mills, die so recht seine intelligenten Beurteilungen widerspiegelte, ob für charakterliche Individualität im Kommunismus noch genügend Raum bleiben und ob die öffentliche Meinung nicht ein tyrannisches Joch sein würde.

9.3.6.4 Die Rolle des Staates bei Mill

Die Rolle des Staates war bei Mill nicht eindeutig festgelegt. Einerseits war er ein erklärter Gegner jeglicher autoritären Form von Staatseingriffen. Andererseits befürwortete er als Utilitarist eine staatliche Umverteilung des Reichtums, um das größte Glück der größten Zahl zu erreichen. Seine Ausführungen zum Laissez-faire-Prinzip enthüllen diese Ambivalenz. Zwar sollte „Laissez-faire die allgemeine Übung" sein. Abweichungen seien aber erlaubt und oft auch sinnvoll, „wenn sie durch einen großen Vorteil geboten seien". Allerdings seien Abweichungen, wenn sie nicht durch diese großen Vorteile geboten seien, „ein sicheres Übel", ja sie könnten sogar zu Katastrophen führen.

Auch das in neuerer Zeit wiederum öfter gebrauchte Argument, die Privaten wüssten besser als Staatsdiener, was für sie zu tun und gut sei, fand sich bereits bei Mill. Notwendig sei der Staat allerdings zum Schutz der Person und des Eigentums, gegen Gewalt und Betrug, zum Schutz der Natur und Umwelt, zur Kontrolle von Verträgen, für die Errichtung und Aufrechterhaltung einer notwendigen Infrastruktur, für die Zurverfügungstellung einiger öffentlicher Güter, zur Regulierung der Arbeitszeit, zur Armen- und Krankenunterstützung, und insbesondere für staatlich finanzierte Schulen für alle. Erziehung und Bildung (wohl auch als Folge seiner eigenen Erziehung) waren für Mill vorrangige Voraussetzungen für eine Demokratie. „Nur gebildete Menschen könnten ihr Schicksal frei und eigenverantwortlich gestalten“ (Zank 1994, S. 58). Mill waren also die Grenzen eines uneingeschränkten Laissez-faire aus eigener Erfahrung durchaus bewusst: Laissez-faire alleine genügt ihm nicht.

Zank (1994) führt dazu aus: „Für Mill war die Zeit der Patentlösungen vorbei. Vor ihm konnten die Pioniere der Politischen Ökonomie ihr Hauptaugenmerk noch auf die Bekämpfung unsinniger Regulierungen richten und darauf hoffen, dass die Marktkräfte die Dinge dann ins Lot bringen würden. Doch nun … zeigten alle Erfahrungen, dass Laissez-faire allein nicht ausreichte. Gestaltung war gefragt“ (Zank 1994, S. 58).

9.3.6.5 Mills sonstige ökonomischen Auffassungen

Letztes Ziel der Politischen Ökonomie sei das Gute für die Menschheit, d.h. ein angemessenes materielles Einkommen für alle unter der Nebenbedingung der individuellen Freiheit. Dies ging über eine einfache absolute Wohlstandssteigerung hinaus, da es explizit auch die Verteilung dieses Wohlstandes mit beinhaltete.

Eine der (in meinen Augen großen) Leistungen Mills bestand in seiner systematischen, geschlossenen Darstellung der Theorien von Smith, Malthus und Ricardo. Die Grobeinteilung (in die 5 Bücher) seiner „Principles“ war für viele spätere Werke maßgeblich. Zur Information des Lesers möchte ich deshalb hier das gesamte Inhaltsverzeichnis der „Principles“ gemäß meiner übersetzten Ausgabe (1881) wiedergeben. Es soll vor allem auch die große Bandbreite der von Mill behandelten Themen zeigen:

1. Buch:	**Produktion**
Kapitel I:	Von den Erfordernissen der Produktion
Kapitel II:	Von der Arbeit als einem Faktor der Produktion
Kapitel III:	Von der unproduktiven Arbeit
Kapitel IV:	Vom Kapital
Kapitel V:	Fundamentalsätze in Betreff des Kapitals
Kapitel VI:	Vom umlaufenden und stehenden Kapital
Kapitel VII:	Wovon der Grad der Produktivität der produktiven Faktoren abhängt
Kapitel VIII:	Von dem Zusammenwirken oder der Kombination der Arbeit
Kapitel IX:	Von der Produktion im Großen und der Produktion im Kleinen
Kapitel X:	Vom Gesetze der Arbeitsvermehrung
Kapitel XI:	Vom Gesetze der Kapitalvermehrung
Kapitel XII:	Vom Gesetze der Produktionsvermehrung in Bezug auf Land
Kapitel XIII:	Schlussfolgerungen aus den vorangehenden Gesetzen
2. Buch:	**Verteilung**
Kapitel I:	Vom Eigentum
Kapitel II:	Vom Eigentum (Fortsetzung)

Kapitel III: Von den Klassen, unter die der Ertrag sich verteilt

Kapitel IV: Von der Konkurrenz und dem Herkommen

Kapitel V: Von der Sklaverei

Kapitel VI: Von bäuerlichen Landeigentümern

Kapitel VII: Von bäuerlichen Landeigentümern (Fortsetzung)

Kapitel VIII: Von den Halbpächtern

Kapitel IX: Von den Häuslern

Kapitel X: Über die Mittel zur Abschaffung des Häuslerpachtwesens

Kapitel XI: Vom Arbeitslohne

Kapitel XII: Abhilfe für niedrigen Arbeitslohn

Kapitel XIII: Abhilfe für niedrigen Arbeitslohn (Fortsetzung)

Kapitel XIV: Von der Verschiedenheit des Arbeitslohnes in verschiedenen Beschäftigungen

Kapitel XV: Vom Kapitalgewinne

Kapitel XVI: Von der Bodenrente

3. Buch: Tausch

Kapitel I: Vom Werte

Kapitel II: Von der Nachfrage und dem Angebot in ihrem Verhältnis zum Werte

Kapitel III:	Von den Produktionskosten und ihrem Verhältnis zum Werte
Kapitel IV:	Schließliche Analyse der Produktionskosten
Kapitel V:	Von der Bodenrente im Verhältnis zum Werte
Kapitel VI:	Übersicht der Theorie des Wertes
Kapitel VII:	Vom Gelde
Kapitel VIII:	Vom Werte des Geldes in seiner Abhängigkeit von Nachfrage und Angebot
Kapitel IX:	Vom Werte des Geldes in seiner Abhängigkeit von den Produktionskosten
Kapitel X:	Von der Doppelwährung und von subsidiären Münzen
Kapitel XI:	Vom Kredit als einem Ersatzmittel des Geldes
Kapitel XII:	Einfluss des Kredits auf die Preise
Kapitel XIII:	Vom uneinlöslichen Papiergeld
Kapitel XIV:	Vom Übermaß des Angebotes
Kapitel XV:	Vom Maßstabe des Wertes
Kapitel XVI:	Von einigen besonderen Fällen in Betreff des Wertes
Kapitel XVII:	Vom internationalen Handel
Kapitel XVIII:	Vom internationalen Werte
Kapitel XIX:	Vom Gelde als einer eingeführten Ware

Kapitel XX: Von den Wechselkursen

Kapitel XXI: Von der Verteilung der Edelmetalle in der Handelswelt

Kapitel XXII: Einfluss des Geldwesens auf die Wechselkurse und den auswärtigen Handel

Kapitel XXIII: Vom Zinsfuße

Kapitel XXIV: Von der Regulierung eines einlöslichen Papiergeldes

Kapitel XXV: Von der Konkurrenz verschiedener Länder auf demselben Markte

Kapitel XXVI: Von der Verteilung unter der Einwirkung des Tausches

4. Buch: Einfluss der Fortschritte der Gesellschaft auf Produktion und Verteilung

Kapitel I: Allgemeiner Charakter eines fortschreitenden Vermögenszustandes

Kapitel II: Einfluss der Fortschritte der Erwerbstätigkeit und der Bevölkerung auf Werte und Preise

Kapitel III: Einfluss des Fortschrittes der Erwerbstätigkeit und der Bevölkerung auf Bodenrente, Kapitalgewinn und Arbeitslohn

Kapitel IV: Von der Tendenz des Kapitalgewinnes, auf ein Minimum zu sinken

Kapitel V: Natürliche Folgen der Tendenz des Kapitalgewinnes, auf ein Minimum zu sinken

Kapitel VI:	Vom stationären Zustande
Kapitel VII:	Von der wahrscheinlichen Zukunft der arbeitenden Klassen
5. Buch:	**Vom Einflusse der Regierung**
Kapitel I:	Von den Funktionen der Regierung im allgemeinen
Kapitel II:	Von den allgemeinen Grundsätzen der Besteuerung
Kapitel III:	Von den direkten Steuern
Kapitel IV:	Von den Verbrauchssteuern
Kapitel V:	Von einigen anderen Steuern
Kapitel VI:	Vergleich zwischen direkter und indirekter Besteuerung
Kapitel VII:	Von den Staatsschulden
Kapitel VIII:	Von den gewöhnlichen Funktionen der Regierung in Beziehung auf deren volkswirtschaftliche Wirkungen
Kapitel IX:	Fortsetzung desselben Gegenstandes
Kapitel X:	Von der auf irrtümlichen Grundsätzen beruhenden Einmischung der Regierung
Kapitel XI:	Von den Gründen für das Prinzip der Nichteinmischung und von dessen Grenzen

Mill behauptete im Vorwort seiner 1848 erschienenen „Principles of Political Economy“, zum Glück bleibe in den Wertgesetzen weder ihm noch einem zukünftigen Schriftsteller irgendetwas aufzuklären. Die Theorie über diesen Gegenstand sei vollständig. Und dies, bevor die subjektive Wertlehre die Theorie von Grund auf umgestaltete.

Von seinem Vater übernahm Mill die Idee einer Sozialisierung der Bodenrenten durch Grundsteuern. Das kleinbäuerliche Eigentum sollte erweitert, das Erbrecht müsse modifiziert werden. Zudem machte der spätere Mill erhebliche Konzessionen an die Sozialisten.

George J. Stigler (1988) sieht vier Grundzüge, die Mills Sicht der Wirtschaft einen spezifischen Zug gäben:

(1) Das enorme Gewicht, das er auf den Lohnfonds legte. Das ist der Vorrat an Gütern, die den Konsum der arbeitenden Klasse bilde.

In der 1869 erschienenen Auflage der „Principles" lehnte Mill zwar die Lohnfondstheorie ab, ohne aber eine geeignetere Theorie vorzuschlagen. Stigler vermutet: „Der Widerruf muss man zu den nicht-analytischen Betrachtungen zählen, vielleicht als einen Versuch, eine stärkere Verteidigung der Gewerkschaften aufzubauen oder als den Wunsch, die Rolle des Staates zu erweitern, um den Arbeiter zu unterstützen" (Stigler 1988, S. 70).

(2) Sein unzerstörbarer Glaube an die drohende Gefahr der Existenzlöhne für die Masse der arbeitenden Bevölkerung.

(3) Sein Glaube, die Kapitalbildung würde sich so rasch vollziehen, dass der Zinssatz dauernd innerhalb „einer Handbreite des Minimums" bleibe.

(4) Seine Abneigung gegen die Industriegesellschaft und seine Suche nach einem wünschenswerten Ergebnis der wirtschaftlichen Entwicklung (Stigler 1988, S. 54 ff).

Spezifische theoretische Leistungen von Mill sieht Stigler (1988), auch das sei noch vermerkt, auf den folgenden Gebieten:

(1) Gruppen ohne Konkurrenz (Einbau der Kosten der Erziehung als Mobilitätshindernis);

(2) Verbundene Produkte;

(3) Alternative Kosten (Erkenntnis, dass die Rente zu den Produktionskosten zählt);

(4) Die ökonomische Theorie der Unternehmung (systematische Erörterung der Größendegression in den Kosten der Unternehmungen);

(5) Angebot und Nachfrage (Einführung des Konzeptes der Nachfrage als eines Ablaufs oder einer Funktion. Damit konnte das Gesetz von Angebot und Nachfrage klarer formuliert werden).

(6) Says Gesetz (Einschränkungen zu der Hypothese, es könne keine Überproduktion bei allen Gütern geben);

(7) Das Prinzip der Kompensation (Die direkten Zahlungen an eine Klasse, die das Gesetz begünstigt, können kleiner sein als die Kosten, die Zusatzverluste einer indirekten Subvention, wie etwa eines Tarifes, eingeschlossen);

(8) Die Theorie gegenseitiger Nachfrage (Erklärung, wo sich das Austauschverhältnis innerhalb der Grenzen, die durch die komparativen Kosten gegeben sind, einspielt); (nach Stigler 1988, S. 62 ff).

9.3.6.6 Die Rezeption von John Stuart Mill

John Stuart Mill wurde und wird im Rahmen der Geschichte des ökonomischen Denkens durchaus gegensätzlich beurteilt: Vom eigenständigen Vollender der klassischen Nationalökonomie bis zum bloßen geschickten Sammler und Ordner der Gedanken von Smith, Ricardo und Malthus ohne wesentliche eigene Beiträge dazu. Meine subjektiv wertende Auffassung dazu ist, dass Mill allein durch seine unterschiedliche Behandlung der Gesetzmäßigkeiten der Produktion und der Verteilung, durch die Kapitel über das Eigentum, die Zukunft der arbeitenden Klassen und über die Grenzen des Laissez-faire, mit seinen klassischen Vorgängern in Widerspruch geriet. Nimmt man noch die geschickte Kompilation und die Gliederung der seiner Auffassung nach brauchbaren Theorien seiner Vorgänger dazu, ganz zu schweigen von seinen methodologischen Überlegungen, kann man ihm den Rang eines bedeutenden eigenständigen Ökonomen nicht absprechen. „Kein anderer Engländer zwischen Ricardo und Marshall hat einen so vollständigen Aufriss der Wirtschaftstheorie vorgelegt“ (Stigler 1988, S. 70).

Ungeachtet der dogmenhistorischen Einschätzung bleibt unwidersprochen festzuhalten, dass die „Principles“ eines der einflussreichsten ökonomischen Werke des 19. Jahrhunderts waren, nicht nur als Lehrbuch sondern auch durch seine Gliederung und Stoffinhalte. Deutliche Spuren davon finden sich noch in den neueren Lehrbüchern.

Zum Schluss sei ein gelungenes Urteil Heilbroners (1960) zitiert: „Mill lebte bis 1873, verehrt und fast vergöttert. Seine leichte Neigung zum Sozialismus wurde ihm dafür verziehen, dass er hoffnungsvolle Zeiten voraussah und die Wolke der Verzweiflung vertrieb. Schließlich waren seine Empfehlungen nicht so abstoßend, dass sie nicht von fast jedem hätten angenommen werden können: Besteuerung der Bodenrenten, Erbschaftssteuern und die Bildung von Arbeitergenossenschaften. Von den Möglichkeiten der Gewerkschaften war er nicht sehr angetan, und das war nur gut, soweit es seinen Ruf in angesehenen Kreisen betraf. Seine Lehre entsprach durch und durch englischer Art: sich langsam entwickeln, optimistisch, realistisch und frei von radikalen Untertönen“ (Heilbroner 1960, S. 143). Gladstone bezeichnete ihn als „Saint of Rationalism“.

Auch marxistische Ökonomen konzedieren, dass Mill für die Emanzipation der Frauen eintrat und vor allem, dass er die „sozialen Missstände des Kapitalismus“ keineswegs übersah. Auch seine humanitären Bestrebungen und sein Wohlwollen für die arbeitenden Klassen werden ihm nicht abgesprochen. Der Hauptvorwurf gegen ihn ist natürlich seine unterschiedliche Einstellung zu den Gesetzmäßigkeiten der Produktion und Distribution. Ohne ihn „mit dem Tross der vulgärökonomischen Apologeten zusammenzuwerfen“, werden ihm aber theoretische Inkonsequenz bei der Weiterentwicklung Ricardos und sein „Standpunkt als aufgeklärter Bourgeois“, letztendlich als Vertreter der Bourgeoisie, vorgeworfen (Ökonomenlexikon, Berlin-Ost (DDR) 1989, S. 359 f).

9.3.7 JOHANN HEINRICH VON THÜNEN (1783-1850)

VITA VON THÜNEN

1783:	Geboren auf dem väterlichen Gut Canarienhausen (Oldenburg) als Sohn eines wohlhabenden Gutsbesitzers. Besuch der Hohen Schule zu Jever. Ausgeprägte Begabung für Mathematik, starkes Interesse an der Landwirtschaft. Thünen kam dann als Lehrling auf das Gut Gerrietshausen bei Hooksiel und erlernte dort die praktischen landwirtschaftlichen Tätigkeiten;
1802-1803:	Studium der Agrarwissenschaft in Großflottbeck bei Lukas Andreas Staudinger, der ein Freund wurde, und bei Albrecht Thaer in Celle;
1803-1804:	Zwei Semester Studium der Nationalökonomie in Göttingen. Beschäftigung mit dem von ihm hochgeschätzten Adam Smith. Thünen urteilte später: „Adam Smith war in der Nationalökonomie, Thaer in der wissenschaftlichen Landwirtschaft mein Lehrer" (Thünen zitiert nach Eglau 1994, S. 122). Salin äußerte allerdings kritisch: „Was er tatsächlich diesen seinen Vorgängern verdankt, ist nicht eindeutig festzulegen, im ganzen ist er durch beide mehr negativ als positiv bestimmt" (Salin 1963, S. 91);
1805:	Verkauf seines Erbteils;
1806:	Heirat der Mecklenburgerin Helene Berlin. Pacht des Gutes Rubkow (Vorpommern) vom Schwager. Thünen beschäftigte sich mit der wissenschaftlichen Seite der Agrarökonomie, so mit Problemen der Bodenfruchtbarkeit und der Düngung;

1810:	Kauf des 465 ha großen landwirtschaftlichen Guts Tellow (bei Rostock), das er im Laufe der Zeit von einem wenig rentablen Betrieb in ein Mustergut verwandelte. Erste Vorüberlegungen zum späteren Werk „Der isolierte Staat";
1826:	Publikation von „Der isolierte Staat in Beziehung auf Landwirtschaft und Nationalökonomie" Teil I, nachdem ihm Freunde zur Publikation geraten hatten. Dieser erste Teil seines Hauptwerkes wurde zunächst nach Meinung Thünens nicht hinreichend beachtet. Thünen war darüber sehr enttäuscht, wie einem Brief an seinen Bruder zu entnehmen war: „Es scheint mir fast, dass es für das Publikum kein Bedürfnis ist, über die Gegenstände, die mich von jeher am lebhaftesten interessiert haben, zu Klarheit zu gelangen. Wenigstens ist unter allen Rezensionen meiner Schrift keine einzige, so lobend sie auch sein mögen, die in das eigentliche Wesen derselben eingegangen ist und durch gerechten Tadel mich gefördert und zum Weiterarbeiten gereizt hat" (Thünen zitiert nach Schneider 1971, S. 200).
1830:	Ehrendoktorwürde der Universität Rostock;
	Ehrenbürger der Stadt Teterow, der er während einer Missernte geholfen hatte;
1842:	„Vermehrte und verbesserte" Auflage des „Isolierten Staates" erschien;
1848:	Wahl zum Abgeordneten der Reichsversammlung (Paulskirche, Frankfurt am Main). Thünen lehnte das Mandat aber wegen Krankheit ab;
	Gewinnbeteiligungsmodell für die Tellower Arbeiter;
1850:	Veröffentlichung von Teil II, Abteilung 1: „Der naturgemäße Arbeitslohn und dessen Verhältnis zum Zins-

fuß und zur Landrente";

Tod (Folge eines Schlaganfalls) in Tellow;

1863: Veröffentlichung der Abteilungen 2 und 3 von Teil II sowie des Teiles III: „Grundsätze zur Bestimmung der Bodenrente, der vorteilhaftesten Umtriebszeit und des Wertes der Holzbestände von verschiedenem Alter für Kieferwaldungen".

Thünen führte auf seinem Gut Tellow 10 Jahre lang eigenhändig akribisch die Buchführung, insbesondere um empirische Unterlagen für seine Thesen zu gewinnen.

Thünen war ein bescheidener, wohltätiger, sehr sozial denkender Mensch. Man kann ihn ohne Übertreibung als Sozialreformer und Vordenker neuer Beziehungen zwischen Unternehmern und Arbeitnehmern bezeichnen. Dabei lehnte er als Praktiker die revolutionären Ideen der utopischen Sozialisten ab.

Edgar Salin beschrieb den Menschen Thünen wie folgt: „In Tellow also spielt sich seit 1810, kaum unterbrochen durch kleine Badereisen und durch Besuche bei Verwandten und Freunden, das ganze fernere Leben Thünens ab, in einer sehr merkwürdigen Mischung von Jean Paulscher Verkauztheit und friesischer Weltoffenheit, von betriebswirtschaftlicher Rationalität und volkswirtschaftlicher Phantastik, von philosophischer Nüchternheit und urtümlicher Mystik" (Salin 1963b, S. 115).

Thünen beschäftigte sich, wie vor allem seine Briefe zeigen, auch intensiv mit den politischen Ereignissen seiner Zeit. So interessierte ihn die Frage, wie die entstehenden gesellschaftlichen Veränderungen in Deutschland erfolgen sollten. Er befürchtete ohne rechtzeitige Vereinbarungen zwischen Regierenden und dem Volk gewaltsame revolutionäre Bewegungen, die für alle, auch längerfristig, verderblich seien. Notwendige gesellschaftspolitische Veränderungen sollten auf dem Boden des Rechts vollzogen werden (gemäßigter Liberalismus).

Thünen war für die nationale Einheit Deutschlands und zwar im Rahmen eines föderativen Staates mit selbständigen Einzelstaaten. Ideal schien ihm eine begrenzte Volkssouveränität. Wahlen zu einer deutschen Nationalversammlung begrüßte er. Er erkannte, dass Umwälzungen nicht nur politische sondern vor allem auch soziale Konsequenzen haben. Für ihn insbesondere eine Verbesserung der sozialen Lage der Arbeiter. Um eine unerwünschte, ja von ihm gefürchtete Revolution vermeiden zu können, müsse die Einkommensverteilung zugunsten der Arbeiter umgestaltet werden. Vor allem dürften die Arbeitslöhne nicht auf dem Existenzminimum verharren, wie z.B. Ricardo es als zwingend ermittelte. Das Einkommen eröffne ja neben der Befriedigung der existentiellen Bedürfnisse auch Bildungschancen, und diese seien wiederum unerlässlich für die gewünschte Entwicklung freier Persönlichkeiten. Hier muss vorgreifend auf seine unter Abschnitt 9.3.7.3 behandelte Lohnformel Bezug genommen werden, die ja implizierte, dass die Arbeiter mit steigender Produktion auch besser entlohnt werden sollten.

Werke von Thünen (Auszug)

„Beschreibung der Landwirtschaft in dem Dorfe Großen-Flotbeck" (1803, Schulaufsatz an der Landwirtschaftsschule Großflottbeck, abgedruckt in den „Studien zur Entwicklung der ökonomischen Theorie" NF Band 115/XIV, Berlin 1995, S. 182-221);

Rieter charakterisiert diese Schrift und ihre Bedeutung für die späteren Werke Thünens in seinem Vorwort zu den „Studien zur Entwicklung der ökonomischen Theorie" NF Band 115/XIV folgendermaßen: „Thünen selbst war sich offenbar der Bedeutung dieser Studienarbeit für sein Gedankengebäude voll bewusst… Versteht man es, zwischen den Zeilen zu lesen, wird allemal deutlich, dass der Schüler mit seiner Arbeit mehr als die vom Lehrer verlangte „Beschreibung" der Landwirtschaft im Sinne hatte. Er wollte schon damals den Dingen auf den Grund gehen" (Rieter 1995, Vorwort, S. 12).

„Über die Entwicklung eines Kreditsystems in Mecklenburg und über die Bestimmung des Pfandwertes der Mecklenburgischen Landgüter" (1817, zunächst anonym publiziert);

„Der isolierte Staat in Beziehung auf Landwirtschaft und Nationalökonomie":

Teil I: „Untersuchungen über den Einfluss, den die Getreidepreise, der Reichtum des Bodens und die Abgaben auf den Ackerbau ausüben" (1826);

Thünen konnte damit zeigen, dass eine einzige Bewirtschaftungsform (wie z.B. die englische Fruchtwechselwirtschaft) nicht generell allen anderen Bewirtschaftungsformen überlegen ist. Es komme vielmehr auf die Nähe des Gutes zum Absatzmarkt an. Dabei würde der Markt über die Bodenpreise die jeweils vorteilhafteste Bewirtschaftungsform ohne äußere Eingriffe erzwingen.

Teil II: „Der naturgemäße Arbeitslohn und dessen Verhältnis zum Zinsfuß und zur Landrente" (Abteilung 1: 1850, Abteilungen 2 und 3: 1863);

Teil III: „Grundsätze zur Bestimmung der Bodenrente, der vorteilhaftesten Umtriebszeit und des Wertes der Holzbestände von verschiedenem Alter für Kieferwaldungen" (1863);

Zudem publizierte Thünen ab 1817 einige Aufsätze in verschiedenen Zeitschriften.

Sein Werk „Der isolierte Staat" wurde noch zu seinen Lebzeiten ins Französische und später dann in Teilen ins Englische übersetzt. Bis heute (1986) fehlt aber eine vollständige englische Übersetzung.

THESEN VON THÜNEN

Thünen hat im Rahmen verschiedener Gebiete der Ökonomik kreativ gewirkt: Wohl am bekanntesten wurde seine Arbeit auf dem Gebiet der Standortlehre, die starke Impulse für die Regionalwissenschaft und die Wirtschaftsgeographie gab. Um die im Folgenden skizzierte Leistung richtig einschätzen zu können, muss man bedenken, dass sich zu seiner Zeit die Landwirtschaft in einem Umbruch befand und die Landwirtschaftslehre, überhaupt die wissenschaftliche Beschäftigung mit der Landwirtschaft, noch eine junge, nicht gänzlich anerkannte Disziplin war. Thünen war einer der ersten Ökonomen, die dem Raum in der Theorie breiten Platz einräumten und ihn Ernst nahmen. Anders als in der üblichen klassischen Theorie des internationalen Handels, wo die einzelnen Länder quasi als Punkte bzw. wie Individuen behandelt wurden. Genannt werden müssen aber auch seine Überlegungen zur Lohnfindung, zur landwirtschaftlichen Betriebslehre und wissenschaftlichen Betriebsführung, zur Kapitaltheorie, zum allgemeinen Gleichgewicht und insbesondere zur Grenzproduktivitätstheorie von Lohn und Zins. Ob und inwieweit man ihn zu den „Vätern" der Ökonometrie rechnen will, wie etwa Erich Schneider (1971) dies tut, bleibe dahingestellt.

Seine Überlegungen beschäftigten sich letztlich mit der Frage nach den Gesetzen der Produktion und Verteilung des gesellschaftlichen Reichtums.

9.3.7.1 DIE STANDORTLEHRE VON THÜNEN

Berühmt wurden seine einführenden Worte zum „Isolierten Staat": „Man denke sich eine sehr große Stadt in der Mitte einer fruchtbaren Ebene gelegen, die von keinem schiffbaren Flusse oder Kanale durchströmt wird".

Weitere diesbezügliche Modellannahmen (1826) waren:

- Der Staat hat eine kreisrunde Form;

- Völlige Trennung des Staates von der übrigen Welt;

- Die Böden haben gleiche Fruchtbarkeit (gleiche Bodenart, gleiches Klima, keine schiffbaren Gewässer, keine Eisenbahn, die Böden sind allerdings verschieden weit von der Stadt entfernt);

- Die Stadt ist der einzige Lieferant gewerblicher Güter und zugleich der einzige Abnehmer landwirtschaftlicher Produkte;

- Alle Menschen haben den gleichen Geschmack, und zwar unabhängig von der Höhe ihres Einkommens;

- Die landwirtschaftlichen Betriebe sind gleich groß;

- Alleiniges Transportmittel ist der Wagen, wobei die Straßen gerade auf das Zentrum zuführen. Man muss hinzufügen, dass die Transportkosten zu Lande damals außerordentlich hoch waren;

- Die Landwirte wirtschaften nach dem ökonomischen Prinzip. Ihr Ziel ist ein möglichst hoher Reinertrag;

- Für die landwirtschaftliche Produktion gilt das Gesetz abnehmender Erträge;

- Es herrscht freie Konkurrenz;

- Gegebene Güterpreise;

- Gegebene Faktorpreise;

- Gegebene Frachtsätze;

- Die fruchtbare Ebene ist außen von einer unkultivierten (aber kultivierbaren) Wildnis umgeben.

Diese sehr abstrakten Annahmen dienten Thünen dazu, ohne störende Nebeneinflüsse idealtypisch die Anordnung der Wirtschaft, also die land- und forstwirtschaftliche Nutzung des Bodens, im Raum zu analysieren. „Wie muss mit der größeren oder geringeren Entfernung von der Stadt, d.h. vom Verbrauchszentrum, sich die Form der Wirtschaft, d.h. die Bewirtschaftungsweise ändern, wenn der Boden den höchsten Reinertrag geben soll?“ (Thünen zitiert nach Schneider 1971, S. 201).

Abhängig von den Transportkosten und den Preisen der Güter bilden sich um die gedachte Stadt „ziemlich scharf geschiedene konzentrische Kreise“. Diese Kreise wurden in der Literatur als „Thünensche Ringe“ bezeichnet. Die Auffassung Thünens war, dass sich allein aus der Beobachtung heraus die gestellten Fragen nicht beantworten lassen, „denn in der Wirklichkeit treten uns überall Ungleichheiten des Bodens, ungleicher Reichtum desselben, Einwirkung schiffbarer Flüsse usw. entgegen und in den Wirtschaften, die wir in verschiedenen Entfernungen von den großen Handelsstädten erblicken, spricht sich – die Konsequenz der Bewirtschaftung vorausgesetzt – der Einfluss aller dieser Potenzen vereint aus“ (Thünen zitiert nach Schneider 1971, S. 201). Dabei stellte Thünen explizit fest, dass der Einfluss eines jeden, das Ergebnis beeinflussenden Faktors für sich untersucht werden müsse.

1. KREIS: Anbau von leichtverderblichen Gartenerzeugnissen, Milcherzeugung und Eier (wegen der sonst langwierigen Transporte mit Pferdekarren, die sie nicht schadlos überstehen würden), Anbau von Kartoffeln, Kohl und Rüben (wegen des Dunges aus der Stadt);

2. KREIS: Forstwirtschaft (wegen des geringen Wertes des Holzes dürfen nur geringe Transportkosten anfallen);

3. KREIS: Getreide (intensive Bewirtschaftung: Fruchtwechselwirtschaft);

4. KREIS: Getreide (Koppelwirtschaft, bei der das Land abwechselnd bebaut und beweidet wird, wegen der geringen Verfügbarkeit von Düngung notwendig);

5. KREIS: Getreide (Dreifelderwirtschaft mit Brache);

6. KREIS: Viehzucht als Weidewirtschaft.

Außerhalb des 6. Kreises existiert eine unkultivierte (aber kultivierbare) Wildnis, in der nur Jäger leben können.

Die jeweils ökonomisch geeignetste Bodennutzung unter der Annahme eines gewinnmaximierenden Landwirtes (homo oeconomicus) resultierte in seinem Modell zur ökonomischen Nutzung des Raumes dabei abhängig vom Preis der Güter in der Stadt und vom Transport in die Stadt (und zwar von Transportkosten nach Entfernung, Volumen, Gewicht und Verderblichkeit). Eine einfache für alle Entfernungen und Güter gleichermaßen geltende Optimallösung (z.B. intensive Bewirtschaftung aller Böden) war also laut Thünen im Gegensatz zur Lehre von Thaer nicht zielführend. Es sei nicht sinnvoll, für alle Entwicklungsstufen der Menschheit und für alle Standorte eine gleiche Bewirtschaftungsform als ideal zu betrachten. Es sei vielmehr eher eine relative Vorzüglichkeit von Bewirtschaftungssystemen gegeben.

Wie ersichtlich kann man auch nicht einfach von einer abnehmenden Intensität der Bewirtschaftung mit zunehmender Entfernung von der Stadt sprechen (Gegenbeispiel ist der 2. Kreis: Forstwirtschaft).

Allgemein nimmt mit zunehmender Entfernung von der Stadt die erzielbare Bodenrente ab, die höchste Grundrente (Preis minus Produktions- und Transportkosten) ergibt sich in Kreis 1.

Da gilt, dass „die einzelnen Lagerentenkurven im Zonenabschnitt der jeweiligen Thünenschen Ringe die maximale Bodenrente aufweisen" (Kolb 1997, S. 76), ist auch die gesamte Lagerente maximal.

Dic Lagerente entspricht dabei der maximal möglichen Summe, die ein Landwirt für die Nutzung der jeweiligen Fläche bezahlen könnte, ohne einen Verlust zu erwirtschaften. Entsprechend der Höhe der jeweiligen Lagerente – sie fällt mit zunehmender Distanz zur

Stadt – ist der Landwirt dann bereit, einen entsprechenden Betrag für die Fläche zu bezahlen. Dies wird sich schließlich auch in den Bodenpreisen niederschlagen. Fazit Thünens: Unter Berücksichtigung der Entfernung zur Stadt, den Güterpreisen und den Transportkosten gibt es für alle Produkte einen bestimmten Abstand zur Stadt, in dem sich die Erzeugung dieses Gutes rechnet.

Die Frage nach der optimalen Nutzung landwirtschaftlicher Flächen war zur Zeit Thünens – das stark agrarisch geprägte Deutschland war im Umbruch – eine durchaus wichtige Frage.

Dieser kurze Abriss der Thünenschen landwirtschaftlichen Überlegungen ist nicht vollständig. So beschäftigte sich Thünen unter anderem auch mit den Wegen innerhalb der Güter und erklärte, dass über den Tausch von Grundstücken die Lage der Landwirtschaft wesentlich verbessert werden könnte. Zudem interessierte er sich auch für die Besiedlung Nordamerikas und deren Konsequenzen auf Löhne, Preise und Produktivität.

9.3.7.2 Die Grenzproduktivitätstheorie

Für die Ermittlung des maximalen Reinertrags ging er der Frage nach, wie lange es sich lohne, im Ackerbau weitere Arbeitskräfte bzw. Düngemittel einzusetzen. Seine Lösung war: „Der Einsatz einer zusätzlichen Arbeitskraft oder einer zusätzlichen Mengeneinheit eines Düngemittels ist immer vorteilhaft, solange die entstehenden Mehrkosten kleiner sind als der Preis des entsprechenden Mehrertrages“ (Thünen zitiert nach Eglau 1994, S. 124). Thünen erkannte klar, dass man den Faktoreinsatz bzw. die Produktion bis zu dem Punkt treiben solle, wo der Wert des Mehrertrages dem Mehraufwand gleich ist. Auch die Fortführung einer Investition sei solange sinnvoll, bis der marginale Zinssatz der letzten Investition dem Marktzins gleich sei. Voll mathematisch ausgeführt findet sich bei Thünen 1850 dann die Aussage: „Der Zinsfuß wird bestimmt durch den Zuwachs dp, den das Arbeitsprodukt erhält, wenn das Kapital um dq wächst“ (Thünen zitiert nach Streissler 1995, S. 21). Thünen betonte, dass es auch in der Ökonomik sinnvoll sei „unendlich kleine Veränderungen“ einzuführen. Dabei minimierte er die Kosten bei gegebenem Rohertrag. „Er gibt also der Angebotsseite den Vorzug“ (Recktenwald 1986, S. 13). Dies alles sind marginalanalytische Überlegungen, wie sie sich heute grundsätzlich in jedem mikroökonomischen Lehrbuch finden. „Für die damalige Zeit jedoch war dieses Gesetz, vor allem jedoch die Methode, mit deren Hilfe von Thünen zu ihm gelangte, fast revolutionär“ (Eglau 1994, S. 124).

Streissler weist allerdings besonders darauf hin, dass die Grenzproduktivitätstheorie nicht allein das Werk von Thünen gewesen sei: „Sie ist vielmehr das Ergebnis eines spannenden Dialoges zwischen Thünen, dem Außenseiter, und der akademischen Nationalökonomie. Bei letzterer werde ich die Beiträge von Rau, Hermann, Schüz und Roscher herausstreichen“ (Streissler 1995, S. 17). Er zieht dann das Fazit: „Thünen brachte somit sowohl den ersten Anstoß wie dann, viel später, die volle Ausformulierung der Theorie. Aber dazwischen liegt kein Vakuum“ (Streissler 1995, S. 18). Diese These gemeinsamer Anstrengungen bei der Entstehung der Grenzproduktivitätstheorie, die Streissler eindrucksvoll mit genauen Recherchen und Zitaten belegt, mindert aber keineswegs die Leistung von Thünen.

9.3.7.3 Überlegungen zur Lohnfindung bei Thünen

Thünen selbst sah die Ableitung seines gerechten Lohnes über die Formel $\sqrt{ap}$ als eine seiner wichtigsten Leistungen an, so wichtig, dass er sie sogar auf seinen Grabstein in Belitz setzen ließ (was meines Erachtens impliziert, dass Thünen damit auch normative Forderungen verband). Dabei stand a für ein (konventionelles) Existenzminimum und p für das Durchschnittsprodukt der Arbeit. Die Formel $\sqrt{ap}$ war damit das geometrische Mittel aus dem Grenzprodukt (wenn man das Existenzminimum als proportional zum Grenzprodukt der Arbeit ansieht) und dem Durchschnittsprodukt der Arbeit. $\sqrt{ap}$, der gerechte natürliche Lohn, liegt also oberhalb des so interpretierten Grenzprodukts der Arbeit.

Die Bezeichnung „natürlich“ für diesen Lohn darf nicht irreführen und nicht mit den „natürlichen“ Preisen der Klassiker, wie Smith oder Ricardo, verwechselt werden.

An Sinn bzw. Unsinn dieser Formel entzündete sich bis zum heutigen Tag eine heftige Debatte, an der viele bekannte Ökonomen mitwirkten, so Krelle, Samuelson, Binswanger, Kurz, Helmstädter, der dafür sogar die Tabellen Thünens auswertete, und den Lohn als „strategischen Preis der Arbeit“ interpretiert (Helmstädter 1995, S. 46), der die Kapitalintensivierung vorantreiben solle. Helmstädters Ergebnis ist verkürzt: „Der natürliche Lohn und der Grenzproduktivitätslohn stimmen langfristig miteinander überein… Entgegen der pessimistischen Einstellung der Klassiker (könne) das Elend der Arbeiter unter Beachtung der ökonomischen Gesetzmäßigkeiten überwunden werden“ (Helmstädter 1995, S. 47 und S. 74). Auch Binswanger stellt fest: „Aus dem „auf Vernunftgründen beruhenden Gesetz“ leitet sich der natürliche Lohn im Sinne Thünens ab. Sobald dieses Gesetz gilt, verschwindet der Interessengegensatz von Kapital und Arbeit, weil dann nicht nur der Zins, sondern auch der Lohn vom Produkt p abhängig ist und damit Arbeit wie Kapital (an dem auch die Arbeiter partizipieren) an einer durch Kapitalintensivierung bewirkten Erhöhung des Produktes interessiert sind“ (Binswanger 1995, S. 85).

Die Debatte drehte sich vor allem auch um die grundsätzliche Frage, ob die Lohnformel aus einer Theorie streng analytisch ableitbar sei, ob sie eine empirische Feststellung darstelle oder ob es sich „nur“ um eine normativ-ethische Forderung handele.

Mittlerweile konnte gezeigt werden, dass die Thünensche Lohnformel tatsächlich logisch einwandfrei abgeleitet werden kann, wenngleich ziemlich restriktive Modellannahmen zugrunde gelegt werden müssen.

Dass Thünen eine stark soziale Ader hatte, dass er also eine normative Verwendung der Formel grundsätzlich begrüßte und erhoffte, ist dabei bei allen Beteiligten unbestritten. Thünen wollte unter normativem Aspekt sicherlich die „düsteren Perspektiven“ der Existenzminimumtheorie des Lohnes außer Kraft setzen und Auswege aufzeigen, mittels denen das schwere Los der Arbeiter verbessert werden könne. Eine Lösungsmöglichkeit sah Thünen eben in der Beteiligung der Arbeiter am Produktionsertrag.

Für solche Motive spricht auch, dass Thünen 1848 „Bestimmungen über den Anteil der Dorfbewohner zu Tellow an der Gutseinnahme" herausgab, womit die Mitarbeiter an den Gutseinnahmen beteiligt wurden, woraus übrigens ein spürbares zusätzliches Einkommen resultierte. Zudem führte er Leistungs- und Prämienlöhne ein und ließ sogar zwei Doppelhäuser mit Handwerkerwohnungen errichten.

Thünen entwickelte zwei Theorien der Lohnfindung, einmal die Grenzproduktivitätstheorie: „Der Arbeitslohn ist gleich dem Mehrerzeugnis, was durch den in einem großen Betrieb zuletzt angestellten Arbeiter hervorgebracht wird" (Thünen zitiert nach Streissler 1995, S. 37) und zum andern die oben vorgestellte Formel für den „natürlichen (gerechten) Lohn".

9.3.7.4 Sonstige ökonomische Leistungen von Thünen und methodologische Anmerkungen

Im Rahmen seiner landwirtschaftlichen Betriebslehre fand Thünen, wie berichtet, bereits Optimierungsregeln für die Produktion und begründete die wissenschaftliche Managementlehre.

Die Bodenrente war bei ihm Gewinn- und nicht Kostenbestandteil. „Die Theorie der Landrente wird bei Thünen viel umfassender abgehandelt als bei Ricardo" (Van Suntum 1987, S. 129). Er unterschied verschiedene Arten der Land- und Stadtrente, sowie Unternehmensgewinn und Kapitalzins.

Thünen lieferte auch, lange unbeachtet, Beiträge zur Kapitaltheorie, mit der er allgemeingültige kapitaltheoretische Ansätze vorwegnahm. Im Teil III ging er der Frage nach dem optimalen Abholzungszeitpunkt eines Waldes nach. Van Suntum bestätigt der Kapitaltheorie Thünens sogar, sie sei „derjenigen Böhm-Bawerks ebenbürtig, in mancher Hinsicht sogar überlegen“ (Van Suntum 1995, S. 90). Er vermeide als Naturalist unter anderem die tückischen Aggregationsprobleme, indem er das Kapital als physische Größe und nicht als Wertgröße definierte. Dies blieb allerdings nicht unwidersprochen (Kurz 1995b, S. 174). Nachdem Van Suntum die Thünensche Kapitaltheorie formal nachbildet und Vergleiche mit der traditionellen Lösung der Forstwirtschaft, der Lösung von Irving Fisher, von Faustmann/Samuelson/Hirshleifer und von Boulding anstellt, kommt er zu dem Ergebnis: „Thünens Beiträge zur Kapitaltheorie sind zu Unrecht in Vergessenheit geraten. Im 1850 erschienenen Teil II seines Werkes entwickelt Thünen ein Zwei-Sektoren-Modell (Konsum- und Kapitalgüterproduktion), welches er absolut korrekt ausarbeitet und das ihm zu allen wesentlichen Einsichten verhilft, die auch heute noch den Grundstock unseres Wissens über kapitaltheoretische Zusammenhänge ausmachen. Thünen weiß nicht nur, dass Lohn- und Kapitalrentabilität in beiden Sektoren stets übereinstimmen müssen, er arbeitet nicht nur die Entlohnung der Faktoren nach der Grenzproduktivität richtig heraus und bestätigt damit indirekt das Euler-Theorem, sondern er beschreibt auch zutreffend die Reaktionen von Lohn und Zinssatz auf eine Änderung des Kapitaleinsatzes. All dies gelingt ihm auf der Basis eines Modelles, welches innerhalb seiner Grenzen unangreifbar ist“ (Van Suntum 1995, S. 111/112).

Man kann Thünen sogar ohne Übertreibung als einen der ersten allgemeinen Gleichgewichtstheoretiker bezeichnen: „Seine Analyse ist wohl die erste Aktivitätsanalyse, bei der die zu erzeugenden Güter, ihre Produktionsprozesse und der optimale Produktionspunkt auf der einem bestimmten Prozess entsprechenden Produktionsfunktion GLEICHZEITIG optimiert werden“ (Streissler 1995, S. 26). Dabei änderte er, bei seinem (modern gesprochen) Ressourcenallokations-Modell seine Annahmen, um die Auswirkungen dieser Änderungen auf das Modellergebnis zu bestimmen.

Nur genannt werden soll noch, dass Thünen auch noch weiteren Fragen nachging, wie etwa nach den Gründen, die die Anhäufung von Menschen in den großen Städten bestimmen oder nach den

Standorten der Industrie und dass er auch die immateriellen Güter zum Nationalreichtum rechnete.

Von der Nachwelt zu Recht als große Leistung gefeiert war die von ihm verwandte Methode der isolierenden Abstraktion (Konstanthaltung aller übrigen Faktoren, um die Abhängigkeit des Ergebnisses von EINEM bestimmten Faktor ausweisen zu können) und ceteris-paribus-Überlegungen. So wurde gefragt, welche Abweichungen sich ergeben, wenn ein schiffbarer Fluss eingeführt wird bzw. eine zweite, kleinere Stadt. Thünens Analyse war dabei (modern gesprochen) komparativ-statisch, wobei er sowohl partialanalytisch analysierte (I. Teil), bis hin zu betriebswirtschaftlichen Details, als auch totalanalytisch (II. Teil). Thünen erkannte ganz klar die allgemeine Interdependenz aller ökonomischen Variablen. Er schrieb fast prophetisch: „Dadurch aber wird unsere Untersuchung so schwierig und verwickelt – und es fragt sich, ob so viele Gleichungen gefunden werden können, als zur Bestimmung der unbekannten Größen erforderlich sind“ (Thünen zitiert nach Schneider 1971, S. 203). Er bestimmte Optima durch eine Marginalanalyse (wie oben angeführt) mit Hilfe der Differentialrechnung. Dabei betonte er immer wieder die Notwendigkeit des Modelldenkens. „Nur in der Befreiung des Gegenstandes von allem Zufälligen und Unwesentlichen zeigt sich mir die Hoffnung zur Lösung des Problems“ (Thünen zitiert nach Schneider 1971, S. 202). Allerdings versuchte er die Gefahr eines vorschnellen Übertragens von Modellergebnissen in die Praxis durch Vergleiche mit den Ergebnissen seiner über 10 Jahre lang akribisch, ja pedantisch durchgeführten landwirtschaftlichen Buchhaltung zu vermeiden. Diese „Tellower Buchführung“ existiert noch heute. Sie wird im Thünen-Archiv in Rostock aufbewahrt.

Generell stehen die Arbeiten Thünens zwischen Klassik und (der später so genannten) Neoklassik. „Klassisch“ waren bei ihm die Betrachtung der langen Fristen, der Versuch der Bestimmung von „natürlichen“ Preisen a la Smith bzw. Ricardo und das Prinzip sinkender Erträge bei einer Steigerung der Produktion. Neoklassisch, besser marginalistisch, waren die Anwendung des Konzepts der „intensiven Knappheitsrente“ auf alle Produktionsfaktoren (im Rahmen einer Ein-Gut-Wirtschaft) und seine marginalistischen, mathematischen

Methoden. Zudem sind hier ALLE Entlohnungen der (funktionellen) Verteilung, also Löhne, Renten und Zinssätze, symmetrisch durch Angebot und Nachfrage nach den Faktoren bestimmt. Allerdings war Thünen kein Subjektivist. Heinz D. Kurz bescheinigt Thünen: „Thünen ist DER Autor der Kuppelproduktion schlechthin… Wenn er nicht explizit sagt, dass alle Produktion Kuppelproduktion ist, so wohl deshalb, weil ihm das Selbstverständliche nicht erwähnenswert schien. Das die Ökonomie heute weithin beherrschende Dogma der Einzelproduktion hätte er vermutlich für einen Scherz gehalten" (Kurz 1995, S. 118).

9.3.7.5 Thünen und die Nachwelt

Das Werk Thünens rief zunächst in seinen Augen nur ein geringes Echo hervor, und dies, obwohl er durchaus bekannt war und geschätzt wurde (Ehrendoktorwürde der Universität Rostock 1830), siehe den eingangs zitierten Brief an seinen Bruder.

Dies war wohl zum einen darauf zurückzuführen, dass Thünen ausschließlich in Deutsch publizierte, zum anderen, dass seine Erkenntnisse wenig spektakulär erschienen, dass seine Überlegungen penibel, ja teilweise umständlich und nur mühevoll lesbar waren, und vor allem, dass dem bescheidenen Thünen eine wirkungsvolle Selbstvermarktung fehlte. Thünen galt ja „nur" als ein einfacher Gutsbesitzer, es fehlten ihm die wissenschaftlichen Weihen akademischer Lehrer oder wenigsten eine herausragende politische Position.

Bereits Wilhelm Roscher lobte aber Thünen in seiner „Geschichte der National-Ökonomik in Deutschland" (1874) überschwänglich und zwar sowohl dessen „hohen Grad allgemeiner Geistes- und Gemütsbildung" und seine „goldenen Sprüche echter Lebensweisheit", als auch dessen abstrahierende Methode. Hermann (1832) charakterisierte ihn als wichtigen Verteilungstheoretiker, für Marshall war er dessen Lieblingslehrer: „And I loved von Thünen above all my masters. Professor Fisher has cared for Cournot, I would that someone would care for von Thünen" (Marshall zitiert nach Schneider 1971,

S. 203). Schumpeter stellte ihn sogar über Ricardo. Er charakterisierte die wesentlichen Leistungen Thünens wie folgt:

(1) „Er war der erste, der die Differentialrechnung als Form ökonomischen Denkens verwandte;

(2) Er leitete seine Verallgemeinerungen … aus Zahlenunterlagen ab… Niemand vor oder nach ihm hat jemals ein so tief greifendes Verständnis der Beziehung zwischen Theorie und Tatsachen besessen wie er;

(3) Trotz der Wirklichkeitsnähe seines Denkens verstand er es, fruchtbare und geniale hypothetische Schemata aufzubauen;

(4) Im gleichen Sinne war er der zweite (der erste war Cournot…), der die Interdependenz aller ökonomischen Größen und die Notwendigkeit ihrer Darstellung in einem Gleichungssystem begriffen hatte;

(5) Er führte explizite ein Werkzeug der Analyse ein, … Marshalls langfristiger Normalzustand…, der mehr der Statik als dem stationären Zustand der „klassischen" Theorie ähnelt;

(6) … entwickelte er eine Grenzproduktivitätstheorie der Verteilung" (Schumpeter 1965, S. 577f).

Wendet man sich der Aufnahme Thünens in den Kanon der dogmenhistorischen Lehrbücher zu, so ergibt sich für 37 deutschsprachige dogmenhistorische Lehrbücher im Zeitablauf folgendes Bild (Fügenschuh 1997, S. 47):

- Von 1827-1914 wurde Thünen in 4 von 10 Werken erwähnt (40 %);
- In der Zwischenkriegszeit wurde er in 4 von 6 Büchern genannt (75 %);

- Zwischen den Jahren 1949 bis 1965 wurde er bereits in 10 von 11 Werken erwähnt;

- Von 1966 bis 1988 wurde er in allen 10 Werken genannt (100 %).

Auch wenn es noch auf die genaue Art des Bezuges zu Thünen ankommt und auf den Umfang, in dem Thünen abgehandelt wird, sind die obigen Ergebnisse doch ein erstes Indiz dafür, dass Thünen im Laufe der Zeit immer mehr Anerkennung im Rahmen der Dogmengeschichtsschreibung gewann.

Heute ist die Bedeutung des Werkes von Thünen unbestritten. Einige Zeugen: So befand Nobelpreisträger Paul A. Samuelson: „Thünen gehört mit Léon Walras, John Stuart Mill und Adam Smith ins Pantheon der Ökonomen“ (Samuelson 1986, S. 61) und Erich Schneider, einer der wichtigsten deutschen Ökonomen der Nachkriegszeit, wies ihm Leistungen zu, die ihm „für immer einen Platz neben den Großen unserer Wissenschaft (zu) sichern“ (Schneider 1971, S. 206). Edgar Salin sah in ihm ein „wissenschaftliches Genie“ (Salin 1963, S. 93).

Marxistische Ökonomen sehen Thünen ambivalent: „Das Urteil von Marx über Thünen ist von Zustimmung und Ablehnung geprägt“ (Ökonomenlexikon, Berlin (Ost) 1989, S. 570). Allerdings wird Thünen zugebilligt, dass er „bahnbrechend für die bürgerliche ökonomische Forschung“ (S. 571) gewesen sei, das Optimalitätsdenken wirtschaftsmathematisch begründete und die „Grenzanalyse umfassend praktizierte“ (S. 571).

WESENTLICHE ÖKONOMISCHE ÜBERLEGUNGEN DER KLASSIK

(1) Die so genannte „Klassik“ stellte trotz aller Gemeinsamkeiten kein homogenes Gedankengebäude dar;

(2) Auch über die Frage, welche Ökonomen zu den „Klassikern“ zu rechnen seien, herrscht über den unbestreitbaren engeren Kreis Smith, Ricardo, Malthus, Say hinaus Uneinigkeit;

(3) Die klassischen Ökonomen gingen der Frage nach, wie die Koordination der vielen Kunden, Produzenten, Märkte, Gewerbe, Produktionsfaktoren ohne einen absichtlich zugrunde gelegten Gesamtplan zustande kommt;

(4) In der Klassik wurde das Spannungsfeld zwischen individueller Freiheit und sozialer Ordnung ausgelotet;

(5) Die Klassiker wandten sich nicht generell gegen den Staat, sie wiesen ihm vielmehr genau umrissene Aufgaben zu und lehnten nur ständige Staatseingriffe in den Wirtschaftsablauf ab;

(6) Handelsbeschränkungen sollten weitgehend abgebaut werden, der freie Markt würde Produktion und Preise regulieren, und sei für die Gesamtheit letztlich vorteilhaft;

(7) Die Klassiker interessierten sich für eine Festlegung von „natürlichen Preisen“, und zwar für Waren und Produktionsfaktoren. Diese „natürlichen“ Preise waren Produktionspreise (Produktionskosten). Dabei stellten die Klassiker bei ihren Preiserklärungen für Güter auf reproduzierbare Güter ab. Der Preis gewerblicher Güter konnte so unabhängig von der Nachfrage festgelegt werden;

(8) Für die Waren und auch für den Produktionsfaktor Arbeit sorgte ein Konkurrenzmechanismus mit seinem Druck dafür, dass die Abweichungen der tatsächlichen Marktpreise (Markt-

löhne) von den natürlichen Preisen (natürlichen Löhnen) verschwanden;

(9) Der Konkurrenzmechanismus führte zu einer optimalen Allokation der Ressourcen;

(10) Es wurden in der Produktionssphäre und auch in der Verteilungssphäre (außer bei John Stuart Mill) Gesetzmäßigkeiten unterstellt;

(11) Die Klassiker waren an langfristigen Phänomenen bzw. Entwicklungen interessiert, so z.B. am langfristigen Wachstum und der Verteilung;

(12) Es wurden die drei Produktionsfaktoren Arbeit, Kapital und Boden unterschieden;

(13) Die Klassiker unterstellten das Einmünden der (zunächst noch wachsenden) Wirtschaften in einen stationären Zustand;

(14) Es wurden Gebrauchswert und Tauschwert unterschieden. Das Wertproblem hatte eine wichtige Stellung in den Theorien der Klassiker;

(15) Das Geld wurde in seiner Funktion als Tauschmittel betrachtet. Es wurden quantitätstheoretische Zusammenhänge unterstellt;

(16) Es galt grundsätzlich das Saysche Theorem;

(17) Die Höhe des natürlichen Lohns hing bei ihnen aber nicht nur von einem rein physischen Subsistenzlohnniveau ab, sondern auch von historischen, kulturellen und nationalen Gegebenheiten, was nicht nur eine kosmetische Retusche darstellte, sondern die entsprechenden Überlegungen wesentlich anwendbarer und realitätsnäher machte. Zudem war das Subsistenzminimum lediglich eine langfristige Lohnuntergrenze, die in be-

stimmten Situationen auch überboten werden konnte (siehe z.B. Smith).

(18) Es existierten zwei Typen von Lohntheorien:

Für die EXISTENZMINIMUMTHEORIE seien genannt Ricardo und Marx. Die Existenzminimumtheorie versuchte, jenes Einkommen zu ermitteln, das sich auf längere Sicht immer wieder einpendeln müsse. Sie war angebotsseitig: Die Veränderungen der Bevölkerung (bei Ricardo biologisch gelenkt, bei Marx durch die Reservearmee) reguliere das Lohnniveau.

Für die LOHNFONDSTHEORIE sei genannt Mill (1848), der sie allerdings 20 Jahre später aufgab. Die Lohnfondstheorie war nachfrageseitig. Es wurden Aussagen über Reallöhne (und nicht Geldlöhne) und Lohneinkommen der Arbeiter (und nicht über den Lohnsatz pro Arbeitseinheit) gemacht.

An beiden Theorien fällt auf:

- Produktivitätselemente spielten nur eine geringe Rolle;

- Die Existenzminimumtheorie war langfristig angelegt. Dabei kann das Existenzminimum rein physiologisch sein oder auch historisch/kulturell. Es definierte eine Minimumschwelle;

- Die Lohnfondstheorie nahm ein fix vorgegebenes Lohnkapital an;

(19) Für den Außenhandel wurde der Abbau von Handelsbeschränkungen gefordert, die insgesamt nur schadeten;

(20) Man unterstellte die These eines automatischen Ausgleichs der Handelsbilanz, wenn ein entsprechendes Währungssystem zugrunde gelegt würde.